リスク社会のフレーム分析
―福島第一原発事故後の「新しいリスク」を事例とした実証的研究―

柳瀬 公　YANASE Toru

学文社

リスク社会のフレーム分析
―福島第一原発事故後の「新しいリスク」を事例とした実証的研究―

目　次

第1章　序 ―― 1
　第1節　研究の背景　　　1
　第2節　研究の目的と意義　　　11
　第3節　研究の方法と本書の構成　　　15

第2章　近代化と現代社会論 ―― 28
　第1節　現代とはいかなる時代か　　　28
　第2節　現代社会の定義　　　34
　第3節　まとめ　　　36

第3章　現代社会の「新しいリスク」 ―― 38
　第1節　「新しいリスク」の意味　　　38
　第2節　「新しいリスク」の特徴　　　44
　第3節　リスク社会論　　　45
　第4節　「新しいリスク」の定義　　　51
　第5節　まとめ　　　54

第4章　現代の「新しいリスク」とメディアの機能 ―― 59
　第1節　「新しいリスク」を可視化するメディアの機能　　　59
　第2節　「新しいリスク」を伝達するメディアの機能　　　71
　第3節　まとめ　　　79

第5章　現代の「新しいリスク」報道におけるメディア・フレーム研究 ―― 86
　第1節　先行研究　　　86
　第2節　本書におけるメディア・フレームの定義　　　96

第3節　まとめ　　　　　　　98

第6章　メディア・フレーミング効果の実証的研究―――――101
　　第1節　実証的研究の目的　　　101
　　第2節　実証的研究の方法　　　107

第7章　送り手のメッセージ分析―内容分析から―――――112
　　第1節　内容分析の目的　　　112
　　第2節　内容分析の方法　　　116
　　第3節　内容分析の結果　　　121
　　第4節　考　　察　　　130

第8章　受け手のメッセージ受容―グループ・インタビューから――135
　　第1節　グループ・インタビューの目的　　　135
　　第2節　グループ・インタビューの方法　　　135
　　第3節　グループ・インタビューの結果　　　144
　　第4節　考　　察　　　170

第9章　メディア・フレーミング効果測定―実験から―――――175
　　第1節　実験の目的　　　175
　　第2節　実験の方法　　　177
　　第3節　実験の結果　　　185
　　第4節　考　　察　　　208

第10章　実証研究で得られた知見と考察―――――215
　　第1節　実証研究で得られた知見の相関関係　　　215
　　第2節　まとめ　　　224

目　次　v

第11章　結　　論 ―――――――――――――――――――227
　第1節　「新しいリスク」報道におけるメディア・フレーミング効果と
　　　　　社会的機能　　227
　第2節　本書の結論　　234
　第3節　残された研究課題　　237

あとがき　　242

引用文献　　245
巻末資料　　257

人名索引　　281
事項索引　　283

第1章

序

第1節　研究の背景

1. リスク社会と「新しいリスク―原子力発電所事故後の影響」

　現代社会において，人びとが健康で快適な日常生活を送るには，それ相当の危険と向き合わなければならない恐れがある。科学技術の進歩と経済の発展は，人びとの日常生活にとって欠かせない水，食物，資源などの合理的な安定供給をもたらした。一方で，高度な近代化は，産業廃棄物，水質汚染，食品添加物，残留農薬，核廃棄物，環境破壊などの危険性も同時に生み出しているといえる。

　これらのリスクは，総称して「環境リスク」と呼ばれる。環境基本計画(環境省，1994)では，「環境リスク」とは，「（化学物質による）環境保全上の支障を生じさせる恐れ」とされていたが，最近では，より広義の意味で用いられることが多く，「ある技術の採用とそれに付随する人の行為や活動によって，人の生命の安全や健康，資産並びにその環境（システム）に望ましくない結果をもたらす可能性」と定義されている場合もある(兜，2006：47)。このように，「環境リスク」は国家や社会レベルの問題としてのみならず，人びと個々人の生活と密接に関係するものとして扱われるようになってきた。

　U. ベックが記した『危険社会』(1986＝1998)では，現代社会の特質を上述した「環境リスク」などのリスクの視点で捉え，現代社会がリスク社会であると説明している。ベックは，『危険社会』の「はじめに」で，刊行年と同年に発生したチェルノブイリ原発事故（1986年）[1]に触れ，「原子力汚染の危険性を告

白すること は，地域，国家，あるいは大陸の全域において逃げ道が絶たれたという告白に他ならない。」(ベック，1986＝1998：2)と記し，リスクが現代に生きる人びとにとって，平等に課せられた宿命であると指摘している。

ベックのリスク社会論は，現代を近代産業社会の「副作用」の帰結とみている。この「副作用」によって生み出されたものがリスクであり，このようなリスク状況下の社会がリスク社会であるという意味である。たとえば，核エネルギーの開発は，火力や水力，風力発電に比べて低コストであるとされ，資源の少ない国や地域に安定した電力を供給した。しかし同時に，人びとは核廃棄物や放射能汚染のリスクとの共存を余儀なくされるようになった。ベック (1986＝1998) の他にも，A. ギデンズ (1990＝1993) が「ハイ・モダニティ」，Z. バウマン (2000＝2001) が「リキッド・モダニティ」といった用語で現代の特徴を表し，現代とリスクを関連づけて説明している。

Ch. Lau によると，社会構造の変容とともにリスクは，「伝統的リスク」，「産業―福祉国家的リスク」，「新しいリスク」の段階で変化していくという (Lau, 1989：420-426)。「新しいリスク」は，ベックの『危険社会』(1986＝1998) 以降に認識されたリスクである。リスク事象には，原発事故や残留農薬，核廃棄物，薬害などが挙げられている。これらは，近代科学が一定の水準以上に達し科学が生み出したにもかかわらず，科学によっては明確な予測も解決もできないリスクである。三上剛史は，Lau の「新しいリスク」のなかに科学的予測を超えた自然災害や新型ウィルスを加えて再分類している (三上，2010：45-47)。

このように，現代社会は，ある局面ではリスク社会といわれ，そこで出現する「新しいリスク」を解明するために，現代をリスクの観点から捉えるというのが本書の問題意識の一つでもある。こうした研究視座の背景には，ベック (1986＝1998；1994＝1997) やギデンズ (1990＝1993；1991＝2005) らが指摘する再帰的近代化の現代社会論がある。次章で詳しく述べるが，簡略に記すと，再帰的近代化とは，19世紀から1970年代と1980年代以降の社会構造の変化を新しい段階に突入したと捉えるのではなく，第1の近代から第2の近代へ変質したと捉える見方である。

再帰的近代化論のなかでも，リスク社会や「新しいリスク」に深く関わってくるのが，ベックが指摘する個人化論である。個人化とは，これまで個人化していなかった労働者や女性には，職業選択や配偶者選択などの自由がもたらされる一方で，自由になった個人は，家族や地域社会の準拠集団[2]に依拠することなく，労働市場や教育制度に個人単位で組み込まれ，再統合されるようになることである（ベック，1986＝1998：253-254）。こうした，個人化の条件下では，人びとは，集団ではなく個々人の判断で「新しいリスク」に向き合わなければならないと指摘している（ベック，1986＝1998：174）。

そうしたなか，日本社会は，ベック（1986＝1998）やギデンズ（1990＝1993）らが指摘するリスク社会や，Lau（1989）の「新しいリスク」を実際に東日本大震災（2011年3月11日）で経験することになった。東日本大震災は，大地震や大津波，原子力発電所事故などをもたらした巨大複合災害であり，震災後4年が経った今日においても，余震や放射能汚染で人びとに不安を与えている。特に，福島第一原発事故[3]は，事故後の避難計画や除染方法，食品や水の安全性，健康被害，風評被害[4]，エネルギー問題，環境問題といったように，個人の身に降りかかるリスクから社会全体に影響を及ぼすリスクまで，さまざまなリスク問題を提起している。

福島第一原発事故後のリスクのなかでも，日常生活における個人やその身近な家族にとって最も重要な関心事の一つは，放射性物質の飛散による人体への健康被害の問題である。放射線の人体への影響は，放射性物質から放出された放射線の影響を直接受ける「外部被ばく」と，放射性物質を含む空気，水，食物などを摂取して，放射性物質が体内に取り込まれることによって起こる「内部被ばく」の2つの被ばく形態がある（消費者庁，2012：9）。ベックは，放射線による被ばくの危険性を次のように特徴づけている。

　「放射線や化学物質による汚染，食物汚染，文明病などといった新しいタイプの危険は多くの場合人間の知覚能力では直接には全く認識できない。それらは，しばしば被害者には見ることもできなければ感じることもでき

ない危険である。」(ベック，1986＝1998：35)

　たとえば，「内部被ばく」の場合，人びとが日常で食品や飲料水を摂取する際に，それらに含まれるセシウム，ストロンチウム，プルトニウムなどの放射性物質の放射線量を知覚することはできない。また，人びとの知らないところで，放射能で汚染された食品が市場に流通し，被害が甚大になる恐れもある。このように，ベックが指摘するところの，人びとにとって見ることも感じることもできない危険性が日常生活に密着し，絶えず潜在化している社会がリスク社会であるといえる。

2. リスク社会におけるメディアの役割

　これまで述べてきたように，現代社会には多くの「新しいリスク」が潜在し，今回の東日本大震災の発災は，人びとがその存在をあらためて再確認することになった機会であったといえよう。さらに，リスク社会において，個人化された人びとは，「新しいリスク」に個々人でその対応を余儀なくされるが，人間の知覚能力では可視化することができず，自力で予測し解決するための判断材料がないに等しいといえる。

　そこで，リスク社会に生きる人びとが「新しいリスク」に対処し，その解決策の重要な手がかりを得る手段となるのがメディア報道であるといわれる。福田充は，現代のリスクが社会に潜在していることを指摘し，それを人びとに可視化してくれるのがメディア報道であるという(福田，2010：38)。たとえば，先述した「外部被ばく」では，放出した放射性物質はどこに拡散するのかという汚染エリア情報が，「内部被ばく」では，食品中や飲料水に含まれる放射性物質量がどの程度であるかといった情報が，また，食品の原産地や流通経路などの情報がメディアによって伝えられることによって，人びとは被ばくに対する危険性を認識することができるのである。

　また，ベックは，「新しいリスク」に対する人びとの情報源について，以下のように説明している。

「エコロジー問題をめぐるイメージやシンボルや知識は，決して自己の経験に基づくような根源的なものではなく，それ自体確実なものでもないのです。そのような知識は人から入手されるもので，徹底的に『第二の手』によるもの，つまり構成され，メディア化されているもので，（例えばテレビや新聞や社会運動や環境組織や研究所といったような）大きな社会的知識組織や科学組織を前提としているのです。」(ベック，2002＝2003：82)

　ベックのいう，エコロジー問題などの「新しいリスク」は，人びとが現実世界で直接経験しないものが多く，間接的にメディアなどによって媒介された擬似環境[5]で構成される。その場合，人びとの「新しいリスク」の認識を形成する過程において，メディアの影響が大きく関わってくるといえよう。
　次に，メディアが「新しいリスク」の情報源となる上で，社会全体に与える役割を推察するには，災害報道が参考になるであろう。宮田加久子は，災害時のマス・メディアにおける社会的機能として「環境監視機能」，「ニーズ充足機能」，「不安低減機能」，「説得機能」の４つの機能を挙げている。宮田によると，「環境監視機能」は，情報の受け手となる人びとが置かれた社会的・自然的環境を監視し，そこにおける重大な変化を知らせる機能である。「ニーズ充足機能」は，災害の種類や規模によって異なり，災害過程の段階によって変化するが，被災者の置かれた状況を定義する情報，災害原因の情報，行動指示情報，家族の安否情報，復旧情報などを知らせて，人びとの情報要求を満たす機能である。「不安低減機能」は，災害時に不安を喚起した人びとに対して，十分な情報をもって状況を定義させ，今後の見通しを明確にするなどして不安を取り除き，混乱を防ぐための機能である。マス・メディアには，警報を伝達する義務があるうえ，その警報が意図する方向に人びとの反応や行動をおこさせるのが「説得機能」である(宮田，1986：210-221)。
　以上の４つのメディアの社会的機能を放射性物質の食品汚染に置き換えてみると，「環境監視機能」は，どの食品にどのくらい放射性物質が含まれると人

体に影響を及ぼすのか，その基準値の情報や，国と行政はどのような対策をしているのか，どの程度汚染した食品が出回っているのかなど，食品汚染の全体状況を広く人びとに伝えることであるといえる。「ニーズ充足機能」については，次のようにいえる。人びとが放射性物質の危険性を正しく理解するには，ある程度の知識が必要であると考えられる。したがって，メディアが科学的根拠などをわかりやすく伝えることで人びとの情報要求は満たされるであろう。「不安低減機能」については，次のようにいえる。幼い子どもがいる家族にとっての不安材料は，子どもの健康面に関する危険性であるといえる。食品汚染に対する具体的な対処方法や，安全である食品を明示することが不安の低減につながるといえる。「説得機能」では，人びとが食品汚染を過剰に意識し，特定の食品の購入を避けるといった行動をとらせないための，風評被害を未然に防ぐ情報提供であるといえる。

　また，中村雅美はメディアが社会に伝えるべきリスク事象を表1.1に示すように4つに分類している。中村によると，現実には① 自然現象に関するリスク報道は少なく，報道の多くは，② 生活・健康に関するリスク，③ 人工システムに関するリスク，④ 社会・経済に関するリスクの3つのリスク群の報道である。さらに，中村は，社会の成熟度が増すとともに人びとの関心の重点が生活の安全や健康に移っていき，それとともに② または③のリスク群が報道で多くとりあげられると指摘している（中村，2006：298）。

　しかしながら，東日本大震災は，表1.1で示した① に分類される大地震と

表1.1　メディアが社会に伝えるべきリスク事象

リスクの分類	主なリスク事象
① 自然現象に関するもの	大地震，台風，洪水，気候変動など
② 生活・健康に関するもの	病気，感染，医療事故，薬の副作用，交通事故，科学物質の危険性，食品の安全性，遺伝子組換え食品，ごみ問題など
③ 人工システムに関するもの	原子力施設の事故，航空機事故，列車事故，火災など
④ 社会・経済に関するもの	戦争，エネルギー・資源問題，食料問題，人口問題，環境破壊，景気の低迷・不況，リストラ，金融不安など

出所）中村，2006：298

大津波の自然災害であり，それら自然災害によって引き起こされた，③ 人工システムに関する原発事故が組み合わさった複合的災害である。さらに，原発事故後では，② に含まれる食品の安全性や ④ に分類されるエネルギー資源の問題などのリスク問題に波及している。こうした状況を遠藤薫は，東日本大震災が「自然災害」と「人的災害」との境界を無効化したと指摘しているが(遠藤，2011：77)，ベックの見解では，東日本大震災後の自然災害の概念を以下のように説明している。

　「破壊をもたらしたのは，人間の決断ではなく地震と津波であるとされている。『自然災害』という概念は，その原因が人間でなく，人間が責任を負えないことを意味する。しかし，福島の原子炉事故は自然災害ではない。地震が起こる地域に原発を建設するのは，自然現象ではなく政治的決断であって，決断として経営者と政府によって正当化されているはずである。
　『自然災害』や『環境による被害』という言い方ができるのは，歴史のある時点においてであって，その際，技術や社会に対置できる『純粋な自然』のようなものは，もはや存在しない。」(ベック，2011：7)

　確かに，東日本大震災は，人びとに直接的被害をもたらした原因が地震と津波であったといえるが，上記のベックの指摘のように，大震災を契機に，もともと人びとの生活の中で潜在化していた「環境リスク」や放射線による健康被害などの「新しいリスク」が表出してきた結果であると解釈することもできる。
　こうした，福島第一原発事故後に出現した「新しいリスク」の「自然災害」と「人的災害」の境界線の無効化の問題について，重要な示唆を与えるのがC. Perrow が提唱した「ノーマル・アクシデント」という考え方である。Perrow によれば，原子力発電所などの現代の巨大人工システム事故は，起こるべくして起きた事故であり，その原因は偶然的ではなく必然的である。Perrow は，原子力発電所のように，いくつもの高度の先端技術が緊密に結びついたシステムでは，構成要素が複雑に相互作用しているために，ある一部分に損傷が出る

と他の部分にも急速にその影響が拡大し，結果として予期せぬ事態を招く恐れがあることを指摘している(Perrow, 1999：62-100)。

　本書においても，ベックやPerrowが指摘しているように，東日本大震災に伴う福島第一原発事故やその後に顕在した「新しいリスク」は「自然災害」ではなく，「人的災害」や「ノーマル・アクシデント」とする立場であるが，こうした区別を人びとは個人の認識枠で捉えることができるのであろうか。本書の問題意識は，メディアが人びとに「新しいリスク」を認識させる機能を果たすばかりではなく，事故原因を明確に示し，対応や対策の手がかりを与える存在としての十分な社会的機能を果たしているかにある。

3. メディアは原子力発電所事故をどのように伝えたのか
(1) 日本における原子力発電所事故の報道(JCO臨界事故)

　では，メディアは「新しいリスク」をどのように報道しているのであろうか。本項では，「新しいリスク」のなかでも，社会的影響が特に大きいとされる原子力発電所事故の報道を取り上げる。原子力発電所事故は，福島第一原発事故(2011年)以前にも，スリーマイル島原発事故(アメリカ，1979年)[6]やチェルノブイリ原発事故(旧ソ連，1986年)と被害が甚大であった事故があるが，最近の日本では，1999年9月30日にJCO臨界事故[7]が起こっている。この事故では作業員3名が重大な被ばくを受け，うち2名が死亡している。

　下村英雄と堀洋元は，一定の報道パターンのなかで，原因究明と責任追及が事故の「解説機能」を果たし，恐怖や安心を中心とした記事が「不安低減機能」を果たしていき，初めて経験した大惨事に対する人びとの関心をクールダウンさせていったと報告している(下村・堀，2004：57-58)。下村と堀は，JCO臨界事故の新聞報道を量的，質的に分析し，その報道傾向を明らかにしている(下村・堀，2004：41-58)[8]。量的分析の結果，JCO臨界事故関連記事は，事故後約1ヵ月に集中して報道され，事故後1ヵ月以降では，記事に取り上げられることが少なくなったことを指摘している(下村・堀，2004：44)。また，質的分析では，JCO臨界事故直後の新聞報道に「原因の究明⇒責任の追及⇒健康

に対する恐怖⇒調査による安心⇒風評被害に対する賠償」といった一連のプロセスがあったことを明らかにしている。

このように，JCO臨界事故後短期間で新聞などのマス・メディアから一定の報道パターンを提示されたマス・コミュニケーションの受け手である人びとは，この事故の情報を瞬時に，かつ簡便に受け入れることができるようになったといえる。しかし同時に，短期間で集中的な一定のパターン化したメディアの報道傾向は，未だ収束していない事故の被ばくの詳細なリスク情報を提供したり，事故の悲惨さを記憶に留めておくといったような長期的・累積的な影響を人びとに与えるには不向きな点もあると考えられる。

(2) 日本における原子力発電所事故の報道(福島第一原発事故)

福島第一原発は，福島県太平洋岸のほぼ中央，双葉郡大熊町と双葉町にまたがって位置する。福島第一原発事故は，2011年3月11日の東日本大震災による大地震と大津波が直接的原因となって起こった。全電源を喪失した福島第一原発では，1号機と3号機で溶けた燃料棒が原子炉下部に落ちるメルトダウンが発生した。その後，水素爆発によって原子炉建屋が崩壊し，大量の放射性物質が漏洩した。発生当初の2011年3月18日の原子力安全・保安院の発表段階では，国際原子力事象評価尺度(INES)[9]でレベル5としていた。この時点では，国内のJCO臨界事故のレベル4を超え，スリーマイル島原発事故のレベル5と同等の被害を予測していた。その後，4月12日の同院の発表では，最高レベルのレベル7に修正された(経済産業省，2011)。このレベルは，チェルノブイリ原発事故と同レベルに位置づけられる。すなわち，政府が本事故をその規模や重大性からチェルノブイリ原発事故に相当すると公認したといえる。

また，本事故によって，大気中に放出された放射性物質は，チェルノブイリ原発事故の約10分の1に相当するといわれる[10]。これらの放射性物質による土壌・海水汚染[11]や食品・水の汚染は，人体の健康被害に大きく関わる問題であり，人びとにとって大変深刻な問題である。2011年3月17日に厚生労働省は，放射性物質が放出したことを受けて，原子力安全委員会(2012年9月に廃

止，現原子力規制委員会）により示された「飲食物摂取制限に関する指標」を暫定規制値とし，これを上回る放射能汚染が確認された食品について，食用に供されないよう，各自治体に通達を出した（厚生労働省，2011a）[12]。その後，同月19日には福島県産の原乳と茨城県産のホウレンソウから，いずれも暫定基準を上回るヨウ素131が検出された（厚生労働省，2011b）。同月21日には，震災以降，初めて原子力災害対策特別措置法に基づき，政府によって食品の出荷制限が福島，茨城，栃木，群馬の各知事に指示された。対象となったのは，福島県産の原乳と，福島・茨城・栃木・群馬の各産のホウレンソウ及びカキナである（厚生労働省，2011c）。こうした放射性物質による食品汚染の問題は，健康面のリスクだけでなく，風評被害のように経済的にも人びとの生活に影響を及ぼしている。

遠藤薫は，震災発生後からのテレビ報道の連続的な映像を「〇〇分〇〇秒〜〇〇分〇〇秒：釜石港映像」といったように手作業で内容分析を行っている。その分析結果から，遠藤は，政府からの公表や指示を伝達する機能をテレビが果たしていなかったと報告している[13]。こうしたテレビの緊急時の報道姿勢について，遠藤は，メディア自身が被災したり，災害の大きさが「未曾有」であったりと酌量すべき点があるが，局側の緊急時の対応体制が不十分であり，社会的責任の観点からは弁解は認められないと指摘している（遠藤，2012：23-50）。

次に，放射性物質による人びとの健康被害についての情報は，テレビ報道が事故後，放射性物質の影響を「可能性」，「微量」，「ただちに」といった被害状況を示唆するようなあいまいな表現を用いながらも，一貫して「人体への健康には影響はない」と人びとに伝えていたことがうかがえる。このような報道は，福島第一原発事故の発生直後のテレビ報道をテキストに書き起こした伊藤守の分析結果によると，日付が12日に変わった直後から，各局とも専門家をスタジオに呼んで解説・コメントを流していくようになり，その時からみられるようになったという（伊藤，2012：69-84）[14]。

第2節　研究の目的と意義

　現代社会は，社会の変容とともにリスクの形態が変化し，原子力発電所の事故など「新しいリスク」が潜在しているリスク社会である。この潜在している「新しいリスク」を人びとに伝えるといった大きな役割を果たすのがメディア報道である。このメディアが「新しいリスク」を顕在化させる過程において，どのように報道するかによって，受け手の認識や態度に影響を及ぼすものと考えられる。メディアが，どのように現実を再構成し，どのような枠組みを用いて報道するのかは重要な課題であるといえる。

　こうした背景から，本書は，メディア・フレーミング効果の視座に立って実証研究を実施し，メディアの報道内容と受け手の受容・解読との関係性を明らかにし，そこで得られた知見から「新しいリスク」報道の社会的機能を解明する手がかりを見出そうとするものである。

　竹内郁郎は，マス・コミュニケーションの全体社会にとっての機能それ自体を実験や調査という実証的な観察の道具によって分析することはほとんど不可能であると指摘しているが，こうした実証性の問題を解決する一つのアプローチに効果論を挙げている（竹内, 2005：176）。竹内によれば，効果研究はこれまでアメリカを中心に，個人レベルでのマス・コミュニケーションの機能に関して，実証的な証拠を伴いかなりの成果を挙げてきたという（竹内, 2005：177）。たとえば，M. E. McCombs と D. L. Shaw が行ったメディアの議題設定効果の検証では，マス・メディアで取り上げられた公共的争点の優先順位が有権者の争点重要度の認知にも影響を及ぼすことが明らかになっている（McCombs & Shaw, 1972）。効果論は，実証研究の積み重ねによって方法論や操作的定義を確立してきたアプローチであるといえる。しかし，竹内は効果論から得られた知見が社会レベルでのマス・メディアの機能にどのように結びつくのか，そのつながりに関してはほとんど取り上げられてこなかった点も指摘している（竹内, 2005：177）。

　メディア・フレーミング効果研究を行うにあたっては，フレーム概念の多様

性が指摘されているが[15]，とりわけ，マス・コミュニケーション研究分野では，R. M. Entman が以下のように定義している。

　「フレーミングには，『選択性』と『顕出性』の意味が含まれており，知覚された現実のある側面を選択し，コミュニケーションの文脈上からその現実を顕出させ，そのようにして，言及された項目に対して，『問題の定義』，『原因の解釈』，『道徳的評価』，『対策』を奨励するものである。」(Entman, 1993：52)。

　また，G. タックマンは，毎日の出来事をニュース・イベントにする際，一定の枠組みがあり，その枠組みをフレームとしている。タックマンによると，ニュースは，フレームによって社会的意味を定義，再定義し，構成と再構成を繰り返しているという（タックマン，1978＝1991：250）。岡田直之は，ジャーナリストが，メディア・フレームに準拠することによって，大量の情報を迅速かつ手際よく処理し，ニュースとしてパッケージ化することを指摘している（岡田，1981：36）。つまり，メディア報道がある事象を取り上げる際，一定の枠組み（メディア・フレーム）があり，その枠組みがスポットライティング的な役割を果たしていると考えられる。

　このように，メディアの報道の仕方を探るための分析道具としての重要な概念にメディア・フレームがある。海後宗男は，「メディア・フレームとは，メディアが情報を発信する上での出来事に対する解釈や評価のための概念的道具」と定義し，メディア・フレームを送り手側の分析概念と捉えている（海後，1999：19）。

　一方で，心理学的フレーム概念に準拠した研究には，S. Iyengar (1991) のメディア・フレーミング効果によって受け手の責任帰属に及ぼす影響を検証した実験があり，また，J. N. カペラと K. H. ジェイミソン（1997＝2005）のメディア・フレームの提示によって受け手の政治的認知に変化を与えることを実証的に明らかにした研究などがみられる[16]。

さらに，メディア・フレームは送り手側と受け手側との関係性が同じフレームを通してみることで明らかになる分析道具でもある。竹下俊郎によると，メディア・フレーミング効果研究は，メディアがある争点や出来事をどのようにフレーミング（枠づけ）しながら報じるのか，それが受け手の現実認識とどう関連しているのかを追究する研究であると定義している（竹下，2008：208）。

　このような，フレーム概念がもつ多様性によって，異なる研究領域をフレームという分析の軸を通してみることは，複雑な社会事象のテーマにアプローチすることが可能になることも予測される。先述したMcCombsとShaw（1972）の議題設定効果は，メディアの量的内容分析と世論調査の相関関係を示すことによって重要度の転移を検証するに至っているが，どのような報道内容が受け手にどういった解釈を与えるのかを解明するには限界がある[17]。他方，メディア・フレーミング効果は，定義と研究領域の多様性ゆえに，より複雑なメディア報道と人びととの認識の内実に迫ることができるものと考えられる。萩原滋が指摘しているように，現状では，研究目的に応じて多様なフレーム概念を使い分ける方が現実的であり，有効性も高いといえる（萩原，2007：56）。

　そこで，本書は，メディア・フレーミング効果の視座から研究を行うにあたり，萩原の指摘に準じて，リスク報道の枠組みとしてのフレームはマス・コミュニケーション研究から，リスク・メッセージを受容する人びとと個人の認識の枠組みとしてのフレームは心理学から，それらのフレームによる送り手と受け手の関連を検証するフレーミング効果はメディア効果論からといったように，それぞれに解明する目的に応じたフレーム概念を適用する。

　このようなメディア・フレーミング効果研究の立場から「新しいリスク」報道をみると，前掲したベック（1986＝1998）の指摘のように，リスク社会では，個人化された人びととの「新しいリスク」に対する判断や対応は個々人に委ねられているといった点で，メディアを主な情報源とする人びとにとってメディア・フレームはその判断や対応を大きく左右するものと推察される。さらに，事故原因が自然災害なのか，Perrow（1999）が指摘する「ノーマル・アクシデント」や「人的災害」によるものなのかという判断が困難な福島第一原発事故後の

「新しいリスク」においては，メディア・フレーミング効果が人びとの判断基準の生成に影響を及ぼしかねない。以上のような諸点を考慮して，本書では「新しいリスク」報道のフレーミング効果研究と社会的機能についての考察を行った。

本書のフレーム分析のように，メディアの「新しいリスク」報道と人びとの認識の関係性を明らかにし，その実証的根拠からメディアの社会的機能の解明に迫ることは，マス・コミュニケーション研究，心理学，メディア効果論の領域に新たな知見をもたらすばかりでなく，リスク・コミュニケーション研究領域にその知見を還元することも期待できるであろう。National Research Council（全米研究評議会）は，リスク・コミュニケーションを「個人，機関，集団間での情報や意見の相互作用の過程」であると定義している（National Research Council, 1989）。メディアが発信する「新しいリスク」情報を受容する人びとは，不安を感じるのか，または安心するのか，どのような情報内容を欲しているのか，それを正しく理解し，対応や対策をとることができるのかといった個人レベルの効果をフレームで検証することも可能となるであろうし，そうした個人の反応や情報要求を汲み取り，人びと個人では回避困難な「新しいリスク」の情報を伝える機関を担うメディアの社会的機能を提言するといった意味においても意義ある研究であるといえる。

冒頭でも述べたように，一般的に人びとは「環境リスク」は国家や社会レベルの問題と解釈しており，個人の生活とは乖離したものと捉えられていると考えられる。しかし，「環境リスク」をはじめとする現代の「新しいリスク」は，個人の選択や行動と密接に関係している。こうした認識のギャップを埋める役割を果たす存在の一つとなるのがメディアであり，本書は，メディアを通じてリスク社会というマクロな視点から人びとのリスク意識というミクロな視点までを分析対象としている。このような異なる視座から一つのリスク事象を明らかにした分析は行われてこなかった。

本書で取り上げる福島第一原発事故は，原子力発電所の事故のうちでもスリーマイル島原発事故，チェルノブイリ原発事故に続く世界で3つ目の大事故で

あり，そこから生じる「新しいリスク」に関する報道については，あらゆる分野の研究者が注目し，これまでさまざまな実証的知見が得られているのも事実である。本章1節3項(2)で紹介したように，本事故に関連するメディア報道の内容分析が盛んに行われ，受け手調査も多数みられる。

そこで，本書は，次節で取り上げるトライアンギュレーションあるいはマルチメソッドと呼ばれる手法を採用し，複数の研究方法で得られた知見から「新しいリスク」報道にアプローチし，多角的な視点から解明を試みる。そうすることによって，これまでの多くの一面的な研究とは異なり，多局面からみた全体像を明らかにすることができ，他にない独自の知見を得ることができるものと考える。

第3節　研究の方法と本書の構成

リスクの分析方法は，経済学や心理学で取り上げられるように，不確実性に対する確率論や期待効用論の意味を表すものと，リスク社会学的な観点からアプローチするものとに大別される。竹村和久らによると，前者はリスク分析(risk analysis)の立場から定義する概念であり，現代社会のリスクを技術的な観点から検討し，人間の健康，生命への危害とその確率を明らかにすることを目的としている(竹村・吉川・藤井，2004：12)。

しかしながら，前者のリスク分析に対する批判もある。後者の社会学的な視座に立つベックは，リスク分析を行う専門家が，その専門分野の範囲内のみで危害の確率などの数量的データを明らかにしたとしても，それが社会全体やそこに生きる人びとにとってどのように影響するのかを判断する材料にならないと指摘している(ベック，1986＝1998：44)。また，高木仁三郎のように，原子力発電所のような巨大システムの事故が確率論では非常に低く見積もられていることに対して批判的な意見もある(高木，1989：160-164)。山口節郎によれば，社会学的リスク研究の課題は，客体としてのリスクを確定したり，リスクから安全への移行はどのようにして可能かを示すことでなく，どのような条件の下ではリスクとしてとり扱われるのか，あるいはとり扱われない条件は何なのか

を明らかにすることにあるという(山口，2002：181)。

　以上の指摘や批判を踏まえ，本書では社会学的アプローチに依拠し，近代化による社会構造の変容とともに出現した現代社会の条件下で扱われるリスクを「新しいリスク」として定義し分析を行う。社会学的アプローチのためには，現代社会をリスク社会と捉える必要がある。本章1節1項で述べたように，本書では，ベック(1986＝1998；1994＝1997)やギデンズ(1990＝1993；1991＝2005)らの立場をとり，現代社会を再帰的近代化の社会状況とする視座に立つ。

　ところで，W. R. ニューマンらが実施したメディア・フレームの実証研究では，政治的コミュニケーションにおいて，メディアとメディアメッセージと人びとの理解の間の相互作用を，よりバランスよく調べることが重要であるという理由からマルチメソッドを採用している。彼らは，このような方法論的アプローチをとることによって，内的・外的妥当性の両価性を確保できると指摘している(ニューマン，ジャスト＆クリグラー，1992＝2008：1-38)。

　そこで，本メディア・フレーミング効果の実証研究は，トライアンギュレーション(三角測量)あるいはマルチメソッド(多元的方法)と呼ばれる複数の研究方法を組み合わせた方法で実施する。U. フリックによると，トライアンギュレーションについて，個々の研究がもつ弱点や盲点を補い合うために，異なった方法論的なアプローチを組み合わせて用いることであると指摘している(フリック，2007＝2011：33)。フレーム概念の多様性やメディアの報道内容と人びとの認識，それらの相互作用を明らかにするには，さまざまな技法を併用し，多角的な視点からアプローチするフレーム分析が必要であると考えられるためである。

　内的・外的妥当性の問題は，科学的な根拠に基づく実証研究を行う上で重要な性質である。さまざまにある妥当性の概念のなかでも，D. T. CampbellとJ. C. Stanleyは内的妥当性と外的妥当性を提唱している(Campbell & Stanley, 1966)。安藤清志によると，内的妥当性とは，実験で得られた結果がどの程度意図された実験操作を反映したものであるかを表し，外的妥当性とは，別の集団，別の場面においても類似した結果が得られるかどうかという概念である(安

藤，1987：46）。つまり，内的妥当性は変数間の因果関係の程度，外的妥当性は得られた知見の一般化の可能性を示しているといえる。

　本書では，具体的に研究方法の内的・外的妥当性の問題に考慮して内容分析，グループ・インタビュー，実験の3つの手法を組み合わせたマルチメソッドを用いる。研究方法ごとの目的や手続きは，それぞれの章で詳しく説明するので，ここではおおまかな概要のみにとどめることにする。

　まず内容分析では，メディアがリスク事象を報道する際，どのような側面を強調し，どのような枠組みで捉えているのかをメディア・フレームの概念を用いて探索的に検討する。内容分析とは，研究対象となる事象に関するメッセージを科学的に解釈しようとする手法である（島崎哲彦，2007：43）。B. ベレルソンは，内容分析を「表明されたコミュニケーション内容の客観的・体系的・数量的記述のための調査技術」であると定義している（ベレルソン，1952＝1957：4-5）。したがって，内容分析では，メディア・フレームの概念を客観的に捉えるために，数量的記述を行い，測定の信頼性を確保しつつその概念を抽出する。また，ベレルソンは内容分析の用途を17項目挙げ[18]，それらの項目を大きく5種類に分類している[19]。これら5種類のうち，本書の目的に即しているのは，受け手に関するもの，効果に関するものの2種類である。

　次に，グループ・インタビューは，人びとの「新しいリスク」に対する情報ニーズがどのようなものであるか，またどのように「新しいリスク」の内容を理解し，どのような枠組みで解釈しているのかを探るには，有効的な定性的手法であると考えられる。グループ・インタビューとは，大きな枠組みを前提に半構造化された調査であり，1グループ6〜8人の対象者を同時に同場所に集めて，モデレーターの進行に従って行うものである（島崎，2007：60）。グループ・インタビューは，もともとアメリカのマーケティング分野で1940年代に生まれ，K. レヴィンのグループ・ダイナミックス理論[20]を背景に，その後さまざまな分野で活用されるようになった（安梅勅江，2001：2）[21]。グループ・インタビューは，他の定性的手法（個別で行うインタビューなど）に比べて，リラックスした雰囲気の中で，非常に幅の広い，より包括的な参考となるデータ

が得られる (L. C. Beck, W. L. Trombetta, & S. Share, 1986：73)。また，調査法などの定量的手法では得られない対象者の解釈や理解を確かめることができる(S. ヴォーン，J. S. シューム，& J. シナグブ，1996＝1999：9-10)。このような方法上の利点から，本書では日常的な環境を作り出し，調査対象者のリスク情報に対するニーズや率直な意見を引き出すことが可能な手法であると判断して，グループ・インタビューを採用している。

内容分析によって抽出されたメディア・フレームと，グループ・インタビューの結果から明らかになった対象者の解釈の枠組みを基に，実験で使用するメディア・フレームを選定する。実験は，原因となる変数と結果となる変数の間で，結果に影響を及ぼす他の変数をコントロールして，原因と結果の関係，すなわち因果関係を明らかにしようとする手法である(島崎，2007：60)。実験による計画法は，統計学者 R. A. フィッシャーによって1920年代に農場試験を通じて導入された。フィッシャーの実験は，農薬，肥料，土壌などの要因が収穫量にどの程度影響を与えているかを客観的に把握するため開発されたものである(フィッシャー，1935＝1971)。武藤真介によると，フィッシャーの実験は，条件の似た実験単位をまとめる層別の原理，各層内の実験単位にどの要因水準を割り当てるかということに対する確率化の原理，反復の原理を柱としており，これらの原理は，いずれも偶然変動による誤差を極小にし，不測の偏りが実験結果に混入することを防止する意味をもち，農場試験に限らず，心理実験を含めた一般の実験研究に有効的な考え方であるという(武藤，1973：502)。渡辺浪二は，社会心理学における実験の有効性を以下のように説明している。実験では，人びとが行動する社会的場面に対して研究者の側が人為的な統制を加えた上で，その人の行動を観察したり，言語報告を求めたりする。これによって，事象の因果関係を明らかにするための，極めて有効な情報が得られると説明している(渡辺，1987：59-60)。

本書では，実験参加者に抽出されたメディア・フレームに接触する場面を人為的に作成し，その要因によって実験参加者の「新しいリスク」に関する責任追及意識，不満や不安の程度を測定する。フレームの条件ごとに対象者を統制

し，人びとの「新しいリスク」に対する不満や不安といった感情面，責任の所在はどこにあると思うのかといった評価面，具体的な対策などの行動面への影響を検証する。

さらに，実証研究では，内容分析，グループ・インタビュー，実験で得られた知見の統合を試みる。フリックが指摘するように，複数の研究方法を用いて分析を行う場合，それぞれの結果は，互いに一致するのか，補完するのか，矛盾するのかといったパターンが検出される。フリックは複数の研究方法が正当化されるのは，互いに補完や矛盾するような結果であるとし，こうした相違が何を意味するのかを考察することが重要であると指摘している（フリック，2007＝2011：550）。たとえば，内容分析で抽出されたメディア・フレームが実験によってその効果が検証されたとしても，グループ・インタビューの結果から導き出された人びとの意見とは異なる意味内容であるかもしれない。本書では，こうした各研究方法で得られた知見の相違に着目して考察を行う。

最後に，「新しいリスク」報道におけるメディアの社会的機能として，「ニーズ充足機能」，「不安低減機能」，「原因究明・責任追及機能」の3つの社会的機能を設定し，実証研究で得られた知見と合わせて考察する。「ニーズ充足機能」と「不安低減機能」は，本章1節2項で述べた宮田（1986）が指摘する災害報道のメディアの社会的機能であるが，そのなかでもメディア報道と人びとの認識との相互作用に関連し，受け手個人レベルのフレーミング効果によって解明可能な単位であると判断し，これらの社会的機能を採用する。さらに，本章1節3項で先述した下村と堀（2004）が行ったJCO臨界事故の新聞報道の内容分析の結果で検証されたメディアの社会的機能である「原因究明・責任追及機能」を加えた。この機能は，人びとの認識では区別し難い，「新しいリスク」の「自然災害」と「人的災害」や「ノーマル・アクシデント」の境界線の判断にメディアの機能が重要な手がかりとなり，社会的影響を与えるものとして設定する。

本書は，全11章で構成している。まず，本章，第1章では，研究の背景となるリスク社会や「新しいリスク」についての現状を述べ，日本で起きたJCO臨界事故と福島第一原発事故のメディア報道の内容分析の先行研究を概

観し，全体の目的と意義，方法を述べた。続く第2章では，ポスト・モダンと再帰的近代化，その他の現代社会論を比較し，本書における現代社会の視座を定義する。第3章では，「新しいリスク」のリスク概念や特徴を述べ，本書における「新しいリスク」を定義する。第4章では，メディアが「新しいリスク」を可視化する機能とメディア別の社会的機能を示す。第5章では，社会学，心理学，マス・コミュニケーション研究からのフレーム概念を概観し，本書におけるメディア・フレームの定義づけを行う。第6章〜第10章は実証研究を記した章であり，第6章は実証研究の視座，目的と方法，第7章は内容分析，第8章はグループ・インタビュー，第9章は実験，第10章は実証研究で得られた知見と考察で構成している。最終章の第11章では，先行研究を踏まえながら，実証研究で得られた知見から「新しいリスク」報道のメディアが社会的機能を果たしたのか考察し，最後に，本書の結論と残された研究課題を述べる。

注)
1) 1986年4月26日，旧ソ連（現ウクライナ）のチェルノブイリ原子力発電所4号炉で発生した世界的にみても史上最悪の原子力事故である。高度情報科学技術研究機構（RIST）がホームページ上で管理している原子力百科事典『ATOMICA』での事故の概要は，以下のとおりである。事故は，外部電源が喪失した場合に，タービン発電機の回転エネルギーにより主循環ポンプと非常用炉心冷却系の一部を構成する給水ポンプに電源を供給する能力を調べる試験を実施しようとしていた最中に，原子炉が不安定な状態になり，制御棒を挿入したところ，急激な過出力が発生したために生じたものである。事故によって原子炉および原子炉建屋が破壊され，次いで高温の黒鉛の飛散により火災が発生した。火災は鎮火され，引き続き除染作業と原子炉部分をコンクリートで閉じ込める作業が実施された。運転員と消火作業に当たった消防隊員の計31名が放射線被ばくによって死亡し，発電所の周囲30kmの住民など，約135,000人が避難し移住させられた（高度情報科学技術研究機構，2007）。さらに，事故発生以後，国連放射線影響科学委員会（United Nations Scientific Committee on the Effects of Atomic Radiation：アンスケアー）が健康被害の調査を行った結果では，個人被ばくの原因となる放射性核種は，主にヨウ素131，セシウム134，セシウム137であることが判明した。また，避難した人のうち116,000人の平均線量が30mSvであり，汚染した地域に住み続けている人達で，事故後最初の10日間に受けた線量は10mSvであった。特に影響を

受けたベラルーシ，ロシア，ウクライナ3か国の重度汚染地域で，被ばくした小児に甲状腺がんが従来の知識から予測されるよりも非常に多かった（約1,800人）。その他，上記3か国以外のヨーロッパ諸国も事故によって影響を受けたが，事故後最初の1年で多くてせいぜい1mSvであり，その後年を経るに従い徐々に減少した。集団の平均被ばく線量は，ある特定の期間において，がんの平均発生率と関係があるという結果であったが，個人の被ばく線量データが利用できないため，その影響が放射線に関連したものかどうかを決めることは難しく，またリスクの確実な定量的推定を行うこともできないなどの問題点も挙げられた（放射線医学総合研究所，2000＝2002）。本事故は，未だ収束のめどが立っておらず，旧ソ連政府の事故後の対応や，土壌汚染，放射線による被ばくと発がんリスクとの関係性などさまざまな問題が議論されている。

2）準拠集団とは，人が自分自身を関連づけることによって，自己の態度や判断の形と変容に影響を受ける集団のことである。一般に家族・友人集団などの身近な所属集団から成ることが多い。しかし，人が現在所属していない集団，つまり，過去に所属したことのある集団，あるいは将来所属したいと思っている集団，つまり非所属集団もまた準拠集団になりうる。準拠集団は，R. K. マートンによって体系的に理論化された。マートンは，第2次世界大戦中のアメリカ兵を対象として準拠集団の行動分析を行い，準拠集団には，人びとの行動決定の際の規範とされる規範的機能と，評価の基準となる比較機能があると指摘している（マートン，1957＝1961：207-256）。

3）東京電力の福島原子力事故調査委員会（以下，東電事故調と称す）の報告書（2012年6月20日）による事故の概要は，以下のとおりである。2011年3月11日，福島第一原子力発電所（以下，福島第一原発と称す）では1号機から3号機が運転中であったが，同日14時46分に発生した岩手県沖から茨城県沖の広い範囲を震源域とする東北地方太平洋沖地震を受けて，原子炉はすべて自動停止した。その後，襲来した津波（推定津波高さ：約13m）により，福島第一原発では，多くの電源盤が被水・浸水するとともに，6号機を除き，運転中の非常用ディーゼル発電機が停止し，全交流電源喪失の状態となったため，交流電源を用いるすべての冷却機能が失われた。その後，1号機と3号機では，格納容器から漏えいした水素が原因と考えられる爆発により，それぞれの原子炉建屋上部が破壊された（東京電力ホームページ，2012：2）。事故調査報告書は，東電事故調によるものだけでなく，東京電力福島原子力発電所事故調査委員会（以下，国会事故調と称す），東京電力福島原子力発電所における事故調査・検証委員会（以下，政府事故調と称す），一般財団法人・日本再建イニシアティブが設立した福島原発事故独立検証委員会（以下，民間事故調と称す）の合計4つの委員会でそれぞれ報告されている。これらの4つの委員会では，本事故の直接の原因と根本の原因の見解が異なっている。東電事故調は，「津波に対抗する備えが不十分であったことが今回の事故の

根本的な原因」(東京電力ホームページ，2012：325) であるとしている。政府事故調と民間事故調も同様に，今回の事故の直接的原因は津波であると報告しているが，事故の根本的原因が異なっている。政府事故調は，「今回のような極めて深刻かつ大規模な事故となった背景には，事前の事故防止策・防災対策，事故発生後の発電所における現場対処，発電所外における被害拡大防止策について様々な問題が複合的に存在した」(東京電力福島原子力発電所における事故調査・検証委員会，2012：361) とし，民間事故調は，「この事故が『人災』の性格を色濃く帯びていることを強く示唆しているが，その『人災』は，東京電力が全電源喪失過酷事故に対して備えを組織的に怠ってきたことの結果であり，『人災』の本質は，過酷事故に対する東京電力の備えにおける組織的怠慢にある」(福島原発事故独立検証委員会，2012：383) としている。一方で，国会事故調は事故の直接的原因を津波のみに限定することには疑義があるとし，「今回の事故は，これまで何回も対策を打つ機会があったにもかかわらず，歴代の規制当局及び東電経営陣が，それぞれ意図的な先送り，不作為，あるいは自己の組織に都合の良い判断を行うことによって，安全対策が取られないまま 3.11 を迎えたことで発生したものであった」(東京電力福島原子力発電所事故調査委員会，2012：11) と指摘し，「今回の事故は『自然災害』ではなくあきらかに『人災』である」(東京電力福島原子力発電所事故調査委員会，2012：12) と結論づけている。

4）関谷直也によると，「風評被害」は学術的・公的に定義されている用語でなく，「マスコミ用語」であると指摘している。関谷は，「風評被害」という言葉が一般的になるきっかけとなった出来事に「ナホトカ号重油流出事故」，「所沢ダイオキシン報道」，「東海村 JCO 臨界事故」の３つの事例を挙げ，これらの事例をもとに，「風評被害」を「ある社会問題（事件・事故・環境汚染・災害・不況）が報道されることによって，本来『安全』とされるもの（食品・商品・土地・企業）を人々が危険視し，消費，観光，取引をやめることなどによって引き起こされる経済的被害」と定義している（関谷，2011：11-25）。

5）W. リップマンが『世論』（1922＝1987）で用いた用語である。リップマンによると，今日では適応すべき環境があまりに大きく，複雑で，移ろいやすい。そこで，人びとは，自分の手の届かない世界について頭の中にイメージを作り，それをもとに適応行動をとるという（リップマン，1922＝1987：上巻 30-42）。このように，人びとが自分の頭の中に描いているイメージを擬似環境という。また，リップマンは，「外界」と人びとの「頭の中の映像」とを媒介する手段がニュース・メディアであり，マス・メディアによって再構成された外界のニュースには，ステレオタイプ的な枠組みがあり，この環境を個人が現実として認識することによって，人びとが共有する固定概念を補強すると指摘している（リップマン，1922＝1987：下巻 165-222）。

6）1979 年 3 月 28 日，アメリカ合衆国東北部ペンシルベニア州のスリーマイル島

(Three Mile Island) 原子力発電所で発生した原子力発電所の事故である。高度情報科学技術研究機構（RIST）がホームページ上で管理している原子力百科事典『ATOMICA』での事故の概要は，以下のとおりである。この事故に直接関連するものとして，加圧器逃し弁，または安全弁から毎時約1.4立方メートルもの1次原子炉冷却材の漏洩があり，そのまま長期間運転を続けていたこと，主給水喪失時に，直ちに蒸気発生器に給水するための補助給水の弁が2個とも閉じていたことなど，種々の故障，誤操作が重なって，放射性物質が外部環境に異常に放出されるという事故であった。この事故に伴う放射性物質の外部放出による周辺住民への被ばく線量は最大でも1mSv以下であり，健康に与える影響はほとんど無視できる程度であった（高度情報科学技術研究機構，1997）。しかしながら，直接的被害は少なかったものの，この事故を契機に原子力発電所の認可基準が厳しくなったり，原子力とは関係のない技術（たとえば，遺伝子工学）にも否定的な世論が形成されるようになった（岡本浩一，2006：276）。

7）JCO臨界事故は，茨城県那珂郡東海村にある核燃料加工会社JCO東海事業所で発生した原子力事故である。谷口武俊によると，事故の直接的原因は，高速実験炉「常陽」の燃料用として濃縮度18.8％の硝酸ウラニル溶液を製造中，社内で作成された手順書（違法手順書）をも無視して，ステンレス容器（バケツ）と漏斗を用いて，1作業単位（2.4kgU）以下で質量制限して管理すべき沈殿槽（臨界安全形状に設計されていない）に7作業単位（約16.8KgU）の硝酸ウラニル溶液を注入したことであるとしている。しかし谷口は，JCO東海事業所には，潜在的原因となるずさんな管理体制がみられ，組織事故の面が大きいと指摘している（谷口，2006：151-153）。

8）下村英雄と堀洋元が行ったJCO臨界事故の新聞報道の分析概要は以下のとおりである。量的分析では，分析対象を『朝日新聞』，『読売新聞』，『毎日新聞』，『産経新聞』の4紙に選定し，検索期間を事故発生後の1999年10月1日から2001年12月31日に絞って，「JCO」の語でキーワード検索した。検索の結果，記事タイトルまたは本文に「JCO」が含まれる新聞記事は3,731件であった。JCO臨界事故関連記事数の変化は，事故後1ヵ月にあたる1999年10月が1,192件，その後11月には369件，12月には427件，1月には176件と推移し，事故後1ヵ月に集中していたと指摘している（下村・堀，2004：42-45）。次に，質的分析では，JCO臨界事故関連記事中で事故を象徴する語句を拾い上げ，それらの語句でキーワード検索を行い，記事を抽出している。その結果，新聞報道の一定のパターンを検出している。たとえば，キーワード検索の結果で記事数が多い「原因」と「ずさん」の語句を「原因究明」の脈絡で捉えるといった手法である。さらに，コレスポンデンス分析によって，視覚的に報道傾向を把握した後，主成分分析を行い「責任追及」，「原因究明」，「風評被害に対する賠償」，「調査による安心」，「健康に対する恐怖」という主に5つのグループによる報道であったことを明らかにしている（下

村・堀, 2004：45-58)。

9) 国際原子力事象評価尺度 (INES：International Nuclear Event Scale) とは, 原子力事故・故障の評価の尺度のことである。国際原子力機関 (IAEA) と経済協力開発機構原子力機関 (OECD/NEA) が策定した。日本では, 1992年から導入されている。

10) 伊藤守は, 福島の立地について, チェルノブイリ原子力発電所があったウクライナやベラルーシと比べ, 人口密度が15倍も高く, 山や谷が入り組んだ複雑な地形をしているので, チェルノブイリとは異なる汚染の様相を示していくだろうと予測している (伊藤, 2012：11-12)。したがって, 放射性物質の放出量が10分の1であるからといって, 被害状況もそうであるとは限らない。

11) 文部科学省原子力災害支援本部によれば,「環境モニタリング強化計画」(2011年4月22日) に基づき, 事故状況の全体像を把握すること, 計画的避難区域等の設定の評価に資することを目的として, 放射線量等分布マップを作成している (文部科学省, 2011a)。この計画の一環である航空機モニタリングでは, 2011年3月25日から測定が実施され, 福島第一原発から80km〜100kmの範囲内 (発電所の南側については120km程度の範囲内まで) において, 地表面から1mの高さの空間線量率及び地表面への放射性物質の蓄積状況を確認している (文部科学省, 2011b)。また, 海域のモニタリングは, 2011年3月23日から開始され, 沿岸約30kmの水域 (空間線量率の測定を実施し, 乗員の安全を確保できる距離とする) において, 約10kmごとに海水の採取を8ヵ所で行っている。たとえば, 福島第一原発沖合の第1海域測点では, ヨウ素131で76.8Bq/L, セシウム137で24.1Bq/Lが検出されている (文部科学省, 2011c)。

12) 注表1は, 事故発生後, 原子力安全委員会 (2012年9月に廃止, 現原子力規制委員会) の示す「飲料摂取制限に関する指標」を基準にした放射性ヨウ素と放射性セシウムの暫定規制値である。

13) 事故当初に被害が取りざたされたのは, 女川原発の火災であった。しかし, 19時3分になって, 福島第一原発で冷却装置が機能しないことから, 原子力緊急時宣言を出し, 19時44分, 枝野官房長官がこの件についての記者会見を開いた。この記者会見が放映されたのは, テレビ東京で19時45分, テレビ朝日で19時58分, NHKで19時47分からであったという。ここでの枝野官房長官の発言は,「緊急事態宣言は, あくまでも, 万が一の場合に備えてのこと」と繰り返していた。その約1時間後の20時50分, 福島県対策本部は, 福島第一原発1号機の半径2kmの住民に避難指示を出した。さらに, 約30分後の21時23分, 官邸から, 福島第一原発1号機から半径3km圏内の住民に対する避難指示と, 福島第一原発1号機から半径10km圏内の住民に対する屋内退避指示が出された。これらの件に関して, 21時52分から枝野官房長官が記者会見を行った。ここでの報道は, フジテレビが21時10分に, テレビ東京が21時16分に, テレビ朝日が21時19分に「2km圏内

注表1　飲食物摂取制限に関する指標(平成23年3月17日)

核　種		原子力施設等の防災対策に係る指針における摂取制限に関する指標値(Bq/kg)
放射性ヨウ素 (混合核種の代表核種：ヨウ素131)	飲料水	300
	牛乳・乳製品	
	野菜類(根菜，芋類を除く)	2,000
放射性セシウム	飲料水	200
	牛乳・乳製品	
	野菜類	500
	穀類	
	肉・卵・魚・その他	

※平成24年4月1日から新たな基準値が導入されている。
出所)厚生労働省，2011a

避難要請」を伝えた。そして，21時23分になると，TBSとフジテレビ，少し遅れて日本テレビが「2km圏内退避」を報じた。21時52分の枝野官房長官の会見開始時に，民放各局は会見をライブ中継し，ここではじめて「3km圏内避難指示，3～10km圏内屋内退避」の情報がそろうことになった。NHKでは，21時53分の枝野官房長官の会見がカットインするまで，福島原発に関する言及がなかった（遠藤，2012：28-34）。

14) テレビ報道で，放射性物質の拡散による人びとへの健康被害に対する言及がみられるようになったのは，3月12日3時過ぎの枝野官房長官の会見が中継された後のことである。7時31分時点でのNHKのアナウンサーと解説者のやりとりでは，「放出したとしても微量の放射性物質が漏れるだけであり，人体には影響はないこと，原子炉の燃料が破損するような事態には至っていないこと」が明言されている。同日のフジテレビでもアナウンサーと解説者のやりとりの中で，「直接，健康に被害がでることはない」と報道していた。その後，15時36分，1号機の爆発の瞬間をとらえたのは，日本テレビ系列の福島中央テレビのカメラであり，この決定的な瞬間をとらえて，速報したのは，福島中央テレビのみであった。この報道は，福島中央テレビの判断で，爆発から4分後にローカル放送で約9分間中継されている。しかし，日本テレビ系列の全国ネットで，この爆発の瞬間が放送されたのは，1時間14分経過した16時50分ごろであった。日本テレビ以外では，TBSで15時39分，NHKで16時52分，フジテレビで16時51分，テレビ朝日で17時5分であった。それら各テレビ局の報道内容は，政府発表のデータのみに依拠して，傍観者的に事態を説明するだけであった。放射線防護の問題に関しては，十分なデータや科学的な根拠に基づくことなく「ほとんど影響はない」，「微量の放出であり，健康に影響が出ることはない」という発言がなされていた。翌13日の5時58分，3

号機で冷却機能がすべて失われて注水ができなくなったとの緊急事態通報が東京電力から国に伝えられた。この事態を，NHK が 6 時 35 分，TBS が 6 時 45 分，テレビ朝日が 7 時 6 分に報じている。この時期に繰り返して報道されたのは，「管理されたかたちで，微量の放射性物質が放出されるものの，ただちに人体に影響を与える放射線ではない」(11 時の枝野官房長官の会見時の発言) という内容であった。また，各メディアとそこに登場した専門家は，核燃料の一部が溶け出すことすら「可能性」のレベルにとどまること，メルトダウンといった事態にならないこと，スリーマイル島のような事故レベルには至らないことを強調した。しかし，14 日 11 時 1 分，3 号機の水素爆発が起こった。この事態に，枝野官房長官は，「格納容器の健全性は確保されている」，「放射性物質が大量に飛び散る可能性は低い」と表明した。その後，15 日 11 時に菅直人総理から「20km 圏内の住民の避難が必要で，20〜30km 県内の住民には屋内退避する」ように求める会見があった。この時点での報道は，NHK の 19 時ニュース中のテロップで「微量の放射性物質"健康に全く影響なし"」であった。以後，マイクロシーベルトから 1,000 倍のミリシーベルトへと単位が変化するほど放射線量が急激に上昇するなかで，「人体への影響の程度」がテレビ報道のなかで焦点化されていく。その後，19 日に福島県産の原乳と茨城県産のホウレンソウから，暫定基準を上回るヨウ素 131 が検出された。この事態について，NHK の 18 時からのニュースでは，VTR 上で専門家が「食べ続けないかぎり，健康には影響がない」とコメントした (伊藤，2012：79-191)。

15) 本書では，竹下 (2008) のフレーム概念整理法に準じて，社会学的フレームと心理学的フレーム概念を整理している。詳細は，第 5 章を参照。

16) Iyengar (1991) やカペラとジェイミソン (1997 = 2005) が行ったメディア・フレーミング効果を検証するための実証研究についての詳細は，第 5 章 1 節 2 項を参照。

17) 議題設定効果の限界をカバーするものとして，フレーミング効果と近いものに「属性議題設定」，または「第二レベルの議題設定」と呼ばれている研究がある (竹下，2008：213-214)。詳細は，第 5 章 1 節 3 項を参照。

18) ベレルソンによってまとめられた内容分析の用途 17 項目を以下に示す。①コミュニケーションの内容の時代的変化をたどる。②学問の発展をたどる。③国別にコミュニケーション内容の相違を明らかにする。④複数のメディア間の比較を行う。⑤コミュニケーションの内容が送り手の公言している目的と合致しているかどうか確かめる。⑥コミュニケーションの内容や構成がある規準と合致しているかどうかを調べてそのコミュニケーションの評価を行う。⑦より大きな調査計画の中で，自由回答の整理などを，作業の一環として行う。⑧送り手の主張の仕方を調べてプロパガンダのテクニックを暴露する。⑨メッセージの特性から読みやすさ，聞きやすさを測定する。⑩文体の特徴を明らかにし，作者を推定したり，文学的影響の有無を知る。⑪送り手の特性，意図，主張を明らかにする。⑫精神分析の面

接記録などの資料から個人とか集団の心理状態を測定する。⑬あるコミュニケーションが実はプロパガンダであることを暴露する。⑭相手側が対外的・対内的に流すコミュニケーションを分析して政治的・軍事的情報を得る。⑮コミュニケーション内容の特色から，それに反映されているであろうその時代の精神や風潮を推定したり，特定の集団成員の態度や関心，価値観を推定する。⑯ある集団が常時接触しているメディアがどのようなことを扱っているかを知ることによって，その集団が何に注目し，関心を持っているのかを明らかにする。⑰あるコミュニケーションがどのように受け入れられ，どのような影響をもたらしたかを明らかにする（ベレルソン，1952＝1957：6-42）。本書では，上記のうち⑮，⑯，⑰を該当項目としている。

19) ベレルソンがまとめた内容分析の用途17項目を，さらに5種類に分類したものを以下に示す。Ⅰ内容分析の特徴の記述（言及される事柄自体に関するもの：①〜⑦），Ⅱ内容分析の特徴の記述（言及の仕方，記述形式に関するもの：⑧〜⑩），Ⅲ送り手に関するもの（⑪〜⑭），Ⅳ受け手に関するもの（⑮），Ⅴ効果に関するもの（⑯，⑰）（ベレルソン，1952＝1957：6-42）。

20) レヴィンは，「場の理論（field theory）」において，人間の行動（Behavior）を人格（Personality）と環境（Environment）の関数 $B = f(P \cdot E)$ で表し，人格と環境の相互作用である生活空間によって，人間の行動が左右されると指摘している（レヴィン，1951＝1990）。この理論が後にグループ・ダイナミックス（集団力学）として発展する。

21) ヴォーンらは，フォーカス・グループ・インタビューは，もはやビジネスやマーケティングにおいてのみ排他的に使われる占有物ではないとし，コミュニケーション研究や医療分野，教育プログラムなどにおいても一定の評価を得ていることを指摘している（ヴォーン，シューム＆シナグブ，1996＝1999：9-10）。

第2章

近代化と現代社会論

　現代の「新しいリスク」[1]を認識するには，現代という時代をリスクの視点で捉えなければならない。現代をリスク社会とする考え方には，U. ベックやA. ギデンズらの再帰的近代化に関する理論的背景がある。そこで，本章では再帰的近代化とそれ以外の現代を捉える概念の比較を行い，リスク社会が登場するに至るまでの経緯を説明する。

第1節　現代とはいかなる時代か

　現代とはいかなる時代かという問いには，大別して2つの捉え方がある。それは，19世紀から1970年代と1980年代以降の社会構造の変化を，近代と現代で異なった時代として捉える立場と，第1の近代と第2の近代に区別する立場である。表2.1は，代表的な近代と現代の呼称とその研究者である。

　① J-F. リオタールは，現代を「ポスト・モダン」として捉え，近代の「モダン」と区別している。リオタールは，現代を「大きな物語の終焉」という言葉で表している。「大きな物語」とは「モダン」の時代を指し，この時代には

表2.1　研究者別にみた近代と現代の呼称

	代表的研究者	19世紀〜1970年代の呼称	1980年代以降(現代)の呼称
①	リオタール(1979=1986)他	モダン	ポスト・モダン
②	ベック(1986=1998)	単純な近代	自己内省的近代
③	ギデンズ(1990=1993；1991=2005)	モダニティ	ハイ・モダニティ
④	バウマン(2000=2001)	ソリッド・モダニティ	リキッド・モダニティ

学術的（精神の弁証法，意味の解釈学），政治的（労働者の解放），経済的（富の発展）な発展があり，その根底に理想や理念があったことを意味する（リオタール，1979＝1986：8）。現代は，科学の進歩の結果，「モダン」の中心となる理想や理念と切り離されたところで，さまざまな問題が併存するようになった時代であるという。

① リオタールの「ポスト・モダン」に対して，② ベックと ③ ギデンズは，第1の近代化の副作用の帰結によってもたらされた時代を第2の近代，いわゆる，現代であると主張している。② と ③ は，共通して現代を「再帰的近代」として捉えている。再帰的近代化論者のうちベックは，現代の人びとが，近代化の結果生じたさまざまな問題に対して，自ら反省し，再確認しなければならない時代であるとし，現代を「自己内省的近代」と呼んでいる（ベック，1986＝1998）。ベックと同様，再帰的近代化論者の ③ ギデンズは，① のポスト・モダン論との比較を通して，現代をモダニティの帰結の徹底化であるとし，「ハイ・モダニティ」と特徴づけている（ギデンズ，1991＝2005）。

④ Z. バウマンは，現代を近代との一連のつながりとしてみる意味で，② と ③ の再帰的近代論に考えが近い。バウマンは，近代を「ソリッド（固体的な）・モダニティ」と称し，現代を近代の新たな段階である「リキッド（流体的な）・モダニティ」と呼んでいる（バウマン，2000＝2001）。以下，それぞれ近代化に伴う現代社会論を詳しく述べる。

1. ポスト・モダンとは

現代について，単純なモダンとは異なる時代に変化したことを鋭くえぐるのが，ポスト・モダニズムの研究者たちの考え方である。この代表的研究者がリオタールである。リオタールは，現代を「大きな物語の終焉」であるとし，以下のように説明している。

　　「極度の単純化を懼れずに言えば，『ポスト・モダン』とは，まずなによりも，こうしたメタ物語[2)]に対する不信感だと言えるだろう。この不信感

は，おそらく，科学の進歩の結果である。だが，同時に，科学の進歩もまたそうした不信感を前提としているのである。このような正当化のメタ物語機構の衰退には，とりわけ形而上学としての哲学の危機，そしてそれに依存していた大学制度の危機が対応している。物語機能は，真なる物語を構成する関係の諸要素——すなわち偉大な主人公，重大な危難，華々しい巡歴，崇高な目標——を失いつつある。」(リオタール，1979＝1986：8-9)

注2)は引用者注

リオタールは，近代化に伴う「科学の進歩」が「メタ（上位）の物語」への「不信感」を生み出し，その「不信感」がさらに「科学の進歩」を手助けすると指摘している。これは従来，「科学の進歩」の背景に必要とされてきた，真偽や善悪の判断の基礎となる「哲学」が衰退したことを意味している。リオタールのいう「大きな物語の終焉」とは，現代がモダン時代にはあったこうした理想や理念をもたなくなった時代，つまり，ポスト・モダンの時代に突入したことを表現している[3]。

リオタールのポスト・モダンの議論は，言語ゲームという概念を用いて行われる。リオタールのいう言語ゲームとは，提唱者であるL.ウィトゲンシュタイン（1953＝1976）に依拠して用いているのであるが，特に以下の3点に着目している。

「第一点は，言語ゲームの規則はそれ自体のうちにその正当化の根拠をもっているわけではなく，プレーヤー間の，明白なあるいは暗黙の契約の対象であるということ。第二点は，規則がなければゲームはないということ。すなわち，ある『手』，ある言葉が規則に外れている場合は，それはもはや，その規制によって定義されるゲームに属さないということである。第三点は，すべての言葉はあるゲームにおいて打たれた『手』として考えなければならない，ということである。」(リオタール，1979＝1986：30)

リオタールは，言語行為の観点から，ポスト・モダンにおける「知」は社会関係を形成している多くの言語ゲームの組み合わせから孤立し，切り離された単独の言語ゲームであり，もはや誰にでも分有される成分でないと指摘する。その結果，「知」は，それぞれ特別の資格を持ったパートナー，職業的専門家によって運営され，さらに細分化するという（リオタール，1979＝1986：68）。

リオタールが指摘する現代社会とは，近代では，「大きな物語」によって統一されていた規則性が，ポスト・モダン時代に移行すると，その規則性を失い，物語の中心となるものをもたない状況になる。それは，多様化した自由な時代であるといえるが，かえって，物事の根底となる価値観を失った時代であるという特徴を示している。

2. 再帰的近代化とは

「再帰性」とは，ベックとギデンズが用いた現代の特徴を示す概念である。ベックとギデンズの現代社会論では，先述したように，現代を第1の近代化の副作用の帰結によってもたらされた第2の近代であると捉えている点では共通しているが，「再帰性」の概念内容には，両者間に多少の差異がみられる。ベックは，現代における「再帰性」を以下のように説明している。

> 「私のいう再帰的近代化とは，発達が自己破壊に転化する可能性があり，またその自己破壊のなかで，ひとつの近代化が別の近代化をむしばみ，変化させていくような新たな段階である。」（ベック，1994＝1997：12）

> 「こうした工業社会からリスク社会への自立した，望まれていない，誰も気づかない移行を，（『省察』と区別し，また対照させるために）『再帰性』と呼ぶことにしたい。」（ベック，1994＝1997：18）

ベックのいう再帰的近代化とは，近代化によってもたらされた科学技術や社会制度が，それ自体の徹底した「再帰性」の末に自己解体や自己危害を生み，

人びとの予測を超えて人類を脅かす存在になる段階のことであるといえる。そこに至る過程は，一般の人びとが意図しないまま，知ることもないまま，考えることもできないまま生じるといった特徴をもっている。こうした再帰的な社会構造の変化した現代がリスク社会であるとベックは指摘している。

　一方，ギデンズがいう「再帰性」とは，ベックが指摘する社会の構造的な変動のみならず，自己の行為もその対象としている。ギデンズは，近代の「再帰性」を以下のように説明している。

> 「近代の社会生活の有する再帰性は，社会の実際の営みが，まさしくその営みに関して新たに得た情報によってつねに吟味，改善され，その結果，その営み自体の特性を本質的に変えていくという事実に見いだすことができる。われわれはこうした現象の特質について明確に認識しておくべきである。社会生活の生活形式はすべて，その生活形式にたいする行為者の認識によって部分的に構成されている。（中略）いずれの文化においても，社会の実際の営みは，その営みのなかに絶えず供給される新たな発見によって，日々手直しされていく[4]。しかし，慣習の修正が，物質的世界への技術的介入を含め，原則として人間生活のすべての側面に徹底して及んでいくようになるのは，近代という時代がはじめてである。（中略）モダニティに特徴的なのは，目新しいものをそれが目新しいという理由だけで取り込むことではなく，再帰性が──もちろん，省察それ自体にたいする省察も含め──見境なく働くことである。」（ギデンズ，1990＝1993：55-56）

注4）は引用者注

　ギデンズのいう「再帰性」とは，「実際の社会の営み」について，人びとがそれに関する新しい情報を得ることで，営み自体を変化させるという自己変容過程のことを指している。この自己変容は社会構造自体にも浸透し，変容させることにもなる。また，ギデンズは，こうした近代化の過程を人びとが認識することが重要な意味をもっていることを指摘し，人びとの慣習の修正，つまり，

「再帰性」が社会生活全般にわたって徹底したことが近代の特徴であるとしている。ギデンズは，このようなモダニティの再帰性を前期近代と区別して，ハイ・モダニティ（高度近代）やレイト・モダニティ（後期近代）という概念で表現している（ギデンズ，1991＝2005）。

　ベックとギデンズの「再帰性」の概念に対する捉え方の違いは，ベックが社会制度や組織といった社会の構造的な「再帰性」に注目しているのに対して，ギデンズの考える「再帰性」は，人びと個人の自己と他者（あるいは対象）との相互関係に焦点を当てている点であるといえる。また，近代から現代への再帰的な社会構造の変化を「省察」することができないのがベックの指摘する「再帰性」の特徴であり，逆に，現代に生きる人びとが「省察」することによって「再帰性」の意味があるというのがギデンズのいう「再帰性」の特徴であると考えられる。このように，同じ再帰的近代化を唱えるベックとギデンズとでは，「再帰性」の解釈が異なっていることがわかる。

3．その他の現代社会論

　バウマンの現代社会に対する視点も，ベックとギデンズと同様，近代が終焉したポスト・モダンと捉えるものではない。バウマンは，現代を第2の近代として，その特徴を「リキッド（流動的）」という概念で示している。バウマンは，それまでのソリッド（固体的）なモダニティから現代のリキッドなモダニティへと変化した過程を次のように説明している。

　　「古い，不完全な秩序にかわる，新しく，よりよい秩序の確立は，現在，議題にさえのぼることがない。あるいは少なくとも，政治の領域では議題とされない。近代の永遠の特徴である『堅固なものの溶解』は，あらたな意味をもち，新しい目標に向けられることになった——目標転換の最大の影響は，秩序や体制を政治問題化する力の崩壊にみられる。流動的近代であるいま，坩堝に投げ込まれ，溶かされかけているのは，集団的な事業や集団的な行動において，かつて，個人個人それぞれの選択を結んでいたつな

がりである—個人的生活と，集団的政治行動をつなぐ関係と絆である。」(バウマン，2000＝2001：9)

バウマンによると，リキッド・モダニティは，これまで保持してきた社会秩序や人間関係のソリッドな枠組みがなくなり，すべてが流動化している状態であることを指摘している。具体的には，近代化の目標であった合理性を追求することによって，今までの伝統や倫理，習慣などが弱体化することである。また，その影響は集団の弱体化にも及んでいくということである。

またバウマンは，こうした社会変化の結果，出現した現代社会を以下のようなイメージで捉えている。

「そこに生きる人々の行為が，一定の習慣やルーティンへと（あたかも液体が固体へと）凝縮するより先に，その行為の条件の方が変わってしまうような社会のことである。」(バウマン，2005＝2008：7)

バウマンは，上記のような「リキッド・モダン」社会で生きる人びとの「リキッド・ライフ」は，不安定な生活であり，たえまない不確実性の中で生きることであると指摘している(バウマン，2005＝2008：8)。

第2節　現代社会の定義

本書は，ベックやギデンズらと同様に，現代社会を再帰的近代化の社会状況として定義する。具体的には，東日本大震災に伴う福島第一原発事故後に発生した「新しいリスク」の観点から，ベック(1986＝1998；1994＝1997)やギデンズ(1990＝1993；1991＝2005)らのリスク社会論が現在の社会状況にも適用可能であるのか，実証的根拠を示して理論の有効性を確認していきたいと考える。

前節でみてきた現代社会論では，近代から現代への社会構造の変化を，リオタール(1979＝1986)が指摘するようにポスト・モダンという新しい時代へ移行

したととるべきか，それともベック（1986＝1998；1994＝1997）やギデンズ（1990＝1993；1991＝2005）らが指摘する近代の変質する過程ととるべきかで議論が分かれていた。

　A. ファーロングとF. カートメルによると，ポスト・モダンの立場をとる学者，脱近代論者がポスト・モダンに至っては，構造的な分析が有効性をもち得ないこと，社会生活に関する研究にグランドセオリーを当てはめることはできないことを認めている点を指摘している。こうした脱近代論者の意見は，社会を論ずる科学の有効性，たとえば，ジェンダーや階級といった鍵となる説明変数の有効性は拒絶されるという（ファーロング＆カートメル，1997＝2009：10）。

　一方で，ファーロングとカートメルによれば，本書の視座であるベックやギデンズらは，「自己内省的近代」や「ハイ・モダニティ」といった表現を使って，社会構造の変化をもたらす広範な意味に注意を寄せているが，同時に彼らは，こうした変化については，いまだ新時代を画しているとはみなしていないと認識しているという。ベックやギデンズらのこうした認識は，個人化[5]とリスク化の進展が現代を特徴づけ，人びとの生活経験や社会的分業化の在り方に関与する過程をうまく説明している（ファーロング＆カートメル，1997＝2009：10-12）。

　第1の近代化では，階級から解き放された人びとは，よりよい生活を実現するために，個々人の判断でライフコースを選択することができるようになった。しかし，第2の近代化では，階級や集団が弱体化し，そこで発生するリスクに対しても個々人での対応や責任が求められるようになるというのが再帰的近代化とリスクの個人化との関係性である。ファーロングとカートメルは，「失業」を例にとって説明しているが，現代での「失業」は労働力需要の一般的減少とする社会構造的な問題としてよりも，個人のスキル不足で招いた結果であるとみなされがちになることを指摘している（ファーロング＆カートメル，1997＝2009：18）。

第3節　まとめ

　本章では，現代社会論の代表的な4研究者（リオタール，ベック，ギデンズ，バウマン）を例に挙げ，それぞれの現代社会に対する定義の違いを明らかにした。その上で本書における現代社会を定義した。

　定義上の大きな違いは，リオタールの「モダニティの終焉」とその他研究者の「モダニティの変質」という視点である。「モダニティの終焉」では，現代がポスト・モダンの時代であり，近代から全く新しい局面へ突入したことを表している。「モダニティの変質」では，19世紀からの近代化の結果を深く省みることによって確認されるさまざまな特徴が表出する時代を現代と定義している。

　「モダニティの変質」の同じ立場の研究者のなかにおいても，現代社会を示す特徴が異なる。ベックとギデンズは「再帰的」な近代化という意味で現代を表現し，バウマンは現代社会が「流動的」であると説いた。また，ベックとギデンズは現代を再帰的近代化と定義したが，ベックの場合は社会制度や組織に，ギデンズの場合では人びとの関係性に注目するといったように，二人の「再帰性」の概念に対する見解は異なっていた。

　しかしながら，これら4研究者の現代社会の定義は相違点ばかりではなく，共通点もみられる。それは，それまでの社会構造が支えてきた倫理や規範，価値観，階級，社会集団，日常生活などが不安定なものとなり，それを克服する新しい方向性は見えていないという共通認識である。こうした認識の背景には現代の「新しいリスク」の存在があり，現代社会を定義する上でリスクとの関係性が非常に重要であることがわかる。

　本書が指摘する現代社会とは，近代化が徹底して行われた結果，高度な科学技術や文明の発達が，かえって人びとの安心・安定した生活を脅かす存在となっている社会状況である。こうした現代社会に生きる人びとにとっての不安材料が次章で述べる「新しいリスク」なのである。

注)
1) 本書における「新しいリスク」の定義や特徴についての詳しい説明は、第3章4節を参照。
2) メタ物語とは、社会の作用や社会変動の本質に関する広大な、支配論的理論ないし確信のことを指す。マルクス主義や機能主義は、世界がどのように動くのかを説明するために社会学者たちの用いてきたメタ物語の具体例である。ポスト・モダニズム論者は、このような「壮大な理論」を却下し、人間社会を下支えするいかなる根底的真理も特定することは不可能である、と主張する（ギデンズ，2006＝2009：用語解説 36）。
3) ベックは，「医学が自認する本来の役目は，健康を守ることであったが，現代では，その最先端の医学自体が，不治の病気をつくり出す」（ベック，1986＝1998：410-411）と指摘している。リオタールとベックは，現代の捉え方は異なるものの，科学の進歩に対する倫理的問題を指摘している点では共通している。
4) ギデンズは，人びとが自らの振る舞いを反省的に捉え，軌道修正を図る行為は，絶え間なく生じているものであるとして，これを「行為の再帰的モニタリング」と呼んでいる（ギデンズ，1990＝1993）。
5) リスクの個人化についての詳しい説明は，第3章3節2項を参照。

第3章

現代社会の「新しいリスク」

第1節　「新しいリスク」の意味

1. リスクの概念

　一般的なリスク概念の定義には，National Research Council（全米研究評議会）によるものが知られている。それによると，リスクとは，被害の重大性と被害の生起確率の積であると示されている（National Research Council, 1989）。被害の重大性は，ハザードと呼ばれ，人や物に対して害（harm）を与える可能性がある行為ないしは現象である。すなわち，このハザードがどのくらい起こりやすいかという期待値がリスクである（吉川肇子，1999：15）。また，経済面の損失をいう場合は，「確率として測定可能な不確実性」をリスクとし，「事実の希少性から確率を測定し得ない不確実性」を「真の不確実性」としている（田村祐一郎，2008：282）。このように，心理学や経済学でのリスク概念は，損害が生じる確率論で捉えられている場合が多い。

　上記の捉え方とは異なり，本書のなかで取り上げるリスク概念は社会学的な考え方に依拠している。第1章3節で述べたように，一般的な確率論のみで判断する方法ではリスクを一概には捉えられないとの批判もある。本章第4節の定義で詳しく述べるが，U. ベックは，被害が生じる因果関係に科学的根拠を示したとしても，それは関係分野の内部においてさえ見解は異なることが多く，さまざまな要素が複雑に相互に絡み合う社会的影響を解釈するには至らないと指摘している（ベック，1986＝1998：44-45）。本書は福島第一原発事故後の「新

しいリスク」をテーマとしているが，高木仁三郎が指摘しているように，原子力発電所のような巨大システム事故は発生率が低いことから，確率論では非常に低く見積もられてしまう（高木，1989：160-164）。現代社会に出現したリスクが，そこで生きる人びとにどのような影響を与えるのかを捉えるには，リスクと人びとを取り巻くさまざまな背景を踏まえた社会学的なアプローチが必要であると考える。

社会学的なリスク概念は，「リスク」と「危険」の概念の違いにみることができる。リスク社会の提唱者であるベックの『危険社会』（1986＝1998）では「Risiko」が「危険」と翻訳されており，ベック自身この段階で「危険」と「リスク」の区別は明確にしておらず，ほぼ同じ意味で用いている[1]。しかし，ベックは後の『世界リスク社会論』（2002＝2003）において，次のようにリスク概念を示している。

> 「リスクの概念は近代化の概念です。それは決定というものを前提とし，文明社会における決定の予見できない結果を，予見可能，制御可能なものにするよう試みることなのです。たとえば，喫煙者のガンのリスクはこれぐらい高いとか，原発の大事故のリスクはこれぐらいであるとかいう場合には，リスクというものは，ある程度のネガティブな結果ではあっても，回避可能なものであり，病気や事故の確率に基づいて計算することが可能なものです。したがって，それは天災ではありません。」（ベック，2002＝2003，27）

ベックは，「リスク」を自然災害のような「天災」とは別の存在であるとし，事故原因を追及するなどして予測や制御することが可能な存在として捉えていることがわかる。

「リスク」と「危険」の差異の重要性を説いたのは，N. ルーマンである。ルーマンは，「リスク」と「危険」を以下のように定義している。

「将来に起こりうる損害がある決定[2]の結果とみなされる場合にそれをリスクと呼び，その損害が外的なきっかけで起きる場合，つまり環境のせいであるとみなされる場合，それを危険と呼ぶ」(ルーマン，1992＝2003：30-31)

注2）は引用者注

　上記でルーマンが「リスク」を「決定」と結びつけて「危険」と区別している視点は，人びとが「リスク」に向き合い対応する上で重要な示唆を与えるものである。小松丈晃の説明によると，「リスク」では，未来の損害の可能性が，みずからでおこった「決定」の帰結とみなされ，そのような決定に未来の損害が帰属するという場合であり，「危険」では，そのような未来の損害の可能性が，自分以外の誰かや何か（社会システムも含む）によって引き起こされたものだとみなされ，そのように帰属する場合であるとしている（小松，2003：31-32）。たとえば，人びとが放射性物質量を確認し得る基準値を明示していない食料品を安価であるとの理由から購入し，内部被ばくの可能性が購入者自身に帰属するとすれば，それは「リスク」である。反して，放射性物質の基準値が明確に記されており，それを下回る食料品を購入した場合，内部被ばくの可能性が基準値を設定した国や出荷を許可した行政に帰するのであれば，それは「危険」であるといえる。

　ルーマンの「決定」の帰結としての「リスク」に対して，A. ギデンズのように，生態系の崩壊や核戦争を例に挙げ，何もしないことでも，好むと好まざるとにかかわらず誰もが直面しなければならないリスクも存在するとの反論もみられる（ギデンズ，1990＝1993：48）。この意見を踏まえ，ギデンズは「危険」と「リスク」の区別を以下のように説明している。

　「危険とリスクは密接に関係しているが，同じものではない。その違いは，個人が行為の特定の方向を意図したり，それに着手するときに，意識的に代案を吟味するか否かによるものではない。リスクが想定するのは，厳密にいえば危険である（必ずしも危険の認識ではない）。リスクを負って何か

をする人間は，危険を自ら招くが，その際，危険は望まれた結果に対する脅威と理解される。『計算されたリスク』を取る人間は誰でも，行為の特定の方向がもたらす脅威を認識している。」（ギデンズ，1990＝1993：51）

ギデンズのいう「リスク」とは，将来において危険を被る可能性を含む状況であるといえる。人びとが自ら行為を行うときにあらかじめ認識・予測しておくのが「リスク」であり，その行為の結果，損害を被ることがあった場合，予測した「リスク」は「危険」として認識される。逆に，人びとが「リスク」を認識せずに行為を行う場合にも，「危険」が存在しているときもあるといえる。たとえば，人びとが日常生活で食品中の放射性物質量を気にすることなく購入するときは「リスク」は存在していないが，「危険」は存在しているということになる。現代社会に生きる人びとは，あらゆる「リスク」の可能性に備え，「危険」に対する心構えをしておかなければならないだろう。

このように，社会学的なリスク概念は，前掲したルーマンやギデンズの指摘のように「リスク」を「決定」と結びつけることで，「危険」との帰属の相違点から明らかにしているが，これにはもう一つ重要な問題として時間的観点を考慮しなければならない。小松によると，「リスク」は「未来」の損害可能性にかかわるものである一方，「決定」はつねに「現在」においてのみ下すことができるものとして，「未来」と「現在」の関係性を指摘している（小松，2003：38）。

図3.1は，リスク概念を先述したルーマンが指摘する「決定」と「過去」，「現在」，「未来」の時間軸との関係性を示したものである。①をみると，人びとは「過去」の経験に基づいて「現在」で「決定」を下している。この時，「未来」において起こることになるかもしれない被害や損害を予測することが「リスク」の範疇となる。小松によれば，「リスク」とは本来的に知り得ないはずの「未来」について「現在」の時点で描写することであるという（小松，2003：39）。②は①と同様に，「過去」の経験に基づき「現在」において「決定」を下しているのであるが，その後災害が発生し，何かしらの被害や損害に見舞わ

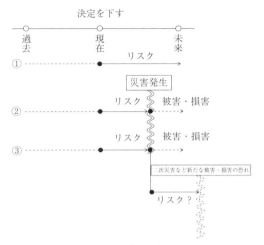

図3.1　リスク概念の「決定」と時間軸の関係

れたとき，それ以降は「リスク」の範疇にはないことが見て取れる。③についても，「現在」の時点での「決定」において災害が発生する以前までは「リスク」と捉える点で②と同じである。しかし，その災害によって派生する二次的もしくは未確定な災害に伴う，異なる種類の被害や損害が生起する可能性が示唆される場合は，それらに対する新たな「リスク」が出現するきっかけとなり得るのではないかと考えられる。つまり，③のように，「現在」の時点で下した一つの「決定」の結果が，災害の規模によっては複数の「リスク」を存在させることもあり得るであろう。

　このように，社会学的リスク概念では，人びとが「現在」の時点において「決定」を下す際に，「未来」に起こるであろうあらゆる被害や損害可能性に対して，関連する情報などを駆使していかに正しく予測ができるのかが重要な問題となるといえる。

2. 「新しいリスク」の「新しさ」とは

　本書では，現代を再帰的近代化の段階のリスク社会という視点から捉えてい

表3.1 社会構造の変容とともに変化したリスクの3類型

	リスクの特徴	リスク事象の例
① 伝統的リスク	初期資本主義の企業家や遠隔地貿易に伴うリスク	海難事故など，一定の仕事や職業に付随するリスク事象
② 産業―福祉国家的リスク	産業社会が，一方で工業製品を生産し社会的繁栄と成長を目指すとともに，同時に，そこで発生する産業的・社会的なリスク	不特定多数の労働者や市民が，従事する業務や日常生活において被るリスク（失業や労働災害，生活破綻，疾病など）
③ 「新しいリスク」	近代科学が，一定の水準以上に達し，科学が生み出したにもかかわらず，科学によっては明確な予測も解決もできないリスク	原発事故や残留農薬，核廃棄物，薬害など

出所) Lau, 1989：420-426

る。リスク社会の提唱者であるベックによると，近代が技術をいかにして発展させ応用させていくのかを問題にしてきたのに対して，現代では，その高度な科学技術が予測不能な新しいタイプのリスクを生み出す時代であると指摘している（ベック，1986＝1998：24-25）。このように，ベックが指摘する「新しいリスク」とは，近代化と文明の発展に伴って現れてきたリスクのことを指している。

　社会構造の変容とともに変化したリスクを分類したものには，Ch. Lau のリスクの3類型がある（表3.1参照）。三上剛史は，この Lau (1989) のリスクの3類型を用いて，以下のように整理している。Lau のリスクの3類型は，① 伝統的リスク，② 産業―福祉国家的リスク，③ 現代の「新しいリスク」に分類されている。① は，初期資本主義の企業家や遠隔地貿易に伴うリスクである。このリスクの特徴は，一定の仕事や職業に付随し，自己責任が前提である。② は，不特定多数の労働者や市民が従事する業務や日常生活において被るリスクである。この中には，失業や労働災害，生活破綻，疾病などが含まれる。これは，産業社会が工業製品を生産し社会的繁栄と成長を目指すとともに，同時に，そこで発生する産業的・社会的リスクを保証する社会でもあったことが背景にある。③ は，ベックの著書である『危険社会』(1986＝1998) 以降に認識されたリスクである。リスク事象には，原発事故や残留農薬，核廃棄物，薬害などが

挙げられる。これらは，近代科学が一定の水準以上に達し，科学が生み出したにもかかわらず科学によっては明確な予測も解決もできないリスクである。三上は，③に科学的予測を超えた自然災害や新型ウィルスを加えて現代の「新しいリスク」としている（三上，2010：45-47）。

小松は，先述したルーマンの「リスク」と「決定」との関係性をLau（1989）のリスクの3分類に適用することで，「新しいリスク」の「新しさ」を見出している。小松によると，「新しいリスク」の「新しさ」とは，リスクの損害の大きさやその影響を被る領域の広さではなく，決定とその決定による影響領域との間の関係に「新しさ」があることを指摘している（小松，2003：53-54）。

表3.1をみると，①伝統的リスクでは，商人が自分の利益を獲得するために遠隔地で貿易を行う「決定」に対して，海難事故のリスクを決定者自身が負うことになる。②産業―福祉国家的リスクでは，労働者や市民が賃金を得るため職業に従事する時の「決定」によって，失業や労働災害などのリスクに向き合わなければならない。しかし，②の社会背景には，福祉国家があり，社会保障システム（失業・雇用保険，年金など）が整備されている。こうした保険制度は，決定者に損害が発生したときの責任の所在を，個人から集合体（社会）へ転化している。③「新しいリスク」は，①や②に比べると，回避や予測が不可能であり，突如として人びとに降りかかる。したがって，社会が個人の損害を補ってきたこれまでの社会保障システムでは，保障できなくなる。結果として，③は「決定」を下す者と，その「決定」によって損害を被る者とを分離させることになる（小松，2003：53-56）。たとえば，原子力発電所の事故において，個人の「決定」（原子力エネルギーに賛成や反対といった態度）によらず，風評被害や住居規制，健康被害など経済的，精神的，身体的に損害を被る人びとが出現するようになるなどである。

第2節 「新しいリスク」の特徴

ベックは，再帰的近代化の考え方において，ギデンズなど他の研究者と比較して，その違いは「非知」というリスクの特徴にあると指摘し，以下のように

述べている。

> 「私は，ギデンズと違い，またラッシュとは対照的なかたちで，一見明らかに逆説的と思えるかもしれないが，知ではなく非知こそが『再帰的』近代化の媒体であるという命題を主張している。」(ベック，1994＝1997：320)

ベックがいう「非知」とは，近代化によって発展した科学技術の副作用がもたらす「新しいリスク」は，科学の専門的な知識と意図しない過程でそれとは無関係に生じていくということである。たとえば，原子力エネルギーの開発と放射性物質の大気汚染との関係などが挙げられる。これらの関係は「非知」を媒体としているということである。

ベックの「非知」は，近代化の「再帰性」と関連づけられているのに対して，ルーマンの「非知」についての考え方は，コミュニケーションを重要視している(ルーマン，1992＝2003)。小松によれば，ルーマンの「非知」についての主張の要点は，汚染された大気に関する「コミュニケーション」がおこなわれてはじめて，したがって「汚染されている」という情報が伝達され受け手に理解されてはじめて，「汚染された大気」というリアリティが社会の中で問題化されるということである(小松，2003：70)。「非知」のコミュニケーションにおいて，送り手が受け手となる人びとのイメージ形成に大きく影響を与えるのであれば，リスク情報の主要な送り手となり得るメディア報道に注目する必要があるであろう。

第3節　リスク社会論

本節では，ベック(1986＝1998)がリスク社会論で指摘した「新しいリスク」である「環境リスク」と「個人の人生に関わるリスク」の2つのリスクを取り上げ，さらに，それらの原因究明の手がかりとなるC. Perrow (1999)の「ノーマル・アクシデント」の考え方について述べる。

1. 環境リスク

　環境リスクは，近代化の経済発展と科学技術の発達がもたらしたリスクである。ベックは「環境リスク」が顕在化するまでの社会構造の変化を以下のように指摘している。

> 「社会の変化とこれに対する政治的コントロールの関係については，当初は産業社会の『分裂した市民』というモデルにしたがって捉えられていた。この市民は，一方では多くの政治的意思形成の舞台で市民として民主主義的権利を主張し，他方で有産者（ブルジョア）としての労働と経済の分野で自分の私的利益を擁護する。この二種類の市民に対応して，政治＝行政システムと技術＝経済システムのそれぞれが発展分化していく。政治分野では市民が代表民主制の機関（党，議会など）に参加することが原則となる。決定やそれに伴う権力の行使は，合法性の原則や憲法にのっとって行われる。つまり，権力と支配は，支配されるものの同意があって初めて可能になるのである。」（ベック，1986＝1998：377）

　ここでは，近代の市民の二分化について言及されている。一つは「政治に参加する市民」のことであり，もう一つは「経済活動にいそしむ市民」である。このうち，政治に関わるものは，原則や憲法といった「合法性」が必要となる。この「合法性」は，支配する側の正当性が保障されていることを示している。
　ベックは，続けて「経済活動にいそしむ市民」について，次のように言及している。

> 「これに反して，有権者が技術＝経済的な利益を追求する領域は非政治的とされる。この領域が政治でないものとされる理由は二つある。一つには，技術的進歩イコール社会的進歩そのものであると見なされているからである。もう一つには，技術的変化の発展方向とその成果というのは，技術＝経済上の必然性が具体化された避けられないものと見なさるからであ

る。技術革新は集団と個人の生活を豊かにする。したがって，生活水準の向上のためには，負の効果（生活の質の低下，解雇や配置転換等の雇用上の危険，健康障害，自然破壊等々）もやむをえないものとされる。「社会的結果」について意見の相違があっても，技術＝経済の革新は政治の管轄外にあり，民主主義的な行政上の手続きや執行過程に比べると，ほとんど批判を受けず進めることができる。進歩が調和にとって代わるのである。」
（ベック，1986＝1998：377-388）

　ベックによると，経済活動が非政治的とみなされていたのは，それが「社会的進歩」に貢献するためであり，技術革新には，人びとの暮らしを豊かにするという風潮が近代にはみられたと指摘する。その風潮に比べると，人間が人間らしく生きるための生活の質や，雇用問題，健康被害，自然破壊などへの関心は取るに足らないものであった。こうした経済活動は，「正当性」を獲得するための民主的な手続きをショートカットすることができ，社会への責任を負うこともなかったという。
　ベックは，こうした社会状況を工業社会の観点でみるのではなく，「リスク」の観点からみると，あらためて現代が「リスク社会」であることに気づかされると指摘し，次のように言及している。

　「工業社会という概念的地平を背景にこうした展開を見ていく限り，この展開のもたらすシステム破壊を引き起こすほどの影響力は，一見信頼でき，予測できる行為が生むマイナスの副作用として，認識されないままになる。こうしたシステム破壊を引き起こすほどの影響力が及ぼす帰結は，リスク社会という概念のなかで，またリスク社会という視覚のなかでのみ初めて明らかになり，そしてその時になって初めてわれわれは，新たな再帰的自己決定の必要性に気づくことになる。」（ベック，1994＝1997：21-22）

　工業社会では，問題視されていなかった技術や経済の発展が，「環境リスク」

に姿を変えて人類を脅かす存在になるというのがリスク社会である。「環境リスク」は，具体的には，原子力発電所事故，地球温暖化，ダイオキシン，オゾン層破壊，残留農薬，薬害などが挙げられる。ベックはこれらの「環境リスク」にみられる特徴をいくつか挙げているが，その一つは「不可視」であるということである。ベックは以下のように指摘している。

> 「放射線や化学物質による汚染，食物汚染，文明病などといった新しいタイプの危険は多くの場合人間の知覚能力では直接には全く認識できない。それらは，しばしば被害者には見ることもできなければ感じることもできない危険である。」（ベック，1986＝1998：35）。

たとえば，人びとが食品中に含まれる放射性物質量を直接肉眼で確認することは不可能であるし，対応や対策をとるには，放射能，放射線，放射性物質などに対する専門的な知識も必要となってくる。

さらにベックはこのような「環境リスク」が近代化の過程総体の結果として生じた副産物であるという因果関係の確定の必要性を指摘している。しかし，「環境リスク」は，地域に限定されたものでなく普遍的な規模の現象であり，その被害の影響の複雑さから予測も難しいことから，因果関係は不確かなものとなるという（ベック，1986＝1998，37）。たとえば，放射性物質で汚染された食品で内部被ばくによる症状を呈した場合，その問題は地域や国内の問題にとどめることはできない。しかも内部被ばくがその食品を食べたことによるものなのか原因を限定することは困難である。

ベックによると，こうしたリスクの影響の広がりは，地理的・場所的な境界線を越えたグローバルな問題であると指摘し，以下のように説明している。

> 「貧困は階級的で，スモッグが民主的である。近代化に伴う危険性の拡大によって自然，健康，食生活などが脅かされることで，社会的な格差や区別は相対的なものになる。（中略）客観的に見て，危険は，それが及ぶ範

囲内で平等に作用し、その影響を受ける人々を平等化する。」(ベック, 1986 = 1998, 51)

現代社会の以前にも貧困や餓えなどの社会問題があり、それらは国や地域間の格差の問題であった。しかし、リスク社会では、光化学スモッグや地球温暖化、ダイオキシンといった「環境リスク」の及ぶ範囲がグローバルに拡大し、それらの影響を受ける人びとが社会的な属性や階級に関係なく、平等に課せられるようになることを述べているのである。

2. 個人の人生に関わるリスク

リスク社会に生きる人びとは、個人レベルで「新しいリスク」に対応しなければならない。ベックの個人化論は、「解放の次元」、「呪術からの解放の次元」、「統制ないし再統合の次元」の3段階の次元で構成されている。「解放の次元」は、伝統的支配関係と扶養関係のような社会的形態と社会的結びつきからの解放である。「呪術からの解放の次元」は、行動や行為を規定する知識や規範のような伝統がもっていた確実性の喪失である。そして、「統制ないし再統合の次元」では、人びとが社会の中にまったく新しいやり方で組み込まれる(ベック, 1986 = 1998：253-254)。これまで個人化していなかった労働者や女性には、職業選択や配偶者選択の自由などがもたらされる一方で、自由になった個人は、家族や地域社会の準拠集団に依拠することなく、労働市場や教育制度に個人単位で組み込まれ、再統合されるようになる。

しかし、再帰的近代化の個人化は再埋め込みなき脱埋め込みである(ベック, 1986 = 1998：258；伊藤美登里, 2008：318)。伊藤によれば、第1の近代においては相対的に長期であったさまざまな集団の寿命が再帰的近代においては短絡化し、個々人を防御・支援する機能や個々人の生やアイデンティティに長期的・持続的に意味を付与する機能は、それらの集団において働きにくくなるという(伊藤, 2008：318)。

1980年代の輸出大国化のなかで、日本企業はその経営において、「終身雇用」、

「年功序列」,「企業別組合」といった労務管理が三種の神器と呼ばれて注目されていた。しかし，バブル崩壊後になると，日本的経営は，女性の社会進出や高齢化への対応不足，外国人雇用などの人材流動化の進展に伴い，長期雇用を保証された正規従業員を中心に合意を得ながら経営する仕組みから，さまざまなキャリア志向をもつ個々人が各自の能力を活かしながら会社と関わり経営する仕組みへと変換していった。このように，日本企業を例にとってみても，会社という集団に帰属していた人びとが個人化していく経緯がみられる。

こうして，個人化された人びとは，個人の判断で「新しいリスク」にも向き合わなければならなくなった。「新しいリスク」は，直接個人に降りかかり，その原因は個人的な要因の帰結とされる。ベックは，個人化の条件下では，「かつては集団で経験された運命は，階級関係が失われた個人化された生活状況においては，まずもって集団ではなく個人の運命になる」ことを指摘している(ベック，1986＝1998：174)。たとえば，人びとが食品を購入する場合，身体に影響がある放射線量はどの程度であるか，という判断は個人に委ねられる。その結果，食品と放射線リスクの問題は，科学技術や経済政策の問題としてよりも，個人のリスク情報の不足としてみられるようになるといったことである。

3. ノーマル・アクシデント

リスク社会における「新しいリスク」の出現の原因について重要な示唆を与えるのが，C. Perrow が指摘した「ノーマル・アクシデント」の考え方である。Perrow は，原子力発電所，石油化学プラント，航空輸送，海難事故といったような事故の原因は，それらの高度な巨大システム自体に内在しており，起こるべくして起きた「ノーマル(通常な，正常な，当たり前の)」事故であると主張している。Perrow は，現代システムの特徴を「相互作用性(interactions)」と「結合度(coupling)」の2つの要素で示しており，「相互作用性」では直線的(linear)なものより複雑な(complex)ものの方が，「結合度」では緩やかな(loose)なものより緊密な(tight)ものの方が危険度は高く，被害も甚大になるという。そのなかでも，Perrow は原子力発電所の事故を最も危険度が高いシステムに

位置づけている(Perrow, 1999：62-100)。

　原子力発電所は，いくつもの高度な技術の部品から組み立てられたユニットのサブ・システムで形成されている。これを基本形として，原子炉建屋やタービン建屋，廃棄物処理建屋など複数の施設で原子力発電所システムが構築される。こうしたシステムは，相互に作用する複雑性をもち，遊びがなく組み込まれているために，一つの小さな部品の損傷がシステム全体に影響を及ぼすことになる。このように，高度なシステムになればなるほど事故は発生しやすく，それはノーマルな事故であるというのがPerrowの指摘するところである。

　「ノーマル・アクシデント」は，前掲したベック(1986＝1998)が指摘する「環境リスク」と高度な科学技術がもたらしたリスクという点では共通しているといえるが，これらの事故が起こった場合，その影響が個々人に降りかかり，個人単位での対応を余儀なくされることを説明したのがベックのいうもう一つの「個人の人生に関わるリスク」であるといえる。

第4節　「新しいリスク」の定義

　本章第1節でみたように，現代社会のリスク概念は，経済学や心理学で取り上げられるように，不確実性に対する確率論や期待効用論の意味を表すものと，ベックやルーマン，ギデンズらが指摘するリスク社会学的な観点からアプローチするものとに大別されているといえる。竹村和久らによると，前者はリスク分析(risk analysis)の立場から定義する概念であり，現代社会のリスクを技術的な観点から検討し，人間の健康，生命への危害とその確率を明らかにすることを目的としている(竹村・吉川・藤井，2004：12)[3]。

　リスク分析の立場については，ベックが指摘する次のような批判もみられる。

　　「結果としての被害が生じるかどうかは，仮定された因果関係の解釈に科学的な根拠があるかどうかとは全く関係ない。しかも，科学者の間や関係分野の内部においてさえも，因果関係に関する見解は大きく異なることが多い。つまり，何が危険に当たるのかという定義を下すことによって生

じる社会的な影響は，科学的な裏づけに依拠していないのである。」(ベック，1986＝1998，44)

ベックは，リスク分析を行う専門家が，その専門分野の範囲内のみで危害の確率などの数量的データを明らかにしたとしても，それが社会全体やそこに生きる人びとにとってどのように影響するのかを判断する材料にならないと指摘している。社会学的リスク研究の課題は，客体としてのリスクを確定したり，リスクから安全への移行はどのようにして可能かを示すことでなく，どのような条件の下ではリスクとして取り扱われるのか，あるいは取り扱われない条件は何なのかを明らかにすることにある(山口節郎，2002：181)。

ベックや山口の指摘を踏まえ，本書では，ベックらが指摘するリスク社会学的アプローチに依拠し，近代化による社会構造の変容とともに出現した現代社会の条件下で扱われるリスクを「新しいリスク」として定義する。したがって，「新しいリスク」は，本章第1節2項のLauと三上のリスク分類の「新しいリスク」の段階に該当し，本章第3節のベックが指摘した「環境リスク」と「個人の人生に関わるリスク」のリスク事象のことを指す。また，「新しいリスク」は，ベックらの指摘に準じて主に以下の5つの特徴をもつ。

1）不可視であること
2）因果関係を突き止めることが困難であること
3）グローバルなリスクの影響が人びとに等しく与えられること
4）個人の日常生活に密接に関係していること
5）個人単位で責任を負わなければならないこと

なお，本書の「新しいリスク」の具体例には，上記の特徴を含む福島第一原発事故後のリスク事象を想定している。福島第一原発事故は，東日本大震災に伴う地震と津波の自然災害であるとの見方をすることができ，ひとえに「新しいリスク」に限定できないとの考え方も一理ある。しかし，以下のベックのよ

うな見解も指摘されている。

> 「破壊をもたらしたのは，人間の決断ではなく地震と津波であるとされている。『自然災害』という概念は，その原因が人間ではなく，人間が責任を負えないことを意味する。しかし，福島の原子炉事故は自然災害ではない。地震が起こる地域に原発を建設するのは，自然現象ではなく政治的決断であって，決断として経営者と政府によって正当化されているはずである。」(ベック，2011：7)

　上記のベックの指摘は，福島第一原発事故を自然災害の影響とは切り離した見方であるといえる。本書においても，ベックの指摘と同様に，福島第一原発事故が東日本大震災の地震と津波の影響とは独立した存在の「新しいリスク」として捉えている。「新しいリスク」が「危険」ではなく「リスク」の範疇にあるには，本章第1節1項で述べた，ルーマンやギデンズらが指摘するように，「リスク」は人間が自己決定や判断を下す以前に予測可能なものである必要がある。それ以外の被害は「危険」と呼ばれ，福島第一原発事故後の「新しいリスク」も例外ではない。
　たとえば，東京電力福島原子力発電所事故調査委員会(国会事故調)の報告にみられるように，福島原発事故は「想定外」ではなく，当時の経済産業省原子力安全・保安院と東京電力は耐震性の問題や全電源喪失する危険性を事前に認識していながら，明確な対策を指示・実行しなかった。そのことが事故の根本的な原因であるとの見解もある(東京電力福島原子力発電所事故調査委員会，2012：10-11)[4]。
　また，前掲した「ノーマル・アクシデント」の提唱者であるペローは，福島第一原発事故について次のように言及している。

> 「『ノーマル・アクシデント』というのは，安全のために，設計，装備，人員，環境などのすべての要素について最善を尽くしたが，その努力にも

かかわらず，完全に想定外で，想像不可能な事故が発生する場合を指します。福島ではただ単に，オーナーとマネージャーが最善を尽くさず，警告に耳を貸さず，設計者は簡単に水浸しになりうることが分かっている地下室に緊急電源を配置するというようなことをやりました。もしも信頼できる警告があったのに，経営が何も対策を取らなかったのであれば，それは「部品不良の」事故（経営を部品とみなす）であって，それは，システムの複雑性と結合の緊密性のために起きた事故（ノーマル・アクシデント）ではありません。それは平凡な事故です。」(ペロー，2011＝2012：255)

上記のペローの言及は，スリーマイル島の原発事故[5]原因と比較したものである。スリーマイル島原発事故の場合はシステムのエラーの「ノーマル・アクシデント」に該当するが，福島第一原発事故の場合はずさんな経営体制によるものであるとし，組織事故の面を厳しく批判している。

福島第一原発事故後に顕在化した「新しいリスク」を定義する上で，東日本大震災が起こる前から社会に潜在していた「新しいリスク」が顕在化することが予測可能であるにもかかわらず，そうした背景が人びとの共通認識として捉えられていなかったことを考慮しなければならない。

第5節　まとめ

本章は，「新しいリスク」の「リスク」概念とその「新しさ」がもつ意味と特徴を議論してきた。その後，具体的にベックのリスク社会論の「環境リスク」と「個人の人生に関わるリスク」を取り上げて，リスク社会学的アプローチから，本書における「新しいリスク」を「近代化による社会構造の変容とともに出現した現代社会の条件下で扱われるリスク」と定義した。

「リスク」概念は多岐に渡っており，そのなかでも社会学の分野では，リスクの一般的な確率論のことを示しているのではなく，「リスク」と「危険」との用語の違いから「リスク」概念を見出すことが重要である。ベックはネガティブな結果であろうが予測可能であるものを「リスク」とし，自然災害と区別

して考察していた。ルーマンとギデンズは，ベックの社会のマクロ的な「リスク」概念に比べて，人びとの個人単位のミクロなレベルで「リスク」概念を捉えていた。ルーマンは行為者の「決定」の結果が行為者自身に帰属されれば，それは「リスク」となり，社会システムなどの外的要因に帰属されると「危険」であるとした。一方，ギデンズは，人びとがあらかじめ「リスク」を認識して決定を下した場合に損害が発生すれば，それが「危険」とし認識されるという。人びとははじめから「危険」を背負って行動しないというのがギデンズの見解である。

また，ルーマンが指摘した「決定」を伴う「リスク」概念をみると，時間軸と関係があり，「現在」の時点において「未来」の被害や損害の可能性を示すものであり，ひとたび災害に見舞われると「リスク」の範疇にはないことが明らかになった。しかしながら，災害が大規模になると，一つの「決定」に対して複数の「リスク」が混在する場合も示唆された。たとえば，原子力政策を容認する「決定」では，「現在」において放射線の「リスク」を予測することになるが，核廃棄物の処理問題や生活にかかわる水道水や食品汚染，経済的被害である風評被害といったようにさまざまな種類の「リスク」に向き合わなければならないであろう。一般の人びとが「現在」からみた「未来」において，こうした多様な「リスク」の全てを認識することは非常に困難であるといえる。

「新しいリスク」の「新しさ」は，Lauのリスク3分類を用いて，「伝統リスク→産業—福祉国家的リスク→新しいリスク」と社会構造の変容とともに変わるリスク事象を比較することから「新しさ」の意味を特徴づけた。小松はルーマンの「決定」をLauのリスク3分類に適用した。その結果，「新しいリスク」の「新しさ」とは，行為者の「決定」とそれによる影響領域との間の関係性であり，「新しいリスク」は，行為者の「決定」にかかわりないところで突如として襲ってくるという特徴を指摘した。

「新しいリスク」の特徴となるのが「非知」の概念である。「非知」とは人びとが知らないことの意味であり，その対象となるものは，ベックとルーマンで異なっていた。ベックは「再帰性」という社会構造に対する「非知」を，ルー

マンは人びとのコミュニケーション過程に対する「非知」をそれぞれ対象としていた。しかしながら，人びとに「新しいリスク」の情報を伝達し，知識を与える送り手の存在の重要性が示唆された。

　「新しいリスク」の具体例には，ベックの「環境リスク」と「個人の人生に関わるリスク」を取り上げた。「環境リスク」は，経済発展や科学技術の発達という近代化の副作用として出現したリスクであり，「不可視」や「普遍性」といった特徴をもち，因果関係を特定しづらい問題をもっていた。「個人の人生に関わるリスク」は，現代に生きる人びと個人に降りかかるリスクであり，それには社会構造の「個人化」による影響がみられた。

　また，「新しいリスク」の発生原因を探る手がかりとして，Perrowが指摘する「ノーマル・アクシデント」という側面から「新しいリスク」をみた。「ノーマル・アクシデント」は，自然災害のような偶発的なものではなく，高度なシステム上の問題から起こるべくして起きた通常の事故として捉えられていることがわかった。

　以上，現代の「新しいリスク」についてまとめてきたが，東日本大震災に伴う福島第一原発事故後のリスク事象にも当てはめることができるであろうか。特に，ベックが指摘する自然災害と対比した予測可能な「リスク」概念や，ルーマンの行為者の「決定」の際の帰属の所在による「リスク」の定義の範囲内に収めることは難しいと考えられる。

　その理由として，福島第一原発事故は，地震と津波が複合的に組み合わさって起こったため，直接的原因がどちらにあるかの判断が人びとにとって困難な点がある。たとえば，事故の根本的原因は「自然災害」にあるのか，あるいは「人的災害」のせいなのか，事故調査委員会の調べの議論が分かれるところでもあった[6]。また，先述したように，スリーマイル島原発事故と比較したペローの指摘では，本事故を原子力発電所の高度なシステム上の問題ではなく，人的な組織事故と捉える立場もみられる。こうした事故原因を認識することが困難な背景は，遠藤薫が指摘しているように，東日本大震災が「自然災害」と「人的災害」との境界線を無効化したことにあると捉えることもできる（遠藤，

2011：77）。

　そこで本書では，今回の福島第一原発事故を，東日本大震災の地震と津波の影響とは独立した形で「新しいリスク」の具体例とした。

注）
1）『危険社会』の翻訳者の一人である東廉によると，「Risko」を「危険」と訳したのは，次の2つの理由によるものである。一つ目は，もう一つの危険を意味する「Gefahr」とは，ベック自身も区別していないこと，2つ目は，日本語で「リスク」というと経済やビジネスの分野で使用されており，企業や個人の経済面の損害の可能性を意味する場合が圧倒的であり，環境問題ではほとんど用いられていないことである（東，1998：463）。
2）ルーマンの場合，決定とは，ある心理システムの選好による選出という意味ではなく，さまざまな選択肢がみられるという条件のもとである事柄が生起したとき，そうした生起した出来事を，ある一つの「選択」として，あるシステムに帰属させるようなコミュニケーションのことである（小松，2003：210）。
3）リスク分析は，リスクに関する科学的研究から政策決定に至るまでのリスク・アセスメント（リスク査定），リスク・マネジメント（リスク管理），リスク・コミュニケーションからなるプロセスを経ると指摘している（National Research Council, 1983）。このうち，リスク・アセスメントが人間の健康，生命への危害とその確率を明らかにする段階であり，確率論や期待効果論に基づく段階である（竹村・吉川・藤井，2004）。
4）東電事故調は，東北地方太平洋沖地震が発生した2011（平成23）年3月11日以前から次のような経緯があったことを報告している。2006（平成18）年に，耐震基準について安全委員会が旧指針を改定し，新指針として保安院が，全国の原子力事業者に対して，耐震安全性評価（以下「耐震バックチェック」という）の実施を求めた。東電は，最終報告の期限を2009（平成21）年6月と届けていたが，耐震バックチェックは進められず，いつしか社内では2016（平成28）年1月へと先送りされた。東電及び保安院は，新指針に適合するためには耐震補強工事が必要であることを認識していたにもかかわらず，1～3号機については，全く工事を実施していなかった。さらに2006（平成18）年には，福島第一原発の敷地高さを超える津波が来た場合に全電源喪失に至ること，土木学会評価を上回る津波が到来した場合，海水ポンプが機能喪失し，炉心損傷に至る危険があることは，保安院と東電の間で認識が共有されていた（東京電力福島原子力発電所事故調査委員会，2012：10-11）。
5）スリーマイル島原発事故についての詳細は，第1章の注6）を参照。

6) 日本には，福島第一原発事故の原因を調査する機関として，国会事故調，政府事故調，民間事故調，東電事故調の 4 つの事故調査委員会が存在する。それぞれの見解は，第 1 章の注 3) を参照。

第4章

現代の「新しいリスク」とメディアの機能

　これまで述べてきたように，現代の「新しいリスク」は，U. ベック(1986 = 1998；2002 = 2003)が指摘するように，個人化や不可視化といった特徴をもち[1]，常に社会に潜在している状態である。現代に生きる人びとに「新しいリスク」を可視化してくれるのがメディア報道であり，メディアは社会的にリスクを顕在化させる機能をもっている(福田充，2010：38-39)。

　たとえば，人びとが放射性物質で汚染された食品や飲料水を自力で確認することは困難である。放射線量は国の基準値を超えたものであるのか，汚染した食品の原産地や流通経路はどこなのかといったリスク情報がメディアによって伝えられることによって，人びとは，被ばくに対する危険性を認識することができるのである。このように，人びとの「新しいリスク」の主要な情報源は，メディアに依存するところが非常に大きいといえる。

　本章では，「新しいリスク」を人びとに伝える上で重要となるメディアが，人びとのリスク認識や社会全体に与える影響面と，テレビ，ラジオ，新聞，インターネットなどメディア別にみたリスク情報伝達の社会的な機能面から考察を行い，「新しいリスク」報道に求められるメディアの社会的機能を提起する。

第1節 「新しいリスク」を可視化するメディアの機能

1. メディアの現実構成機能

　メディアは現実をあるがままに人びとに伝えるものではなく，むしろ現実の一部を選び取り，再構成して伝えている。これはメディアの現実構成機能とい

われる。現実構成機能には，W. リップマン（1922＝1987）の擬似環境論の考え方が背景にある。リップマンの擬似環境論では，「外界」と人びとの「頭の中の映像」とを媒介する手段がニュース・メディアであるという。メディアが外界の現実を再構成した擬似環境にはステレオタイプ的な枠組みがみられ，それを個人が現実として認識することによって，人びとの共有する固定概念を補強する作用があるとされる。現実世界を直接経験できない状況での人びとの現実認識は，メディアが作りだす現実描写を媒介として，「これが現実である」という定義づけを行う（リップマン，1922＝1987：下巻165-222）。このようなメディアの働きと人びとの現実感の形成との関係が，メディアの現実構成機能といわれるものである。

D. J. ブーアスティンは，メディアが二次的に構成した現実を「擬似イベント」と呼び，多くの人びとに広く伝達されることを前提に，新奇なドラマティックな出来事が現実世界を凌駕すると指摘している。「擬似イベント」が蔓延する背景には，「擬似イベント」を求める人びとの心理的な「とほうもない期待」が根底にあり，ブーアスティンは以下のように説明している。

「われわれが，幻影にあまりに慣れきってしまったので，それを現実と思い込んでいる。われわれは幻影を要求する。もっとたくさんの，もっと大きな，もっとすぐれた，もっといきいきした幻影がつねに存在していることを要求する。幻影はわれわれが作り出した世界であり，イメジの世界である。」（ブーアスティン，1962＝1964：13-14）

上記のブーアスティンの指摘から，メディアは，こうした人びとの期待や欲望を満たすために，出来事を実際の現実よりも現実らしく魅力的に変換した擬似環境を作り出し，それが人びとの現実認識を支配しているといえる。

擬似環境論の発展型であるブーアスティンの「擬似イベント」論は，アメリカ合衆国におけるテレビ社会の台頭と消費社会の深化，つまり大衆消費社会の成熟を反映している（加藤晴明，2009：185）。また，D. リースマンは，大衆消費

社会の成員として，そこに生きる人びとの社会的性格を以下のように表している。

「社会がそれを構成する諸個人から，ある程度の同調性を保証される仕方のなかに見つけ出されなければならないであろう。」(リースマン，1960＝1964：5)

また，高度消費社会を論じたJ．ボードリヤールは以下の点を強調している。

「消費者は自分で自由に望みかつ選んだつもりで他者と異なる行動をするが，この行動が差異化の強制やある種のコードへの服従だと思ってもいない。」(ボードリヤール，1970＝1995：68)

ボードリヤールが指摘するところでは，社会で生産されているのは，モノではなく，コード（記号）やイメージといったものであり，それは他者との差異によって確認される。個性化を差異化で追い求めたとしても，同じコードを共有することに過ぎない。イメージは消費社会の強制力として働き，個人は主体性を求めることで，かえってそれを消失することになるというのである。

リースマンとボードリヤールは，大衆消費社会に生きる人びとの特徴を他律的であり，画一的な存在として捉えている。この時代のテレビを中心としたマス・メディアの技術発展に伴って，それらが形成する擬似環境や擬似イベントが人びとの現実認識に与える影響は強力であるとみなされていたと考えられる。

メディアの現実構成に関する先行研究には，K．ラングとG. E．ラングが行った「マッカーサーパレード」の実証的研究が知られている。ラング夫妻は，1951年4月に行われたマッカーサーの歓迎祝典パレードにおいて，パレードを直接経験した観察者の印象とテレビ画面の描写から受け取った視聴者の印象とを対比させ，それらの違いを明らかにした。テレビのパレード放送の内容分析によると，マッカーサーへの喝采や賛辞が背後から沸き起こってくるかのよ

うな演出で，パレードをドラマティック仕立てに作りあげていた。だが，実際の現場に参加した観察者によると，群集の喝采はテレビカメラに映ることに対する反応であり，パレードが通り過ぎると喝采を止めた人がほとんどであった。それにもかかわらず，テレビからパレードを見た視聴者は，テレビによる現実の再構成が，現実そのものであると錯覚するという結果がみられた（ラング＆ラング，1953＝1968：318-338）。

メディアの現実構成機能は，リスク社会に潜在している「新しいリスク」を人びとに現実のものとして顕在化する機能を備えているといえる。

2. メディアの議題設定機能

メディアは，人びとが「新しいリスク」をどのくらい重要であると思うのか，といった重要度の認知に影響を与えることもある。これは，M. E. McCombs と D. L. Shaw によって提唱された議題設定と呼ばれるメディアの効果である。McCombs と Shaw の議題設定機能の検証は，メディアの量的内容分析と世論調査の組み合わせによって行われた。内容分析では，調査地域に政治情報を提供している新聞，ニュース週刊誌，テレビニュースを分析対象とした。分析対象のメディアはカテゴリー別に分類され，メディアが強調した争点をランクづけした。世論調査では，調査対象者をアメリカのノースカロライナ州の小さな町チャペルヒルの住民の有権者のなかの1968年アメリカ大統領選挙の秋季キャンペーン時の投票未確定者に選定した。投票未確定者を対象としたのは，確定済みの人と比べて，メディア情報をより受けやすいのではないかと予測したことによるものである。調査対象者は，今政府が取り組むべき主要な問題と考えるものを挙げるよう自由回答で求められ，得られた結果はカテゴリー別に分類した。そこで，回答比率の高い順，つまり有権者にとって関心が高いと思われる順にランクづけを行った。有権者の意識調査とメディアの内容分析による争点のランキングを比較した結果，両者の間に争点の順位に関して高い相関（順位相関係数0.97）がみられた。つまり，マス・メディアで取り上げられた公共的争点の優先順位が有権者の争点重要度の認知に影響を及ぼしたことを意味す

第4章 現代の「新しいリスク」とメディアの機能 63

る(McCombs & Shaw, 1972)。

竹下俊郎は，メディアの議題設定を以下のように定義している。

> 「マス・メディアである争点やトピックが強調されればされるほどその争点やトピックに対する人びとの重要性の知覚も高まる」(竹下，2008：4)

図4.1は，斉藤慎一が示した議題設定機能の基本的枠組みをリスク報道の視点からアプローチしたものである。まず，人びとが現実世界のリスクを認識するには，間接的にメディアを通してリスク情報に接触する，もしくは，直接経験したり，他人から話を聞いたりしてリスク情報に接触する，という間接経験と直接経験の2つの情報ルートがある。「新しいリスク」は，個人で経験することが少なく，その情報の多くは，メディアから人びとへ間接的に伝えられる。図をみると，メディアで，現実世界のリスク1を最重要リスクとして顕在化させると，人びとの認知もリスク1を最重要であると認知し，リスク1のリスク意識が高いことがわかる。次いで，メディアの報道量の低下とともに，リスク2，リスク3の順で，人びとのリスク意識は低くなっていく。リスク4のよう

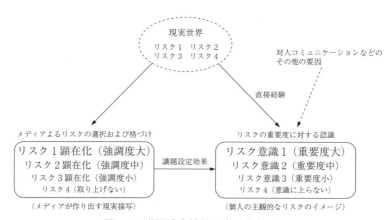

図4.1 議題設定機能の基本的枠組み

出所)斉藤，2001：43を一部修正

にメディアで取り上げられなければ，人びとの意識下に潜在化したままである。このように，人びとの「新しいリスク」に対する重要度の認識は，メディアが取り上げる強調度のランクづけによって異なってくることが予測される。

3. リスクの社会的増幅フレームワーク

人びとが認識した「新しいリスク」は，環境問題や食品安全問題，エネルギー問題などのように広く世間に提起されるようになる。この場合，送り手としてのメディアと受け手としての人びとの視点だけでなく，それらを取り巻く社会状況も視野に入れた理論が必要になる。

R. E. Kasperson らが提唱した「リスクの社会的増幅フレームワーク(The social amplification of risk framework)」は，リスク事象が発生したとき，その影響が個々人の心理的要因や集団のコミュニケーションの程度，メディアなどの社会的要因によって増幅したり，減衰したりする波及過程を包括的に説明している (Kasperson, et al., 1988)。図4.2はその概念を図示したものである。全体的な構成は，第1段階と第2段階で成り立っている。第1段階は，個人のリスク経験から社会的反応に至るまでのリスクが社会的に波及する前段階の要因となるところである。第1段階の反応を受けて，第2段階はその反応が社会に波及したり，インパクトなどを与える段階である。以下，段階ごとに説明する。

(1) リスク経験とその情報源

第1段階の起点となる情報源では，人びとがリスクを直接的に経験するのか，あるいは間接的に経験するのかでリスクの社会的増幅が決定づけられる。個人があるリスク事象を直接経験すると，そのリスク事象が個人の記憶やイメージに残り，リスク事象に対する注意を喚起しやすくなるであろう。その結果，実際に自動車事故を一度経験した人は，安全運転に心がけるであろうし，自宅が火事に見舞われた人は火の元の確認を怠らないようになるだろう。

間接経験は，リスク事象の情報をメディアや他者の経験談を通じて伝達されるものであり，「新しいリスク」の場合は，この間接経験が重要となってくる。

第4章 現代の「新しいリスク」とメディアの機能 65

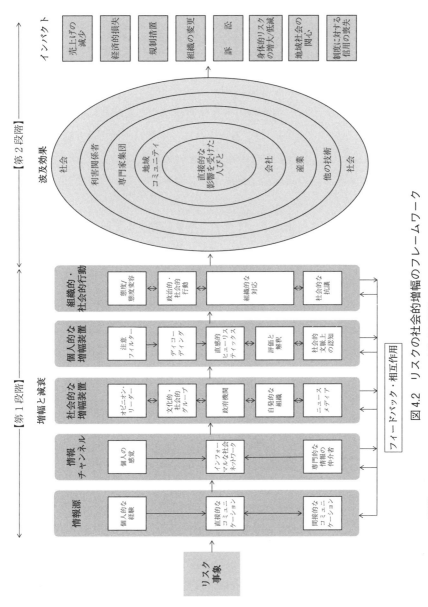

図4.2 リスクの社会的増幅のフレームワーク
出所) J. X. Kasperson, et al., 2003 : 14 を筆者が翻訳

たとえば，人びとが放射能汚染などの環境リスクを直接経験することは少なく，それらのリスク情報の多くはメディア報道によって人びとに伝えられるからである。Kaspersonらは，間接経験には「リスク情報の量」，「議論の程度」，「脚色のされ方」，「象徴的な言外の意味」の4つの情報上の特徴がみられることを指摘している(Kasperson, et al., 1988：184)。

「リスク情報の量」では，情報の内容とは関係なく，人びとにその情報が多く伝達されるとリスクの増幅がおこる。これは，本章第1節2項で説明したメディアの報道量と受け手の重要度の認知に正の相関を見出したMcCombsとShaw(1972)のメディアの議題設定機能と同じ現象がリスク情報においてもみられることを意味している。

「議論の程度」は，専門家によってリスク事象に対する見解が分かれることによって，情報源が信憑性を失い，人びとに不満や不安を与え，リスクが社会的に増幅していくことである。福島第一原発事故は，事故の直接的原因と根本的原因が「自然災害」にあるのか，「人災」であるのかで，国会，政府，民間，東京電力の各事故調委員会で見解が異なっていた[2]。こうした専門家の論争の結果，人びとはリスク情報に対して不信感をもち，原子力エネルギーへの不安が増大していくのである。

「脚色のされ方」は，情報の送り手側のメッセージ内容の問題である。福島第一原発事故のテレビ報道では，放射性物質による被害を「可能性」，「微量」，「ただちに」といった表現で，一貫して「人体への健康には影響はない」と人びとに伝えていた[3]。このようなあいまいな報道の仕方では，かえって人びとの不安を助長し，人びとのリスク認知が社会的に増幅する原因となり得る。

「象徴的な言外の意味」とは，リスク情報の伝達で用いられる用語が持っている意味以上に派生して人びとに解釈されることである。たとえば，「きのこ雲(mushroom clouds)」という語は，核兵器や核戦争などの核エネルギーを連想させ，「処分する(dumps)」という語は，核廃棄物やそれに伴う事故を連想させることである(Kasperson, et al., 1988：185)。メディアがこのように象徴的な語を頻繁に用いて報道すると，人びとのリスク事象についての画一的なイメ

ージが形成され，それが社会的に波及することになる。

以上のように，リスクの直接経験とリスク情報による間接経験は，リスク事象の社会的増幅の起点であり，社会に波及する過程で重要な要因となるところであるが，リスク社会に不可視化，潜在化している「新しいリスク」の場合，それを直接体験するのは稀である。そうした状況では，メディアなどを介した間接経験でのコミュニケーションの方が重要となってくる。

(2) 情報チャンネル

リスク経験は，情報チャンネルによって広く社会に伝達される。Kaspersonらは，情報のチャンネルには，ニュース報道とインフォーマルな社会的ネットワークがあることを指摘している (Kasperson, et al., 1988：185)。ニュース報道によるリスク情報の伝達は，主にテレビや新聞，雑誌などのマス・メディアを介したマス・コミュニケーションによって人びとにもたらされる[4]。「新しいリスク」の多くが間接経験であるため，マス・メディアがどのように報道するのかによって，人びとの「新しいリスク」への認識は異なってくるであろう。

インフォーマルな社会的ネットワークには，友人，近隣の人，仕事仲間など一般的な社会集団内での紐帯が含まれる (Kasperson, et al., 1988：185)。リスク情報に接触した個人は，イントラパーソナル・コミュニケーション[5]のみで解釈されるのではなく，他者との会話や議論などのインターパーソナル・コミュニケーション[6]を通じてリスク情報の共有が行われる。インフォーマルな集団[7]でリスク情報についての意見が交換されることによって，人びとは，「専門的な情報仲介者」からリスクに関する知識を学習したり，「個人の感覚」で不安の程度を低減させたりしながら，自身の態度や判断の拠りどころとする。そして，インフォーマルな集団で共有されたリスクは，また別のインフォーマルな集団に伝達され，そこで共有されていく。こうして，リスクが社会的に増幅していくことになる。

リスクの社会的増幅のフレームワークにおいて，情報チャンネルの有効性を検証するには，マス・コミュニケーションと対人コミュニケーションの2種類

の相互作用を念頭に置かなければならない。一つ目は，リスク情報の送り手となるマス・メディアと受け手となる人びととの相互作用であり，2つ目は，人が集団を成すときに起こりうる集団力学上での相互作用である。

(3) 社会的な増幅装置と個人的な増幅装置

これまで述べてきた「リスク経験とその情報源」と「情報チャンネル」は，リスクが社会的に増幅，あるいは減衰する要因となるものであったが，実際に社会のなかで増幅装置となるものには，オピニオン・リーダー[8]，文化的・社会的グループ，政府機関，自発的組織，ニュースメディアがある（図4.2参照）。たとえば，福島第一原発事故後では，大学や研究所などの学術機関，原子力安全・保安院（現原子力規制委員会）[9]などの政府機関，NGO団体（非政府組織）やNPO団体（非営利組織）などの自発的組織が，増幅装置としての機能を果たしてきた。また，福島第一原発事故直後のテレビ報道において，オピニオン・リーダーの役割を担う専門家のコメントは，当初一貫して「人体への健康には影響はない」と発言していた[10]。このような発言が，ある時期から「国の基準値を大きく上回る放射性物質が検出された」[11]と報道されることによって，人びとの食品に対する不安が一層高まり，風評被害の原因となった。このように，リスクの増幅装置のなかでも，オピニオン・リーダーとニュースメディアの存在は，社会的に大きな影響を与えているといえる。

リスク情報は，社会的な増幅装置を通じて，個々人の認知レベルの増幅装置に伝えられる（図4.2参照）。人は情報を解釈しようとするとき，自身にとって都合のよい情報に選択的に接触しようとしたり，記憶に残したりする注意のフィルター[12]を通して，読み解いていく（ディコーディング）。この場合，人びとのリスク認知には，ヒューリスティックス[13]と呼ばれる，人びとが情報を処理する際に用いる直感的な判断法が備わっており，これがしばしば人びとの認知にバイアスを引き起こす原因となることがある。たとえば，国が定めた基準値を大きく上回る放射性物質が，ある食品から検出されたとひとたび報道がされると，人びとはその食品に対してヒューリスティックスな判断を下す。そ

れが人びと全体の評価と解釈につながり，その食品のみならず，同種類の食品や同じ場所で生産された別の食品に対しても不買行動をとるであろう。こうして社会的文脈に組み込まれることによって生産者が経済的な損害を被ると，風評被害を生み出す一因となるであろう。このように，個人がもつ注意フィルターや認知のメカニズムは，リスクが社会的に波及していくことを助長させる増幅器であるといえる。

(4) 組織的・社会的行動

社会的増幅装置と個人的増幅装置を経て伝達されたリスク情報は，「組織的・社会的行動」を起こす原因となる。「組織的・社会的行動」を原子力発電所の事故を例に説明すると，「態度／態度変容」では，原子力発電所の継続に賛成意見から反対意見へ(あるいはその逆)といった住民の意見変化がこれに該当する。「政治的・社会的行動」では，選挙の争点で有権者が原発推進(あるいは反対)の候補者に投票することなどである。「組織的な対応」は，国や行政機関が避難区域の住民を避難させたり，電力会社に対して除染を義務づけたりすることである。こうした組織レベルの避難対策や除染方法が住民側の納得できるものでなく，受け入れられなければ，「社会的な抗議」として具体的な団体や組織を編成し，国や電力会社に訴訟を起こすなどして抗議することである。

(5) リスクの社会的波及効果とその後のインパクト

「組織的・社会的行動」のリスク問題に対する態度表明や社会活動，社会運動といった行動レベルは，直接的に影響を受けた人びと，その人の地域コミュニティや会社，専門家集団や産業，利害関係者や他の技術，そして社会全体といったように，個人のミクロレベルから社会全体のマクロレベルへと広がりをみせるようになる(図4.2参照)。Kaspersonらは，リスクの社会的波及効果を解明するメカニズムに，「ヒューリスティックスと価値」，「社会的集団の関係」，「信号値(signal value)」，「スティグマ化」の4つを示している(Kasperson, et al., 1988：185-186)。

「ヒューリスティックスと価値」では，人びとが日常の複雑で多様なリスクの全てにうまく対処できるわけではなく，それらリスクに対する簡便な方略によって対応するという個人のヒューリスティックスが前提となっている。こうした価値判断は，リスクを単純化して評価し，それがしばしばエラーやバイアスを引き起こすこともあり得る。また，個人や集団の価値判断は，リスクが重要であるのか，あるいは重要でないのかを決定することに大きな影響を与えるという。このような，ヒューリスティックスや価値判断は，リスクが社会的に波及する要因の一つとなり得るといえる。

「社会的集団の関係」における社会集団とは，環境保護団体のNPOやNGO，専門家集団，住民団体といった社会的集団を指し，リスク問題は政治的な議題として取り上げられる場合が多く，それらの社会的集団の活動がリスクの波及効果に大きく関わってくるというものである。

「信号値」とは，リスク自体がもっている価値のことである。リスクの信号値の大きさは，被害の程度のみで決まるものでなく，情緒的な価値の大きさで決まる部分もある。P. Slovicによると，「未知性」と「恐ろしさ」の2因子の得点が高いほど，人びとにとって信号値が高いリスクであるという（Slovic, 1987）。

「スティグマ化」のスティグマという用語は，もともとギリシャ語で奴隷や犯罪者の身体に刻印された徴（しるし）の意味であるが，社会学では，E. ゴフマンが用いて，不面目を表す肉体上の徴ではなく，不面目自体をいい表すのに使われている（ゴフマン，1963＝2009：13）。たとえば，放射線量の暫定規制値を超える牛肉が市場に流通・販売された事件に対して「汚染牛」という烙印が押され，いったんスティグマ化されると，人びとにネガティブな印象を植えつける。このようなスティグマ化は，その地域の畜産農業や観光業にとって経済的損失である風評被害につながることも予測される。

「ヒューリスティックスと価値」，「社会的集団の関係」，「信号値」，「スティグマ化」の影響によって，リスクが「個人→社会集団→社会」へと波及していき，その結果，売上げの減少や経済的損失，規制措置，組織の変更などの具体

第2節 「新しいリスク」を伝達するメディアの機能

「新しいリスク」が発生したとき，メディア，とりわけマス・メディアの社会的役割は人びとに被災や被害の状況を伝える環境監視機能[14]を果たすことである。そればかりでなく，災害時のマス・メディアの主たる役割には，事実の報道を通して人びとに判断や行動の材料を提供して，不安を静め混乱を回避して，被害の拡大を防ぐ機能—防災の機能が求められる（小田貞夫，2004：103）。

そこで本節の目的は，リスク情報を人びとに伝達するメディアの社会的機能をテレビ，ラジオ，新聞，インターネットのメディア別に考察し，「新しいリスク」に適したメディア特性を吟味した後，災害報道の枠組みのなかで「新しいリスク」報道に求められる社会的機能を検討することである。

1. テレビの機能

内閣府が全国の約5,000万世帯を対象に毎月1回実施している消費動向調査[15]によると，2013年の3月の調査では，テレビの保有数量は100世帯あたり225.9台であり，1世帯あたり約2.3台保有している（内閣府，2013）。また，橋元良明らが全国の約1,500人を対象に実施した情報行動調査[16]結果によると，人びとの情報源となる「ニュース領域」において，テレビを利用している人は，国内ニュースで96.3％，海外ニュースで90.0％，地域ニュースで74.7％，天気予報で92.8％であり，地域ニュースを除けば，9割以上の人がニュースを情報源としてテレビを利用していることが明らかになった（橋元・北村・辻・金，2011）。現在に至っても，テレビの普及率は高く，大半の人びとが現実を知る上での情報源として重要視していることがわかる。

では，リスク情報に対する人びとのテレビ利用はどうであろうか。東京大学大学院情報学環他は，東日本大震災についての首都圏住民2,000人を対象とした情報行動と通信不安の調査を実施している[17]。調査の結果，地震のニュースを最初に知ったメディアは，新聞，ラジオ，インターネットなど他のメディ

アに比べて，テレビが53.4％と最も多かった。また，震災後の原子力発電所事故に関する情報についても，97.2％の人がテレビを利用しており，他のメディアに比べて高率であった(東京大学大学院情報学環・東洋大学・関西大学・NTTセキュアプラットフォーム研究所，2012)。こうした回答の結果から，人びとのふだんのメディア利用頻度のみならず，リスク情報においてもテレビの情報源としての影響力は大きいと考えられる。

　小田は，災害時のリスク情報伝達の際にテレビが果たす役割とは，テレビがもつ広範性や明確性，訴求性といったメディア特性を活かして，被災地の状況を外に向けて発信することであると指摘している。その役割を果たすことによって，被災地以外の人びとに被災地の惨状を伝え，ボランティア活動や救援への協力などの行動を起こす動機づけとなるという (小田，2004：109)。テレビは，映像や音声を使用して臨場感を演出することができるので，小田が指摘する役割を十分に果たす機能を備えているといえる。

　しかしながら，東日本大震災の発災期のテレビ報道を内容分析した遠藤薫によると，メディア自体が被災し，政府からの公表や指示を伝達する機能を果たさなかったことを指摘している(遠藤，2012：23-50)[18]。また，遠藤と同じく，テレビ報道の内容分析を行い，福島第一原発事故後の報道傾向を分析した伊藤守によると，テレビが「可能性」，「…という恐れ」といったあいまいな言説を用いて，放射性物質の人体への影響について言及していたことを指摘している(伊藤，2012：121-159)[19]。このように，未曽有の大震災であった東日本大震災とその後の福島第一原発事故報道におけるテレビは，人びとのリスクに対する情報源として期待されているにもかかわらず，その社会的機能を果たさなかった問題点もみられた。

2. ラジオの機能

　先述した橋元らによる日本人の情報行動の調査結果によると，2010年のラジオの聴取行為者率は，5年前の調査では全体の16.0％であったのに対して，全体の11.5％と4.5ポイント低下し，行為者が28.1ポイントも減少したことに

なる。しかし，行為者平均時間は2010年で149.4分と，2005年の146.9分からほとんど変化はない。ラジオ聴取者は減少傾向にあるが，聴取者は以前と同様に長時間の利用行動をしている（小笠原盛浩，2010：218）。

ラジオは聴取行為者が少ないにもかかわらず，災害時や緊急時に重要視されるメディアの機能がある。同じ放送メディアであるテレビと比較した小田は，持ち運ぶことができる，停電していても聞くことができる，ほとんどのクルマについている，被災地を移動しての中継や多様な内容の放送が可能であるなど，ラジオ独自がもつ耐災害性や可搬性，機動性といった機能を挙げている（小田，2004：108-109）。

また，島崎哲彦と山下信は，東日本大震災時の避難困難者の情報要求とメディア種類とをコレスポンデンス分析とクラスター分析によって分類し，ラジオの機能を明らかにしている。分析の結果，島崎と山下は，帰宅困難者のラジオ所持率が低かったものの，「自宅にかかわる情報」や「自分のこれからの行動にかかわる情報」の一部には役に立つメディアであると報告している（島崎・山下，2012）。

このように，災害時には，速報性や可搬性に優れたラジオの機能が活かされる場面ではあるが，人びとが日頃からラジオを聴いたり，持ち歩いていたりとラジオに接触しておかなければ，いざというときに利用されにくい面もあると考えられる。

3. 新聞の機能

日本新聞協会の資料[20]によると，2012年の新聞の発行部数は47,777,913部であり，10年前の2002年の53,198,444部からすると，部数が540万部ほど減少している。1世帯あたりの発行部数は2002年では1.09部であったが，2012年になると0.88部となり，1世帯あたり1部に満たなくなる（日本新聞協会，2013）。橋元らの情報行動の調査結果では，2010年の新聞の閲覧時間を2005年と比較すると，全平均時間が18.8分（2005年から7.3分減），行為者率が47.6％（同14.0ポイント減），行為者平均閲覧時間は39.4分（同3.0分減），といずれも減少

していた。こうした減少傾向は，属性別にみると性別を問わず，全年齢層，全就業形態に一様に現れており，全般的に「新聞離れ」が進んでいることを示している（小笠原，2010：212）。

リスク情報を伝達する新聞の機能は，テレビやラジオの放送メディアに比べて，速報性が劣り，刻一刻と変化する被害状況に対応できないと考えられる。それは，新聞が「印刷→輸送→配布」に一定の時間を要するためである（小田，2004：108）。

しかし，活字メディアである新聞は，安否情報や避難所の地図など細かい情報を一覧できるといった利点をもっているともいえる。また，東日本大震災時には，地方紙である石巻日日新聞が，自社が被災したにもかかわらず，手書きによる壁新聞を作り，それを避難所などに張り出し，地域の被害状況を伝えた。遠藤は，こうした地方紙の働きについて，報道の原点であると評価している。さらに，遠藤は，新聞がもつ情報蓄積機能や落ち着いて情報を確認できる機能が人びとに必要であると指摘している（遠藤，2012：46-50）。

4. その他のメディアの機能

近年では，インターネットを中心とした電子メディアが著しく普及している。2012年の総務省の通信利用動向調査[21]によると，全国のインターネット[22]利用者数は9,652万人であり，人口普及率が79.5％であった。10年前の2002年の調査結果（インターネット利用者数：6,942万人；人口普及率：57.8％）と比べると，急激に利用が伸びていることがわかる（総務省，2012）。

インターネットは，自宅のパソコンからの利用ばかりではなく，インターネットが接続可能なところであれば，携帯電話やスマートフォン，タブレット端末などを使用することで，外出先からでも情報を取得することができる。三上俊治は，こうした情報環境を「ユビキタス・ネットワーク」と呼び，「いつでも，どこにいても，誰でも，どんな情報にもリアルタイムでアクセスできるようなネットワーク」と定義している。三上は，ユビキタス・ネットワーク社会がもたらす利便性と同時に，あらゆるときに，あらゆるところで個人情報が監視さ

れる社会でもあるといった問題点も指摘している(三上, 2005 : 86-88)。

　インターネットは情報探索のみならず，コミュニケーションツールとしても人びとに利用されている。最近では，TwitterやUstream, Facebookといったサービスが提供されており，総称してソーシャル・メディア[23]と呼ばれている。橋元らの情報行動の調査では，若年層がコミュニケーション系メディア利用の中核を占め，それは，携帯電話やスマートフォンなどの携帯インターネットで活発に利用されている(森康俊, 2010 : 173)。

　遠藤薫によると，東日本大震災では，発電所が大きなダメージを受けたため，被災地ではテレビや新聞が破壊的な状況となったが，インターネット回線だけは使える場合が多かったという。そのため，ソーシャル・メディアに大きな注目が集まり，個々のユーザーが投稿する具体的な情報が蓄積されることによって，安否情報や被災情報，救援要請などがきめ細かく伝えられ，励ましあいや呼びかけあいにも大きな力を発揮したと指摘している(遠藤, 2012 : 69-70)。これは，インターネットがもつユビキタス・ネットワークという特徴がリスク情報の伝達に活かされた結果であるし，励ましあいや呼びかけあいといった人びとの情緒的なサポートは，ソーシャル・メディアのコミュニケーション的要素が発揮された結果であるといえる。

　しかしながら，執行文子が発展途上のメディアとしてのソーシャル・メディアの脆弱性を指摘しているように，災害時には，デマや流言など不確かな情報が瞬時に拡散し，混乱を生んでしまう恐れもある(執行, 2011)。新しいメディアであるインターネットやソーシャル・メディアが信頼できる情報源として伝達機能を果たすには，既存のマス・メディアとの連携も必要となってくるであろう。

5. 「新しいリスク」報道に求められるメディアの社会的機能

　第1章1節2項でも触れたが，「新しいリスク」報道におけるメディアの社会的機能を解明するには，宮田加久子(1986)が指摘した災害時のマス・メディアに求められる機能である「環境監視機能」，「ニーズ充足機能」，「不安低減機

能」,「説得機能」が参考になるであろう。さらに,東日本大震災後の福島第一原発事故にみられるように「自然災害」と「人的災害」の区別が困難な場合,その事故原因や責任の所在を追及し,人びとに判断の手がかりを与える機能には,第1章1節3項で取り上げた,下村英雄と堀洋元(2004)によって明らかになったJCO臨界事故における「原因究明・責任追及機能」を参考にすることができるであろう。

(1)「環境監視機能」

「環境監視機能」は,情報の受け手となる人びとが置かれた社会的・自然的環境を監視し,そこにおける重大な変化を知らせる機能として設定されている。宮田によれば,現代社会は環境が複雑化しており,人びとが直接的に接触し知ることができない部分が多い。このような環境下において必要な情報を必要なだけ人びとに知らせるといった機能は重要になってくるという(宮田,1986:211)。

「新しいリスク」は不可視であるという特徴があるため,大気中にどのくらい放射性物質が含まれているのか,その基準値の情報や,国と行政はどのような対策をしているのか,どの程度汚染した食品が出回っているのかなど,人びとの知覚能力では認識できないところがある。そのため,食品汚染の全体状況を広く人びとに伝えるこの機能は重要であるといえる。

(2)「ニーズ充足機能」

「ニーズ充足機能」は,災害の種類や規模によって異なり,災害過程の段階によって変化するが,被災者の置かれた状況を定義する情報,災害原因の情報,行動指示情報,家族の安否情報,復旧情報などを知らせて,人びとの情報要求を満たす機能である(宮田,1986:211-216)。

「新しいリスク」のなかでも,原子力発電所の事故では,難解な技術的な専門用語が多くみられ,人びとが放射性物質の危険性を正しく理解するには,ある程度の知識が必要であると考えられる。したがって,この機能ではメディア

が事故とそれに伴うさまざまな問題の科学的根拠などをわかりやすく伝え，人びとの情報要求を満たすことが期待されているといえよう。

(3) 「不安低減機能」

「不安低減機能」は，災害時に不安を喚起した人びとに対して，十分な情報をもって状況を定義させ，今後の見通しを明確にするなどして不安を取り除き，混乱を防ぐための機能である（宮田，1986：216-219）。

福田充は，人びとのリスク意識がリスクへの不安を中心に構造化していることを社会調査データによって明らかにし，その不安は，メディアのリスク・メッセージから関心度を媒介に喚起されることを検証している（福田，2010）。福田の研究結果をみても，メディアで不安を煽るような報道が行われると，災害時の人びとが適切に判断し対応行動をとることは困難であろう。それはメディアの間接的な効果であるといえるが，たとえそうであっても，メディアには人びとの不安を鎮静させ，冷静な行動をとらせるといった社会的な責任があるだろう。

「放射能と食品汚染」の問題において，幼い子どもがいる家族にとっての不安材料は，子どもの健康面に関する危険性である。食品汚染に対する具体的な対処方法や，安全である食品を明示することがこの機能の果たす役割の一つであると考えられる。

(4) 「説得機能」

マス・メディアには，警報を伝達する義務があるうえ，その警報の意図する方向に人びとの反応や行動をおこさせるのが「説得機能」である（宮田，1986：219-221）。送り手の意図する方向に受け手の意見・態度あるいは行動を変化させるコミュニケーションは説得的コミュニケーションと呼ばれ，この領域の古典的研究では，C. I. ホヴランドら（1953＝1960）の一連の実験が知られている。彼らは，受け手の意見について，信憑性（credibility）の高い送り手からのメッセージの方が低い送り手からのメッセージより唱導方向に態度変化しやすいこ

とを明らかにしている[24]。彼らによれば，送り手の信憑性には，送り手が正しい情報源であるという知覚を受け手に与える程度のことである専門度(expertness)と，送り手の情報を伝達する意図に対する受け手の信頼の程度のことである信頼性(trustworthiness)の2つの特徴があるという(ホヴランド，ジャニス & ケリー，1953=1960)。メディアが人びとの災害情報の送り手としての機能を発揮するには，専門度や信頼性が求められるといえる。

　本機能が「放射能と食品汚染」の問題で果たすべき役割の一つは，人びとが食品汚染を過剰に意識し，特定の食品の購入を避けるといった行動をとらせないための，風評被害を未然に防ぐといったような情報を提供する機能もあるであろう。

(5)「原因究明・責任追及機能」

　「原因究明・責任追及機能」は，下村と堀(2004)がJCO臨界事故の新聞報道の分析から指摘した事故の原因と責任の所在を明確にする機能である。下村と堀は，JCOの事故が国内で初めての臨界事故であったために，事故原因とその責任は誰にあるのかが何よりも先に報じられ，これらが「事件の解説機能」を果たしたと指摘している(下村・堀，2004：57-58)。この機能は，重大な事件や事故が発生したときに，メディア報道によって特定の対象が非難を受ける場合がある。H. R. VeltfortとG. E. Lee(1943)は，非難対象をスケープゴートと呼んでいるが，過度なスケープゴート化は，原因や責任をある対象に押しつけ，事件や事故の本質から人びとの目をそらすことで，問題解決や対策を先延ばしにする可能性もあるだろう。

　また，メディアの「原因究明・責任追及機能」は受け手にも影響を与える場合もある。S. Iyengar(1991)は，テレビのニュースの社会問題をエピソード型フレーム(episodic frame)とテーマ型フレーム(thematic frame)の報道の枠組みに大別し，ニュースの受け手の責任帰属がそれぞれのフレームによって異なることを実証的に明らかにしている。

　Iyengarの問題意識は，政治争点が人びとの個人的経験の範囲外にあるにも

かかわらず，なぜ多くの人びとが幅広い政治争点について政治的な選好を示しているのかに置かれている。Iyengarによれば，個人は責任帰属の問題に還元することによって政治争点を単純化する傾向があり，このことは世論研究のテーマを責任帰属の問題に帰着することができるだろうと指摘している（Iyengar, 1991：7-8）。

福島第一原発事故は，直接的原因が「自然災害」にあるのか，「人的災害」にあるのかに意見が分かれるところがある。このような，人びとが判断し難い問題に対して，事故の原因や責任の手がかりを与え世論を形成し，それが政治的に反映されることによって国の原子力政策にも影響を与えるようになるという意味では，メディアの報道姿勢が社会的に問われるようになるであろう。

第3節　まとめ

本章では，リスク社会に生きる人びとにとって，「新しいリスク」を可視化してくれるメディアの存在を人びとへの影響面と社会への機能面という観点から概観した。メディアの影響面は，メディアが伝達するリスク情報のメッセージに対して，それを受容する人びとのなかに介在する心理的メカニズムを説明しようとするものであり，メディアの効果論的アプローチであるといえる。一方，メディアの機能面は，メディアのリスク情報の伝達活動が，社会のシステムの要求に対してどのような役割を果たしているのかを追求する，メディアの社会レベルの機能論的アプローチだといえる。

本章で取り上げたメディアの効果論的アプローチでは，メディアは人びとが直接経験できない現実を提供したり（本章第1節1項参照），人びとのリスク意識の重要度の認識に影響を与えたりする（本章第1節2項参照）ことが示唆された。人びとが直接経験する機会が少ない未知の「新しいリスク」においては，間接的にメディアからの情報受容に頼ることが多く，リスク報道のメディア効果はより人びとにインパクトを与えることになるであろう。また，こうしたメディアの間接的な影響は，人びとのリスク経験の有無を出発点とするリスクの社会的増幅フレームワークの過程（本章第1節3項参照）を経て，「新しいリスク」を

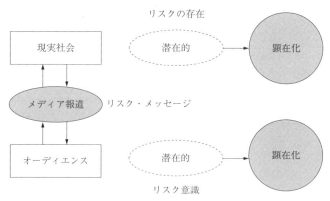

図4.3　潜在的なリスクを顕在化させるメディア報道モデル
出所) 福田, 2010：39

広く世間一般に認識させるまで及ぶことも予測された。

　福田充は，メディア効果論的アプローチから，メディアが潜在的なリスクを顕在化させるメディア報道モデルを提唱している(図4.3参照)。福田によると，メディアは，現実世界で潜在的であったリスクを社会的に顕在化させる機能をもつと同時に，メディア報道を受容した受け手(オーディエンス)の意識においても顕在化し，人びとの不安や関心が発生するという。このようなメディアとオーディエンスの相互作用によってリスク社会が発展していくと指摘している(福田，2010：39)。

　一方，メディアの機能論的アプローチでは，テレビの災害時におけるメディアの役割について，メディア特性に注目し，実際の調査データを踏まえながら考察した。災害時には，各メディアの特性を反映した環境監視の役割があり，テレビには広範性や明確性，訴求性といった特性(本章第2節1項参照)，ラジオには速報性や可搬性(本章第2節2項参照)，新聞には情報の詳報性や蓄積性(本章第2節3項参照)，新しいメディアであるインターネットにはユビキタス・ネットワークやコミュニケーションツールとしての情報環境の提供など(本章第2節4項参照)，メディア特性に対応した社会の情報要求がみられた。しかし，各メディアの災害時の機能評価と同時に，メディアごとに異なる種類の問題点も

指摘された。

　災害時のメディアの問題について，小田貞夫は，災害情報を伝えるメディアはそれぞれの特性によって機能し得る時期が異なると指摘している。災害情報が大勢の人に的確に届くためには，たとえば，テレビやラジオは発災と同時に臨時ニュースや速報，特別編成で間断なく情報を提供することができるといったように，メディア特性を考慮して使い分けるべきだと指摘している（小田，2004：108）。このように，災害時のメディアは，異なるメディア特性を活かしつつ，相互補完しながら社会から求められる情報要求に応えていかなければならない。

　特に現在では，テレビ，ラジオ，新聞などのマス・メディアとインターネットを代表とする新しいメディアとの相互補完が指摘されている。たとえば，遠藤薫は，東日本大震災のNHK広報がTwitter上でさまざまな情報，伝言板，消防庁など関連機関のサイトURLなどを発信したことを報告している。NHKのこうした活動は，フォロワーたちの共感を呼び，次々とリツイート（自分のフォロワーに再送信）されて，ネットのなかに拡散していったという。これは，マス・メディアとソーシャル・メディアが相互補完しつつ緊急情報の報道に努力した点で素晴らしい動きであると賞賛している（遠藤，2012：58-84）。リスク社会下のメディアの社会的機能には，メディア特性を超えたメディア間の連携が必要となってくるであろう。

　以上のメディアの災害時の社会的機能を踏まえて，「新しいリスク」報道においては，「環境監視機能」，「ニーズ充足機能」，「不安低減機能」，「説得機能」，「原因究明・責任追及機能」といった主な機能が社会的に求められ，重要視されることを提言した。

　これまでメディアの効果論的アプローチと機能論的アプローチを個別にみてきたが，マス・コミュニケーションに限定した両アプローチの関係性について，竹内郁郎が以下のように言及している。

　「社会的機能を実証的に解明しようとすると，いきおい観察の単位を個

人あるいは限定的な集団に求めざるを得ない。全体社会にとっての機能それ自体を，実験や調査という実証的な観察の道具によって分析することは，ほとんど不可能だからである。」(竹内，2005：176)

竹内は，上記のマス・コミュニケーションの社会的機能の実証性の問題を解明する一つのアプローチが効果論的アプローチであると位置づけている[25]。マス・コミュニケーションの社会的機能と効果論の関係性は，これまでアメリカを中心とする効果研究において，個人レベルでのマス・コミュニケーションの機能に関して，実証的な証拠を伴いかなりの成果をあげてきたが，これらの知見が社会レベルでのマス・メディアの機能にどのように結びつくのか，そのつながりに関してはほとんど取り上げられてこなかったという(竹内，2005：177)。

リスク社会におけるメディアの社会的機能を解明することは，これまでに方法論や操作的定義が確立されてきた効果論的アプローチによって人びとへの影響を実証的に明らかにし，その知見をメディアの社会的機能に還元していく作業であるといえる。またその解明には，マス・メディアのみならず，災害時に注目されるようになったインターネットを中心とした新しいメディアの役割を踏まえた議論も今後は必要となるであろう。

注)
1）ベックが指摘するリスクの個人化やその他の「新しいリスク」の特徴は，第3章を参照。
2）政府，国会，民間，東京電力の各事故調査委員会の報告書については，第1章の注3) を参照。
3）福島第一原発事故後の放射性物質の拡散による人びとへの健康被害の一連のテレビ報道については，第1章の注14) の伊藤守（2012）の先行研究を参照。
4）「新しいリスク」を伝達するテレビ，ラジオ，新聞，インターネットなどの機能は，本章第2節を参照。
5）個人内コミュニケーションと訳し，思考や反省といった人間が自己と対話するコミュニケーションをいう。

6）注）5と対比して，竹内郁郎は，人びとが日常の社会生活のなかで経験する具体的なコミュニケーションとして，① パーソナル・コミュニケーション，② 組織のコミュニケーション，③ マス・コミュニケーションの3つの社会的コミュニケーション類型にまとめている。① は，個人間コミュニケーション，あるいは対人的コミュニケーションと訳し，人間そのものが媒体となり，表情，身振り，声などによって伝達されるコミュニケーションのことである。② は，企業体のようなフォーマルな組織の成員間のコミュニケーションなどである。③ は，主にマス・メディアを伝達媒体として行われ，参加者は，散在する不特定多数の人びとである。このコミュニケーションでは，送り手と受け手の役割交換はなく一方向的なコミュニケーションの流れとなる（竹内，1977：1-4）。

7）G. E. メイヨーらの産業社会学分野の「ホーソン実験」から導き出された集団類型であり，フォーマルな組織（formal organization）とインフォーマルな集団（informal group）からなる。フォーマルな組織とは，一定の組織目的を効果的に達成するために人為的に編成させた合理的な職位の体系を指し，インフォーマルな集団は，フォーマルな組織のなかで一定の職位を占める個々人が，日常的な相互接触のうちに感情にもとづいて自然に作り上げていく集団をいう（メイヨー，1933 = 1967）。

8）一般的に，オピニオン・リーダーとは，ある社会や集団で，意見の形成や表明の際に主導的役割を果たす人のことを指す。E. カッツとP. F. ラザースフェルドは，オピニオン・リーダーの特徴として，リーダーとフォロアー（リーダーから影響を受ける人）との社会的地位が水平的な関係であること，オピニオン・リーダーが各領域（買い物リーダー，流行リーダー，社会的・政治的問題リーダー，映画閲覧リーダーなど）で存在することを実証的に明らかにしている。また，オピニオン・リーダーからフォロアーへの影響の流れは，領域によって交換することも指摘している。たとえば，家族内での影響は，流行の場合だと若い人から年長者へと流れるが，社会的・政治的問題の場合には，逆に年長者から若い人へ流れる傾向があるという（カッツ & ラザースフェルド，1955 = 1965）。

9）原子力規制委員会は，原子力規制委員会設置法案が2012年6月20日に参議院本会議において可決されたことを受けて，同年9月19日に発足した。これまでは，原子力「利用」の推進を担う経済産業省の下に，原子力の安全「規制」を担う原子力安全・保安院が設置されていたが，そうした「利用の推進」と「安全規制」を同じ組織の下で行うことによる問題を解消するため，経済産業省から，安全規制部門を分離し，環境省の外部組織として本員会を設立した（原子力規制委員会，2012）。

10）福島第一原発事故後のテレビ報道でのアナウンサーやコメンテーターが，人体の健康被害へ言及した内容は，第1章の注14）の伊藤守（2012）の先行研究を参照。

11）2011年3月19日に福島県産の原乳と茨城県産のホウレンソウから，暫定基準を

上回るヨウ素131が検出された（厚生労働省，2011b）。
12) L. フェスティンガーが提唱した認知的不協和の理論によると，人間の認知内部になんらかの矛盾が発生すると，不快な状態に陥り，それを解消しようとし，また矛盾を増しそうな情報・状況を選択的に避けようとするという。こうした認知的不協和の状況におかれた個人は，心理的に不快になり，この不協和を低減するべく動機づけられるという。認知的不協和を低減するために選択される方略として，① 行動を変化させる，② 認知を変化させる，③ 新たな認知を付加する，④ 新たな情報への選択的接触を行うといった行動をとる（フェスティンガー，1957＝1965）。
13) ヒューリスティックスについての詳しい説明は，第5章1節2項を参照。
14) H. D. ラスウェルが提示したマス・メディアの機能には，「環境監視」機能の他に，「環境への反応にあたっての社会の諸部分の調整」，「社会的遺産の世代的伝達」の3つの社会的機能がある（ラスウェル，1948＝1968）。
15) 内閣府（2013）の消費動向調査の概要は以下のとおりである。
　・調査対象：全国の世帯のうち，外国人・学生・施設等入居世帯を除く約5,016万世帯（平成22年国勢調査）。
　・抽出方法：調査客体は，一般世帯（2人以上の世帯，以下同じ），単身世帯毎に三段抽出（市町村―調査単位区―世帯）により選ばれた8,400世帯（平成24年度実施調査までは6,720世帯）。全調査世帯を15のグループに分け，グループ毎に抽出した調査世帯は，15ヵ月間継続して調査し，別の世帯に交替する。個々のグループは調査世帯全体の15分の1の約560世帯とし，毎月1グループずつ，ずらして調査を開始する。住居の移転等で調査を継続することができなくなった世帯は，代替世帯を選定して残りの月の調査を行う。
　・調査方法：郵送調査法（2013年の4月調査より従来の訪問留置法から変更）
　・調査項目：消費者の意識，物価の見通し，自己啓発，趣味，レジャー，サービス等の支出予定，主要耐久消費財等の保有・買替え状況，世帯の状況
16) 橋元ら（2011）が行った日本人の情報行動の調査概要は以下のとおりである。
　・調査期間：2010年5月28日～6月14日
　・調査対象：全国満13歳以上69歳以下の男女
　・抽出方法：住民基本台帳に基づく層化二段無作為抽出（全国157地点）
　・調査方法：調査員による個別訪問留置法
　・回収率等：抽出標本数2,500人，有効回収票1,478人（回収率59.1％）
17) 東京大学大学院情報学環他（2012）が行った調査概要は以下のとおりである。
　・調査地域：東京都・神奈川県・埼玉県・千葉県
　・調査期間：2011年9月16日～9月26日
　・調査対象：15歳以上59歳以下の男女で，2011年3月11日の地震発生時に東京，神奈川，千葉，埼玉にいた人2,000人

・抽出方法：性・年齢層別割当法
18) 遠藤薫（2012）の内容分析の詳しい説明は，第1章注13）を参照。
19) 伊藤守（2012）の内容分析の詳しい説明は，第1章注14）を参照。
20) 発行部数は朝夕刊セットを1部として計算したものである。セット紙を朝・夕刊別に数えた場合は，60,654,525部である（2012年10月現在）。世帯数は各年3月31日現在の住民基本台帳によるものである。
21) 総務省（2012）の通信利用動向調査の概要は以下のとおりである。
  ・調査対象：平成24年4月1日現在で，年齢が満20歳以上の世帯構成員がいる世帯
  ・抽出方法：住民基本台帳から，都道府県及び都市規模を層化基準とした層化二段無作為抽出法
  ・抽出数：40,592世帯（計213地点）
  ・調査方法：郵送調査法
  ・調査時期：平成25年1月
  ・回収率等：発送数40,592，無効数680，有効回答数20,418，有効回収率51.2%
22) インターネット接続機器については，パソコン，携帯電話・PHS，携帯情報端末，ゲーム機等あらゆるものを含み，利用目的等についても，個人的な利用，仕事上の利用，学校での利用等あらゆるものを含む（総務省，2012）。
23) 西田亮介によると，ソーシャル・メディアとは，即時性，拡散性，相互連携性を兼ね備えたメディアで，SNSやミニブログ，動画共有サービスなどを指し，具体的にはTwitterやUstream, Facebook等のことであるとしている（西田，2011：287）。本書でも，西田のソーシャル・メディアの定義を採用している。
24) ただし，時間経過とともに低い信憑性の送り手であっても，受け手がコミュニケーションの源泉を忘却するために説得効果が生じてくることもある。これをスリーパー効果（sleeper effect）と呼ぶ（ホヴランド，ジャニス & ケリー，1953＝1960）。
25) 竹内は，マス・コミュニケーション機能を実証的に解明するアプローチを効果研究と利用と満足研究の2つのアプローチで説明しているが，本書は効果研究を研究の視座としているため，利用と満足への言及は控えた。

第5章

現代の「新しいリスク」報道における
メディア・フレーム研究

　メディア・フレームの「フレーム」という用語の意味は多岐に渡り，取り上げる研究者，研究分野によって解釈の仕方がさまざまである。こうしたなか，竹下俊郎はマス・コミュニケーション研究におけるメディア・フレームの概念にアプローチするものとして，社会学的フレーム概念と心理学的フレーム概念の2つの研究分野からの流れを紹介している（竹下，2008：208-210）。本章では，竹下のフレーム概念整理法に準じて，社会学的フレームと心理学的フレームの概念を整理した後，それぞれの研究分野からマス・コミュニケーション研究に関連したメディア・フレームの先行研究を中心に説明する。最後に，本書におけるメディア・フレームを定義する。

第1節　先行研究

1. 社会学からのフレーム概念

　社会学のフレーム概念は，文化人類学者である G. ベイトソンのフレーム概念を源流としているといわれる。ベイトソンは，人びとが日常で行うコミュニケーション過程において，その時にやりとりされるのは単なるメッセージの交換のみならず，メタ（上位の）レベルのメッセージが交換されるメタ・コミュニケーション的であるという。メタ・メッセージは通常，非言語的コミュニケーション（身振り，手振り，表情，動作など）で伝達されることが多い。メッセージとメタ・メッセージはコミュニケーションの伝達上，相互に規定的な関係にあり，メッセージは直示的，暗示的にメタ・メッセージを指定する。たと

第5章　現代の「新しいリスク」報道におけるメディア・フレーム研究　87

えば，子どものごっこ遊びにおいて，「これは遊びである（ケンカでない）」というメタ・メッセージを同時に送っていることなどがそうである。ここでのフレームはメッセージの集合としてみなされており，相互のコミュニケーション過程で設定されるものとして取り上げられている（ベイトソン，1972＝2000：259-278）。

　社会学者のE. Goffmanは，ベイトソンのフレーム概念に依拠して，日常のコミュニケーション上の暗黙的なフレームに注目し，フレームを「社会的な出来事と人びとの主観的関与を規定する組織化の原理」と定義している（Goffman, 1974：10-11）。竹下は，Goffman流のフレーム概念を相互行為が行われる状況やコンテクストに対して，行為者が与える定義づけのことであると説明し，このフレーム概念がマス・コミュニケーション状況においても適用可能であると指摘している（竹下，2008：209）。

2.　心理学からのフレーム概念

　心理学からのフレーム概念の検出に有力な知見を得たのは，認知心理学者のA. TverskyとD. Kahnemanの一連の研究である。彼らは，全く同じ意思決定問題であっても，表現（ワーディング）の仕方によって実験参加者の選択が異なることを実験的研究によって明らかにした（Tversky & Kahneman, 1981；Kahneman & Tversky, 1984）。

　TverskyとKahnemanは，まず，実験参加者にアメリカがアジアの異常な疫病の発生に対して準備をしていることを想像させた。疫病では600人の死亡者が出ることが予測されている。この疫病に対する対策をポジティブ条件とネガティブ条件とに分け，実験参加者に選択させた（表5.1参照）。回答の結果，ポジティブ条件では，実験参加者152人のうち72％の人が対策Aを採択し，28％の人が対策Bを採択した。一方，ネガティブ条件では，22％の人が対策Cを採択し，78％の人が対策Dを採択した。ここでの注意点は，ポジティブ条件の対策Aとネガティブ条件の対策C，ポジティブ条件の対策Bとネガティブ条件の対策Dは形式的には同じであるということである。しかし，ほと

表 5.1 「アジア病問題」に関わる意思決定問題

実験群	質問文
ポジティブ条件	対策 A を採択すると，200 人の生命が助かる。
	対策 B を採択すると，1/3 の確率で 600 人の生命が助かるが，2/3 の確率で 1 人も助からない。
ネガティブ条件	対策 C を採択すると，400 人が死ぬ。
	対策 D を採択すると，1/3 の確率で 1 人も死なないが，2/3 の確率で 600 人が死ぬ。

出所) Tversky & Kahneman, 1981：453

んどの実験参加者は，ポジティブ条件のように利得の側面が強調されるとリスク回避的選択をするが，ネガティブ条件のように損失の側面が強調されるとリスク志向的な選択をするという結果であった。このような記述の仕方のことをフレーム，もしくはフレーミングと呼び，フレーミング効果とは，情報のフレームが変化することによって，受け手の認知が歪められる現象のことを指している。

心理学的なフレーム概念に準拠したフレーミング研究を行った J. N. カペラと K. H. ジェイミソンは，上記の Tversky と Kahneman の実験を引用し，以下のように解説している。

「フレーミングはコンテクストを提供するが，コンテクストは既存の知識を活性化する。活性化された知識はテクストと共同して，テクストの理解を生み出す。これはテクストやコンテクストが単独ではないことである。次にフレーミングは明示的なコンテクストとして働く。そのなかでテクストは解釈され(そしてその解釈に基づき判断が行なわれ)，情報が再生される。
　フレーミングは特定の解釈を可能にするだけでなく，推論の仕方にも変化をもたらす。推論はオーディエンスがもつ，しっかりとできあがった知識構造に由来し，オーディエンスが読んだり見たりするメッセージによって手がかりを与えられる。」(カペラ & ジェイミソン，1997＝2005：65)

したがって，カペラとジェイミソンがいうフレーミング効果とは，もともと

人びとに備わっている認知的構造が，送り手の呈示したメッセージの小さな差異（フレーム）と結びつき，その結果として，人びとの理解や選択を補強する一連の過程のことを指しているといえる。このような心理学的なフレーム概念によるアプローチは，情報を受容する側の受け手がいかに枠づけるのかといった認識枠組み（オーディエンス・フレーム）に焦点を当てているものと考えられる。

　オーディエンス・フレームの形成と深く関わりがみられる人びとの認知的構造には，「スキーマ」，「スクリプト」，「ヒューリスティックス」といった概念が知られている。「スキーマ」とは，過去の経験などに基づいて形成された知識の枠組みのことであり，これが社会や人びとに関わるものになると社会的スキーマと呼ばれる。S. E. Taylor と J. Crocker は社会的スキーマを，特定の他者の特性や性格，属性に関する「人物スキーマ（person schema）」，自分自身はどういう人間であるかという自己に関する「自己スキーマ（self schema）」，年齢，性別，人種，職業など社会的役割に関する「役割スキーマ（role schema）」，ある状況における出来事や行動の連鎖に関する「事象スキーマ（event schema）」の4つに分類している（Taylor & Crocker, 1981）。「スクリプト」とは，「事象スキーマ」とほぼ同義であり，人が日常で繰り返し経験する事象を一連の行動型として認識することである（R. C. Schank & R. P. Abelson, 1977）。このスクリプトのガイド的な働きによって，人びとはある状況に対して順序立てて行動することができる。「ヒューリスティックス」とは，人びとの簡略化した判断法のことを指す。Tversky と Kahneman は主なヒューリスティックスに，代表性のヒューリスティックス（representative heuristics：Tversky & Kahneman, 1982），利用可能性ヒューリスティックス（availability heuristics：Tversky & Kahneman, 1973），係留と調整ヒューリスティックス（anchoring and adjustment heuristics：Tversky & Kahneman, 1974）などを挙げている。代表性のヒューリスティックスとは，ある対象がそれが属するカテゴリーの特徴をどのくらい代表しているかで判断されることである。利用可能性ヒューリスティックスとは，記憶のなかで想起しやすい情報が優先的に判断されることである。係留と調整ヒューリ

スティックスとは，最初に定めた値や与えられた値（係留点）に基づいて，それを調整しながら最終的な判断を行うことである。この調整は十分に行われることなく初期値の影響を受けることが多い。人びとのこうしたヒューリスティックスを用いて認知的負担を軽減しながら，効率的に日常にあふれた情報を処理しているといえる。

　人びとの個人の認知的構造の視点からアプローチをする心理学的フレーム概念に依拠した先行研究には，プライミングという現象に注目した研究がある。心理学用語としてのプライミングは，文字，単語，図形などの刺激を以前に観察していた結果，その刺激の認知的処理が促進される現象を指す（鹿取廣人・杉本俊夫，2004：105）。事前の刺激には，先述したスキーマの概念も含まれることもあり，一度利用されたスキーマは，その後，別の状況における情報の処理にも利用されやすくなる。これをプライミング効果という（安藤清志，1995：19）。

　S. Iyengar と D. R. Kinder は，マス・メディアがある政治的争点を強調した場合，大統領の仕事ぶりの全体（マス・メディアが争点化することが少なかった他の社会問題）に対する人びとの評価は，大統領がその政治的争点にどう対処したのかという人びとの評価に左右される，メディアによるプライミング効果を実験的研究で明らかにしている（Iyengar & Kinder, 1987）。カペラとジェイミソンは，メディア・プライミング効果とフレーミング効果の関係について，次のように説明している。

　　「フレーミング効果が意味しているのは，『ニュースがいかに争点を枠づけるかが，知識ネットワークのなかのある情報を認知的にプライミングし，他のノード（結節点）を迂回して，ある推論を引き起こし他の推論を抑制するだろう』ということである。これらの推論と連合は『枠づけられたメッセージによってアクセス可能となるもの』の一部となる。」（カペラ & ジェイミソン，1997＝2005：124）。

　このように，心理学的なフレーム概念は，人びと個人単位の認知的特徴に包

摂されるものであるといえる。

　では，メディアメッセージがどのような枠づけを行うと，人びとのスキーマが活性化され，アクセスしやすくなるのであろうか。この点に注目したIyengarは，メディア報道の枠組みを操作し，人びとの責任帰属の知覚に与える影響を実験で明らかにしている (Iyengar, 1991)。Iyengarによると，テレビのニュースの社会問題の報道の枠組みはエピソード型フレーム (episodic frame) とテーマ型フレーム (thematic frame) に大別できるという。エピソード型フレームとは，社会問題を具体的な事例で取り上げ，特定の個人に焦点を当てる報道の枠組みであり，テーマ型フレームとは，社会問題を一般的・抽象的観点で捉え，文脈の中に位置づける報道の枠組みである。Iyengarは，エピソード型フレームでは，「個人」への責任帰属が起こりやすく，テーマ型フレームでは，「社会」への責任帰属が起こりやすい傾向がみられることを見出した。Iyengarはこうした現象をフレーミング効果と呼び，「アクセス可能性バイアス (The accessibility bias)」という語を用いて，以下のように説明している。

　　「エピソード型フレームによる報道は，特定の行為や個人の特徴をよりアクセスしやすくするが，テーマ型フレームによる報道は，視聴者が社会的・政治的な帰結の観点から政治的争点について考えることを手助けする。」(Iyengar, 1991：134)

　Iyengarの実験では，特に「貧困問題」をテーマとしたテレビニュースにおいて，貧しい黒人に焦点を当てたエピソード型フレーム条件では，人びとの人種的不平等に関する責任帰属がその当事者へ向けられやすい傾向がみられた (Iyengar, 1991：67)。エピソード型フレームを視聴した人は，その個人がもつ「黒人＝貧困」という知識（スキーマ）に直線的アクセスすることによって，貧しいのは人種的問題であるから仕方がないといった判断を下す。その結果，貧困問題に対する人びとの責任追及意識は，社会や政府に向けられることなく，個人の自己責任であると広く解釈されるようになるというものである。

カペラとジェイミソンは，Iyengar の研究と同様，メディアのフレーミング効果を実証し，政治報道におけるメディアの報道の枠組みを戦略型フレーム (strategic frame) と争点型フレーム (issue frame) に区別して，受け手の政治的認識の変化の検証を試みている。戦略型フレームは，政治報道の中で「勝ち負け」に焦点が当てられ，政治家の「自己利益の追求」と解釈できる枠組みである。争点型フレームは，政治的争点を中心にその問題点，対処策，解決策などを提示し，「公共の追求」と解釈できるような枠組みである。実験の結果から，戦略型フレームに接触した人は，争点型フレームに接触した人より政治的認知がシニカルになったことを報告している（カペラ & ジェイミソン，1997＝2005）。

　Iyengar やカペラとジェイミソンによるフレーミング効果の先行研究は，メディア報道の枠組み（フレーム）の仕方によって，人びとの責任帰属や政治的認識が強化されたり，抑制されたりする仕組みを個人の心理的な認識枠組みから捉えようとするものである。このように，心理学的フレーム概念に準拠したフレーミング研究は，よりミクロなレベルで，ニュースメディアによる政治的社会的問題を描写する仕方（フレーミング）が受け手の認識に及ぼす影響を調べている（竹下，2008：210）。こうしたアプローチは，メディア・フレーミング効果の因果関係を追及することに大きく貢献しているといえる。

3．マス・コミュニケーション研究からのフレーム概念

　フレーム概念は，心理学や社会学の分野など広範囲に渡って利用されてきた。このフレーム概念をマス・コミュニケーション研究に応用して，「メディア・フレーム」という概念として最初に発展させたのは T. Gitlin であるといわれる（岡田直之，1981：36；伊藤陽一，2000：50）。Gitlin は，メディア・フレームを以下のように定義している。

> 「メディア・フレームとは，認知・解釈・提示，または選択・強調・排除に関する継続的なパターンであり，シンボル操作を行う者は，パターンによって言語的，視覚的に言説を定期的に組織する。」(Gitlin, 1980：7)

Gitlin の定義に加えて岡田直之は，次のようにメディア・フレームの特徴を指摘している。

「ジャーナリストは，このメディア・フレームに準拠することによって，大量の情報を迅速かつ手際よく処理し，ニュースとしてパッケージ化することができる。そして，受け手はメディア・フレームに基づいて現実を認知し，理解する。メディア・フレームはこうした二重の機能を果たすのである。」(岡田，1981：36)

Gitlin と岡田のメディア・フレームの定義によると，メディア・フレームとは，情報の送り手となるメディアやジャーナリスト側が伝達するメッセージをいかに枠づけるかの手法の意味をなし，この枠づけられたメッセージを受容する受け手側となる人びとの現実認識に影響を与えるものとして捉えているといえる。

送り手側の研究としてのメディア・フレーム概念は，G. タックマンのニュース・フレームの概念に準拠したものである。ニュース報道の制作過程に注目したタックマンは，毎日の出来事をニュース・イベントにする際，一定の枠組みがあり，これをニュース・フレームと呼んでいる。タックマンによると，ニュースはフレームによって社会的意味を定義，再定義し，構成と再構成を繰り返しているという (タックマン，1978＝1991：250)。ニュース・フレームの先駆的研究には，ニュース制作時の取捨選択を行う編集者を対象に調査したゲート・キーパー研究がある (e.g., D. M. White, 1950)。烏谷昌之は，White のゲート・キーパー論がニュース制作過程を「情報源→記者→編集者」と一方的な情報の流れとして理解しているのに対して，タックマンのニュース・フレーム論は，ニュース制作に関与する人びとの実践を反映したものであるとして2つの研究の性格の違いを指摘している (烏谷，2001：81)。

R. M. Entman は，メディアが設定するフレーミングに関する有力な定義を以下のように示している。

「フレーミングには,『選択性』と『顕出性』の意味が含まれており,知覚された現実のある側面を選択し,コミュニケーションの文脈上からその現実を顕出させ,そのようにして,言及された項目に対して,『問題の定義』,『原因の解釈』,『道徳的評価』,『対策』を奨励するものである。」(Entman, 1993:52)

Entman は,アメリカの冷戦報道に関するメディア・フレームを例に挙げて説明している。当時のアメリカの外交問題のニュースでは,「対外的な出来事」の言及や「市民の戦争」として問題提起することに焦点を当て,問題の原因が「共産圏の反乱軍」にあるとみなし,「無神論者の攻撃」という道徳的判断を示すことによって,他国のアメリカへの支持という解決策を奨励するメディア・フレームが用いられていた(Entman, 1993:52)。

これまでに述べた,マス・コミュニケーション研究におけるメディア・フレーム概念は,メディア報道がある事象を取り上げる際,一定の枠組みがあり,その基準がメディア・フレームであるとするものである。さらに,このメディア・フレームがスポットライティング的な役割を果たし,情報の受け手である人びとの認識や解釈に影響を及ぼし得るような一連の作用がフレーミングであると考えられる。

また,フレーム概念はマス・コミュニケーション効果研究の代表格である議題設定研究[1]の拡張に寄与している。それは,下位争点レベルの議題設定のことであり,「属性型議題設定」,または「第二レベルの議題設定」と呼ばれている(竹下, 2008:213)。これらは, M. E. McCombs と D. L. Shaw や竹下が指摘するように,従来の議題設定の「何について考える(what to think *about*)」から,ある争点について「それをどのように考えるか(*how* to think about it)」へ仮説の適用領域を拡張する試みである(McCombs & Shaw, 1993:62;竹下, 2008:214)。McCombs と Shaw は,属性型議題設定が争点のどの属性を選択・強調するかという点でフレーミング概念と同一視し,フレーミングは議題設定研究に包摂されるものとして捉えている(McCombs & Shaw, 1993:62)。しかしなが

ら，こうしたMcCombsとShawの主張に対して，フレーミングと議題設定とは理論的出自が全くことなるものであるという，フレーミング研究の擁護側からの批判もある(G. M. Kosicki, 1993)。

フレーミング研究と議題設定研究では，それぞれの概念の捉え方の違いに議論の余地があると考えられるが，こうした背景を踏まえた上で，竹下はフレーミング研究を議題設定研究の系譜として捉え，以下のように定義している。

> 「フレーミング研究とは，メディアがある争点や出来事をどのようにフレーミング(枠づけ)しながら報じるのか，そしてそれが受け手の現実認識とどう関連しているのかを追及するものである。」(竹下，2008：208)

マス・コミュニケーション研究におけるフレーム概念は，Gitlinやタックマンらが指摘する送り手としてのメディアがニュース制作過程や情報の伝達上でどのように枠づけするのか，その基準となるメディア・フレーム概念の側面と，メディア・フレームが人びとの現実認識にどのような影響を与えるのか，マス・コミュニケーション効果論に位置づけられる2つの意味を持ち合わせていると考えられる。

4. 最近のフレーミング研究

これまで述べてきたように，フレームやフレーミングは社会学，心理学，コミュニケーション研究などさまざまな領域で取り扱われてきたが，近年においては，大別して「フレーム・ビルディング」と「フレーム・セッティング」の領域からフレーミング研究にアプローチされている(D. Tewksbury & D. A. Scheufele, 2009；J. Bryant, S. Thompson, & B. W. Finklea, 2013)。これらの研究領域は，次章の第6章で詳しく説明するD. A. Scheufele(1999)が提唱したフレーミング研究の過程モデルの一部である。「フレーム・ビルディング」は，組織の圧力やジャーナリスト，エリート層がどのようなフレームを生成するかの過程を明らかにするものであり，「フレーム・セッティング」は，フレーミング

効果がオーディエンスに与える影響の過程を明らかにするものである(Scheufele, 1999)。

「フレーム・ビルディング」の研究例の一つに，2004年にアブグレイブ刑務所のイラク人捕虜虐待事件報道で発覚したアメリカ兵士によるイラク人捕虜への虐待事件におけるワシントン・ポストの報道を分析したものがある。W. L. Bennettらは，新聞が「この事件は何人かの個人が犯した特殊な例である」といったブッシュ政権のフレーミングを受け入れ，国の政策に関わる不祥事とは関係がないことを支持していたと指摘している (Bennett, Lawrence & Livingston, 2006：2007)。しかし，後にD. V. Porporaらが行った内容分析による実証的な結果では，時間の経過とともに政府の見解とは対立するフレームが用いられ，高度なレベルで責任を追及する報道であったことが明らかになっている (Porpora, Nikolaev & Hagemann, 2010)。

「フレーム・セッティング」の研究例には，2005年にアメリカ東南部を襲ったハリケーン・カトリーナ報道が受け手の責任帰属に及ぼす影響を検証したものがある。E. N. Ben-PorathとL. K. Shakerの実験では，実験参加者(白人と黒人)にハリケーン・カトリーナの余波についての新聞記事を読ませた後，白人被害者イメージと黒人被害者イメージを含む記事とそれらを含まない記事に操作し，この災害についての責任が誰にあると感じたのかを尋ねた。その結果，記事が被害者イメージを含んだとき，白人の被験者の政府に対する責任は少ない感覚であったが，黒人の被験者ではこの影響がみられなかった。また，被害者イメージは，ニューオリンズの居住者自身への責任帰属に影響がみられなかった。こうした結果は，人種によって責任帰属が異なることを明らかにし，先述した心理学的フレーム概念に依拠するIyengar(1991)のエピソード型フレームのメカニズムを解明するのに役立つ知見である(Ben-Porath & Shaker, 2010)。

第2節　本書におけるメディア・フレームの定義

本書で取り上げるテーマは，現代社会の「新しいリスク」と報道の問題である。本書では，「新しいリスク」の事例として，東日本大震災に伴う福島第一

原発事故後の諸問題を取り上げている。この「新しいリスク」は社会に潜在しており，人びとが直接的に可視化することは困難であるといった特徴をもっている[2]。こうしたリスク社会を生きる人びとにとって，「新しいリスク」の情報を提供し，対策の手がかりとなるのがメディアの報道である。本書は，「新しいリスク」の重要な情報源であるメディアがいかに報道するのか，それを受容する人びととはどのように解釈するのか，メディアと人びととの相互作用をフレーム概念に依拠することで明らかにしようとする試みである。

　本書は，リスク報道におけるメディアの描写の仕方をメディア・フレーム，リスク情報の受け手である人びととの認識枠組みをオーディエンス・フレームと解釈し，メディア・フレームとオーディエンス・フレームの関連を追究するものである。本書でのメディア・フレームは，本章第1節3項で先述したEntman(1993)の定義に従い，「選択性」と「顕出性」に注目し，メディアがあるリスク事象を目立たせるために利用する言説や情報内容の枠組みのことを指す。一方，オーディエンス・フレームは，心理学的フレーム概念に依拠し，人びと個人の認知的構造（スキーマ，スクリプト，ヒューリスティックスなど）で形成されるリスクの認識枠組みのことをいう。

　また，本書では，メディア・フレームとオーディエンス・フレームとの間に対応関係がみられる場合，対応するフレームが受け手個人のリスク意識に影響を与えることをメディア・フレーミング効果と呼ぶことにする。このメディア・フレーミング効果の定義は，本章第1節2項で先述したIyengar(1991)のエピソード型フレーム対テーマ型フレームやカペラとジェイミソン(1997＝2005)の戦略型フレーム対争点型フレームにみられる2項対立型のフレーミング効果研究と，第1節3項で述べたMcCombsとShaw(1993)や竹下(2008)らが主張するマス・コミュニケーション効果論の議題設定研究の両方の系譜に位置づけられるものである。

　以上のように，本書におけるメディア・フレーム，オーディエンス・フレーム，メディア・フレーミング効果の定義は，マス・コミュニケーション研究のフレーム概念と心理学的フレーム概念からのアプローチを統合したものである。

第3節　まとめ

　本章では，研究者や研究分野ごとに多数存在するフレーム概念を竹下(2008)の社会学的フレーム概念と心理学的フレーム概念の整理法に準じて考察した。心理学的フレーム概念は，それぞれがマス・コミュニケーション研究分野で応用され，仮説の適用範囲を広げたりするなどの分析概念として注目されるようになった。竹下は，マス・コミュニケーション研究で応用されたフレーム研究をおおまかに大別すると，社会学的フレーム概念，主にGoffmanのフレーム研究(1974)のアプローチと心理学的フレーム概念，主にTverskyとKahnemanの研究(1981；1984)のアプローチに大別できるという(竹下，2008：209)。

　社会学的概念には，タックマン(1978＝1991)やGitlin(1980)や岡田(1981)など送り手研究がこの系譜に含まれ，受け手への効果は類推にとどまる場合が多い。一方，心理学的概念には，Iyengar(1991)やカペラとジェイミソン(1997＝2005)の研究のようにミクロレベルで，メディアの描写の仕方(フレーミング)が受け手個人の認識に及ぼす影響を実験的に検証するものが多くを占める。また，竹下は，社会学的フレーム概念と心理学的フレーム概念を統合しようと試みた研究がEntman(1993)のフレーム研究であると指摘している(竹下，2008：209)。

　最近のフレーミング研究では，「フレーム・ビルディング」と「フレーム・セッティング」に分かれ(Tewksbury & Scheufele, 2009；Bryant, Thompson & Finklea, 2013)，それぞれの目的に応じて使用されるようになってきたといえるだろう。「フレーム・ビルディング」では，より社会学的に政治的圧力や権力の背景を明らかにするためにフレームが用いられ，「フレーム・セッティング」では，より心理学的にフレームの受け手の認識に与える影響を解明するために使用されているといえる。

　本書のメディア・フレームやオーディエンス・フレーム，メディア・フレーミング効果の定義は，心理学的フレーム概念をマス・コミュニケーション研究に応用し，それらを統合させたものであるが，そもそも研究分野が異なると研究者によって求める研究課題も異なるといった問題点もある。たとえば，M.

デフレーと S. ボール＝ロキーチは心理学者と社会学者の研究課題の違いを以下のように説明している。

> 「心理学者は，個人の行為や行動選択を形成する内的過程から人間行動を捉える。研究の課題は，人びとが感覚器を通じて経験する刺激パターンに反応する際に，人びとがなす選択を，個人の内容に働いているいかなる力ないし要因が説明し得るかを明らかにすることである。(中略)
>
> 社会学者は，異なった視点から人間行動にアプローチする。(中略) 社会学者は，社会的相互作用―人間の内的な神経系や認知構造よりも人間間に生じる明白な出来事―に主に注目するのである。」(デフレー & ボール＝ロキーチ，1989＝1994：267-268)

このように，心理学者が人間個人の内的な心理過程に注目しているのに対して，社会学者では，人間と人間の相互作用の解明に研究の重点を置いているといえる。こうした学問の性格上の違いは，心理学的フレーム概念と社会学的フレーム概念についても同様のことがいえ，研究分野間で理論的背景や方法論など異なる概念を同じ土俵で考察することに対する批判もみられる。K. M. Carragge と W. Roefts は，フレーム概念を比喩的な意味で使用している研究もあれば，他の研究では，ストーリーのトピック，属性，または争点の位置づけのためにフレームを変形させて使用しているものもみられ，研究者がフレームを定義する上での概念的な問題点を指摘している。(Carragge & Roefts, 2004：217)。

しかし，フレーム概念がもつ多様性は，異なる研究領域をフレームという分析の軸を通してみることによって，複雑な社会事象のテーマにアプローチすることが可能になることも予測される。J. M. Hetrong と D. M. Mcleod は，さまざまな学問的背景の研究者が多様な概念のアプローチでフレーム研究を行っていることに対して，極度に開放性の高い概念が独創性のあるメディア分析を可能にする一方で，方法論や理論的結論が蓄積され難いという限界も指摘している (Hetrong & McLeod, 2001：140)。しかしながら，萩原滋が指摘しているように，

現状では，研究目的に応じて多様なフレーム概念を使い分ける方が現実的であり，有効性も高いと考えられる（萩原，2007：56）。

　本書のメディア・フレーム研究においても，萩原の指摘に準じて，リスク報道のメディア・フレームは，マス・コミュニケーション研究から，リスク情報を受容する人びと個人のオーディエンス・フレームは心理学から，それらフレームによるメディア・フレーミング効果はマス・コミュニケーション効果論からといったように，それぞれに解明する目的に応じたフレーム概念からのアプローチを採用している。

注）
1）議題設定研究についての詳しい説明は，第4章1節2項を参照。
2）「新しいリスク」の定義と特徴については，第3章4節を参照。

第6章

メディア・フレーミング効果の実証的研究

第1節　実証的研究の目的

1. メディア・フレーミング効果の実証的研究の視座

　第5章で先述したように，フレーム，フレーミングの概念は多岐に渡っており，実証的研究の手法も研究者によってさまざまである。そうした中で，D. A. Scheufele は，これまでのフレーミングの先行研究をメディア・フレームとオーディエンス（もしくは個人）・フレームを独立変数と従属変数の次元の組み合わせによって，①従属変数としてのメディア・フレーム，②独立変数としてのメディア・フレーム，③従属変数としての個人フレーム，④独立変数としての個人フレームの4つに類型化している。①は，ジャーナリストがどのようなフレームに依拠するのか，②は，どのメディア・フレームが特定の問題についてのオーディエンスの認識に影響を与えるのか，③は，個人フレームを確立するのに影響する要因は何なのか，また，それらはメディア・フレームによるものなのか，④は，個人フレームがある問題についての人びとの個人的な認識にどのように影響するのか，それぞれに解明すべきリサーチ・クエスチョンを設けて分類している (Scheufele, 1999：108-109)。

　図6.1は，Scheufele が上記の4類型を基に提唱したメディア・フレーミング効果研究の過程モデルである。図に示す矢印は，「フレーム・ビルディング」では，組織の圧力やジャーナリスト，エリート層がどのようにメディア・フレームを生成するかの過程を，「フレーム・セッティング」では，メディア・フ

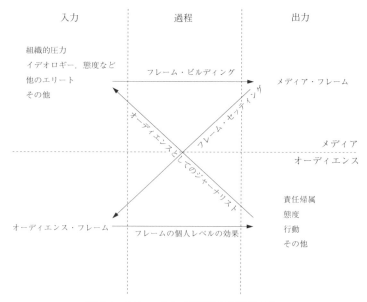

図6.1　フレーミング研究の過程モデル

出所) Scheufele, 1999：115

レームがオーディエンス・フレームに反映される過程を,「フレームの個人レベルの効果」では, オーディエンス・フレームが個人の責任帰属や態度, 行動の変化に影響を与える過程を,「オーディエンスとしてのジャーナリスト」では, ジャーナリスト個人がメディア・フレームを用いるのに影響を受ける過程をそれぞれ表している (Scheufele, 1999：114-118)。

「フレーム・ビルディング」の過程は, ① 従属変数としてのメディア・フレームのリサーチ・クエスチョンを明らかにしようとする実証的研究であり,「フレーム・セッティング」は ② 独立変数としてのメディア・フレームと ③ 従属変数としての個人フレーム,「フレームの個人レベルの効果」は ④ 独立変数としての個人フレームのリサーチ・クエスチョンに対応すると考えられる。「オーディエンスとしてのジャーナリスト」については, 萩原滋が指摘しているように, 多くのジャーナリストが共通したフレームを用いることで, ジャーナリ

ストも一般の人びとと同様に自分が接したニュースのフレームに影響されるという視点から解釈しようとする試みは興味深いが，組織的圧力や規範などが関与する可能性は否定できず，まだ試論の域を脱していない（萩原，2007：46）。

本書におけるメディア・フレーミング効果の実証的研究の目的は，1)「新しいリスク」の情報はどのようなメディア・フレームによって報道されたのか，また，人びとは「新しいリスク」に対してどのようなオーディエンス・フレームを用いて解釈しているのかを「フレーム・セッティング」の視座から明らかにする，2) 独立変数としてのメディア・フレームとオーディエンス・フレームが，受け手となる個人にどのような影響を及ぼすのかの「フレームの個人レベルの効果」過程を検証する，以上の2点である。

「フレーム・セッティング」は，メディアの争点注目度を独立変数とし，受け手の争点認知度を従属変数として，それら2変数間の関連をみるといった点で，M. E. McCombs と D. L. Shaw (1972) によって提唱された議題設定機能[1]と考え方が非常に近い。竹下俊郎は2つの概念の違いについて，議題設定は人びとの認知レベルへの効果にとどまるのに対して，フレーミングは認知次元をカバーするだけでなく，態度次元や，さらには行動次元までをも射程に収めていると指摘している（竹下，2008：274）。竹下の指摘は，Scheufele のフレーミング研究の過程モデルの「フレームの個人レベルの効果」過程を通して検証することがフレーミング効果の実証的研究の適用範囲であると考えられる。

「フレームの個人レベルの効果」は，A. Tversky と D. Kahneman による意思決定の際にみられる個人の選択を明らかにする心理学のフレーミング研究（Tversky & Kahneman, 1981 ; Kahneman & Tversky, 1984)[2]からのアプローチであると思われる。心理学的フレーミング研究に準拠した代表的研究は，S. Iyengar による実験が知られている[3]。Iyengar による実験では，エピソード型フレームとテーマ型フレームの2つのメディア・フレームの違いが，社会問題に対する受け手個人の責任帰属に影響することを検証している（Iyengar, 1991）。Iyengar は，実験参加者にエピソード型フレームとテーマ型フレームのいずれかのテレビニュースを視聴させた後，原因の所在と対処すべきところ

はどこにあるのかを問い，それらの回答傾向の違いからメディア・フレームの効果を測定する手法をとっている。Iyengar の実験は，確かに，受け手個人の行動，態度，認知レベルに及ぶメディア・フレーミング効果を実証している点においては重要な研究であるといえるが，図6.1 の「フレームの個人レベルの効果」過程での独立変数としてのオーディエンス・フレームの存在を無視しているとの指摘もみられる (Scheufele, 1999：117；萩原，2007：48)。

　議題設定研究の流れを汲んだ「フレーム・セッティング」とオーディエンス・フレームの存在を考慮した「フレームの個人レベルの効果」の両過程を実証することに取り組んだものに竹下の研究がある。竹下は，メディア・フレームを一つの争点のみに適した「争点特定型フレーム」ではなく，あらゆる問題状況に適した「汎用型フレーム」を設定した (竹下，2003)。「汎用型フレーム」とは，A. S. Edelstein らが提起した，人がある状況を何故に問題をはらむものと認識するのかの7つのカテゴリー (損失，必要，制度崩壊，対立，不確実さ，解決への措置，妨害) からなる「問題状況フレーム」のことである (Edelstein, Ito & Kepplinger, 1989)。竹下は，日本における経済状況をテーマとして取り上げ，予備調査でフォーカス・グループ・インタビューを実施し，その発言内容を基に「問題状況フレーム」との対応を考慮しながら意識調査のための12の質問項目を作成している。また，意識調査の実施前には，1年間の『朝日新聞』と『読売新聞』両紙の経済関連記事を分析対象とした内容分析を行い，対象記事を「問題状況フレーム」と下位争点 (フォーカス・グループ・インタビューから抽出した12の質問項目と広義の経済問題に沿ってカテゴリー化したもの) に従って分類している。その結果，新聞の経済報道におけるメディア・フレームでは，「制度崩壊」フレームと「不確実さ」フレームの言及頻度が強調されていることが検出され，これら2つのフレームは，意識調査の因子分析の結果においても同様に反映されており，メディア・フレーミング効果を支持する一定のデータを得ている (竹下，2003)。

　上記の竹下のメディア・フレーミング効果研究は，あらかじめ「汎用型フレーム」を設定し，それを内容分析と意識調査に組み込むことでオーディエンス・

フレームの存在を考慮した実証的研究であるといえる。また，抽象度の高い「汎用型フレーム」を使用しているため，経済問題以外の社会問題に適用することも可能となり，追試を行うことでメディア・フレームの妥当性が保障されるようになるであろう。しかし，「フレームの個人レベルの効果」については，相関分析にとどまっているため，フレームの要因を独立変数とする因果関係を検証したとは言い難い。この点において，竹下自身も，受け手個人の責任帰属，行動，態度などの後続効果にまで十分目配りするようなデザインとはなっていないことを認めている（竹下，2003：45）。メディア・フレーミング効果の因果関係を検証するには，条件を統制した実験も組み合わせた研究デザインが必要となるであろう。

2. リスク報道におけるメディア・フレーミング効果の実証的研究

本書は，メディアが「新しいリスク」を顕在化させる過程をメディア・フレーミング効果研究に依拠して実証的に明らかにすることを目的としているが，リスク情報の伝達上のメディア報道とオーディエンス（もしくは個人）の相互作用という側面も注目しなければならない。福田充は，メディアとオーディエンスの相互作用の関係によって，リスク社会が生成されるモデルを提唱している。福田のモデルによると，メディアは社会的にリスクを顕在化させる機能を果たし，それと同時に，報道を受容したオーディエンスの中で，潜在化していたリスクに対する意識が顕在化することによって，リスクへの不安や関心が発生するという（福田，2010：39)[4]。

福田のモデルは，本書で採用している「フレーム・セッティング」と「フレームの個人レベルの効果」の2つのメディア・フレーミング効果研究の視座によって実証が可能となると考えられる。それは，潜在的なリスクの存在をメディア報道が顕在化する過程と，人びとの中にもともと潜在しているリスク意識が顕在化する過程の関係を，「フレーム・セッティング」の観点から検証し，人びとのリスク意識が顕在化した後に出現する不安や関心といった感情，態度レベルに与える影響過程を，「フレームの個人レベルの効果」の観点から捉え

ることである。このように，メディアとオーディエンスをフレームという概念で結びつけ，分析の軸に用いることによって，リスク情報に適したメディアとオーディエンス間の相互作用を明らかにすることができるであろう。

　メディア・フレーミング効果研究をリスク報道に適用させる上で，R. E. Kaspersonらが提唱したリスクの社会的増幅フレームワーク[5]にも考慮する必要がある。リスクの社会的増幅フレームワークは，リスク事象が発生したとき，その影響が個々人の心理的要因や集団のコミュニケーションの程度，社会的要因などによって増幅したり，減衰したりする波及過程を包括的に説明したものである(Kasperson, et al., 1988)。リスクの社会的増幅フレームワークでは，リスクが社会的に波及する過程を第1段階と第2段階に大別して説明している。第1段階は，個人のリスク経験から社会的反応に至るまでのリスクが社会的に波及する前段階の要因となるところであり，第1段階の反応を受けて，第2段階はその反応が社会に波及したり，インパクトなどを与える段階である。メディア・フレーミング効果が影響するのは，第1段階に相当する部分であると考えられる。この段階では，情報源（直接経験，間接経験），情報チャンネル（マス・コミュニケーション，対人コミュニケーション），社会的な増幅装置（オピニオン・リーダーなど），個人的な増幅装置（ヒューリスティックスなど），社会的・組織的行動（態度・行動レベル）といった要因が挙げられている。こうした要因は，特に人びとがリスクに対してどのように認識しているのかといった，オーディエンス・フレームを規定することに大きく影響してくることが予測される。

　リスク報道におけるメディア・フレーミング効果の実証的研究を行うにあたって，以下の2点に着目する。1)リスクの情報の送り手（メディア）と受け手（オーディエンス）間の相互作用を考慮する。2)リスクに対する受け手の認識枠組み（オーディエンス・フレーム）の形成に影響を与える要因となり得るもの（情報源，情報入手の仕方，所属する社会集団，生活環境，不安感・関心度の個人差）といった諸点であり，これらを検討することにする。

第2節　実証的研究の方法

　メディアによるフレーム設定の仕方とそれが受け手にどのような効果をもたらすのかを検証する「フレーム・セッティング」過程から，人びとの認識枠としてのオーディエンス・フレームとその後続効果を検証する「フレームの個人レベルの効果」過程までを視野に入れたメディアとオーディエンス間の相互作用を明らかにするには，さまざまな技法を併用し，多角的な視点からアプローチするフレーム分析が必要であると考えられる。複数の研究方法を組み合わせるアプローチは，トライアンギュレーション（三角測量）あるいはマルチメソッド（多元的方法）と呼ばれている。U. フリックは，トライアンギュレーションを以下のように定義している。

　　「トライアンギュレーションとは，研究者がひとつの研究対象に対して，または（より一般的には）研究設問に答えるために，違った視点を取ることである。違った視点とは，複数の方法および／もしくは複数の理論的アプローチを組み合わせて用いることで具現化される。さらにトライアンギュレーションは，データを捉えるための理論的視覚を背景として，異なった種類のデータを組み合わせることも意味する」（フリック，2007＝2011：543）。

　フリックは，トライアンギュレーションの具体例として質的研究と量的研究の組み合せを挙げ，両研究は対立するのではなく，個々の研究がもつ弱点や盲点を補い合うために，異なった方法論的なアプローチを組み合わせて用いると指摘している（フリック，2007＝2011：33）。メディア・フレームとオーディエンス・フレームの存在を捉えるには，メディア報道の内容分析と人びとの声を収集するインタビューといった質的研究が必要であるし，フレーム効果の因果関係の検証には，実験や調査の量的研究を採用しなければならない。このようにして，質的研究と量的研究を相補的に組み合わせたトライアンギュレーション

図6.2 マルチメソッドによる方法論的アプローチ
出所）ニューマン，ジャスト & クリグラー，1992＝2008：37

を適用することで，一連のメディア・フレーミング効果過程を検証することは可能になるであろう。

　トライアンギュレーションのアプローチをフレーム研究に適用した例として，先述した竹下（2003）の研究もそうであるが，W. R. ニューマンらは研究手法の妥当性の問題を考慮したマルチメソッド・アプローチを提唱している。ニューマンらが行ったマルチメソッドでは，内容分析，質問紙調査，深層面接，実験の4つの手法を組み合わせている（図6.2参照）。これら4つの手法から，ニューマンらは，公共争点（南アフリカ問題，戦略防衛構想，1987年の株価市場暴落，薬物乱用，エイズ問題）における「経済」，「対立」，「無力感」，「人間への影響」，「道徳」の5項目の汎用性のあるフレームを取り出し，メディアとオーディエンスのフレーム間の関連を検証している（ニューマン，ジャスト & クリグラー，1992＝2008）。

　ニューマンらのフレーム研究は，竹下が指摘しているように，体系性や網羅性という点では疑問が残るところもあるが（竹下，2008：246），妥当性の問題に注目した研究デザインであることは評価できる。妥当性の問題は，科学的な根拠に基づく実証的研究を行う上で重要な性質である。妥当性の概念はさまざまであるが，D. T. Campbell & J. C. Stanley は内的妥当性と外的妥当性に大別

している (Campbell & Stanley, 1966)。安藤清志によると，内的妥当性とは，実験で得られた結果が意図された実験操作をどの程度反映したものであるかを表し，外的妥当性とは，別の集団，別の場面においても類似した結果が得られるかどうかという概念である (安藤，1987：46)。つまり，内的妥当性は変数間の因果関係の程度，外的妥当性は得られた知見の一般化の可能性を示しているといえる。

図6.2では，右側の内容分析で実際のメディア報道のフレームを検証することによって高い外的妥当性を保証できるといえるが，メディアとオーディエンスの因果関係を検証するには至っていない。次の深層面接ではオーディエンス・フレームを自然な形で抽出することができるが，無作為抽出ではないため，やや内的妥当性は低いといえる。質問紙調査は，内容分析と深層面接のような質的研究とは異なり，量的研究といった点で調査対象者の属性や個人特性などの変数を分析に加えることができ，やや内的妥当性が高いものとなっている。最後に，実験では，実験参加者に事前と事後テストでのニュースに対する評価の差の検定を行うことによってフレーム効果の因果関係を検証し，高い内的妥当性が保障されている。このように，ニューマンらが実施したマルチメソッドは，4つの研究手法がそれぞれの短所を補う合う形でフレームという現象にアプローチしている研究デザインであることがわかる。

本書では，竹下 (2003) やニューマンら (1992＝2008) が用いたマルチメソッド・アプローチによってリスク社会におけるメディア・フレーミング効果の実証的研究を行う。その研究デザインを図6.3に示す。まず，メディアは，社会に潜在しているリスク事象をどのように取り上げて顕在化させたのか，つまりメディア・フレームをメディア報道の内容分析によって明らかにする。また，そのメディア・フレームの受け手となる人びとは，どのように認識してオーディエンス・フレームを形成するのかをグループ・インタビューによって明らかにする。以上の内容分析とグループ・インタビューの結果を踏まえて，メディア・フレームとオーディエンス・フレームの相互作用の検証が行われる。ここまでの段階で，実線の矢印の「フレーム・セッティング」過程が検証されたことに

なる。

　次に，図6.3において点線矢印で示された「フレームの個人レベルの効果」過程は，メディア・フレームを介して形成されたオーディエンス・フレームの効果測定の段階である。ここでは，インターネット調査実験を行い，フレームの条件ごとに対象者を統制した上で，人びとのリスク事象に対する不満や不安といった感情面，責任の所在はどこにあると思うのかといった評価面，具体的な対策などの行動面への影響を検証する。以上の内容分析，グループ・インタビュー，インターネット調査実験の3つの異なる研究方法からメディア・フレーミング効果にアプローチすることによって，高い内的・外的妥当性が保障されると考えた。

　最終的には，内容分析，グループ・インタビュー，実験で得られたそれぞれの知見を統合し，フレーミング効果の有効性を確認する必要があるであろう。一つの研究のなかで質的研究と量的研究を結びつける例として，A. H. Barton と P. F. Lazarsfeld が提唱したのは，質的研究を後の量的研究で検証するための仮説生成に用いるやり方である。彼らの議論では，質的研究を一つの研究の流れの一段階に位置づけることによって，その潜在的な価値を見出している（Barton & Lazarsfeld, 1955）。

　しかしながら，複数の研究方法を組み合わせる際に注意すべき点は，研究方法の順番や優劣を判断することにあるのではなく，一つの研究プロジェクトのなかでそれらを同等なものとしてみることに力点が置かれることである（フリック，2007＝2011：33）。

　そこで，本書においてもフリックの指摘に配慮し，内容分析，グループ・インタビュー，実験の独立した3つの研究方法の統合を行った。具体的には，まず，同じ研究方法内で得られたフレームの知見の関係性もしくは矛盾点を示した後，異なる研究方法間（内容分析とグループ・インタビュー，内容分析と実験，グループ・インタビューと実験，3つの研究方法の全て）の組み合わせによって明らかになったフレームの知見の相関関係や相違点を質的に分析した。こうした統合方法は，単独の研究方法がもたらすよりも幅の広いフレームの知見を

第6章　メディア・フレーミング効果の実証的研究　111

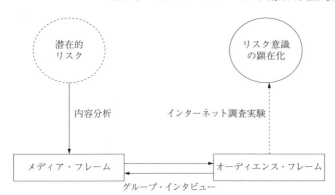

図6.3　マルチメソッドによる研究デザイン

得ることを可能にすると考えられる。

注）
1) 議題設定機能についての詳しい説明は，第4章1節2項を参照。
2) Tversky と Kahneman による心理学からのフレーム研究は，第5章1節2項を参照。
3) Iyengar のフレーミング効果研究についての詳しい説明は，第5章1節2項を参照。
4) 福田の潜在的なリスクを顕在化させるメディア報道についての詳しい説明は，第4章3節を参照。
5) Kasperson らのリスクの社会的増幅フレームワークについての詳しい説明は，第4章1節3項を参照。

第7章

送り手のメッセージ分析―内容分析から[1]

第1節　内容分析の目的

1. メディア・フレームの抽出方法

　メディア・フレームの抽出方法には，大別して，ある争点や事例の報道の仕方からフレームを導き出す帰納的アプローチと，あらかじめ理論的に用意しておいたフレームに基づいて，そのフレームの効果や影響を検証する演繹的アプローチの2つの方法がある。H. A. Semetko と P. M. Valkenburg は，2つのアプローチの方法上の特徴について，帰納的アプローチでは多くの種類のフレームを検出することができるが，その方法は小さい個々のサンプルの寄せ集めによって検証されるので，抽出したフレームの再現を可能にするには困難である。一方で，演繹的アプローチでは事前に明確に定義したフレームに則って分析を行うため，そのフレームを多くの事例に適用させたり，テレビと新聞とのメディア間のフレームの差異を明確にすることも容易であると指摘している (Semetko & Valkenburg, 2000：94-95)。

　フレームの抽出方法に関しては，莫广莹が指摘するように，多くの研究者が膨大なデータからフレームを帰納するアプローチを避けようとするため，演繹的アプローチによる実証研究が多くみられる（莫，2007：120）。たとえば，リスク報道のフレーム分析では，大坪寛子が2004年に発生した鳥インフルエンザ報道において，「感染症」，「生産者の経済的損失」，「食品」，「倫理」の4つのフレームを設定し，テレビニュースの内容分析を行っている。大坪は，これら

のフレームの報道量の推移や，国内ニュースと外国関連ニュースでのフレームの用いられ方の違いを通して，日本のニュース番組での近隣アジア諸国の描かれ方を検討している(大坪，2006)。原子力報道に関しては，大山七穂がW. A. GamsonとA. Modigliani (1989) のフレームに依拠し，「Progress：原子力は期待されるエネルギー」，「Energy Independence：国家が自立するために必要」，「Not Cost Effective：原子力の経済性に疑問」，「Soft Paths：代替エネルギーを検討すべき」，「Runaway：原子力は危険なもの，未完の技術である，統制し得ないものである」，「Public Accountability：無責任，事故かくし，組織への不信」，「Devil's Bargain：ポジティブ／ネガティブのフレーム併記」の7つのフレームを『朝日新聞』の社説に適用させ，年代ごとのフレームの変遷を検証している(大山，1999)。このように，演繹的アプローチではフレームを分析の軸として使用し，メディア間や時系列で比較することによって，メディアの報道傾向を明らかにするという利点をもっているといえる。さらに，追試を繰り返し行うことによってフレームの安定性を検証していくことも可能であろう。

しかし，演繹的アプローチでは，これまで定義されていなかった新しいフレームを見落すといった問題もある(Semetko & Valkenburg, 2000：95)。また，メディア・フレームの差異が受け手の認識の変化に与える影響をみるフレーミング効果研究[2]にみられる，「エピソード型」対「テーマ型」フレーム(Iyengar, 1991)，「戦略型」対「争点型」フレーム(カペラ & ジェイミソン，1997＝2005)のような2項対立型のフレーム設定に対して，竹下俊郎は，ニュースの描写法を過度に単純化する危険性を指摘している(竹下，2008：245)。

本書では，現代社会に潜在している「新しいリスク」のなかでも，自然災害と人的災害の境界線が区別しづらい東日本大震災に伴う[3]，福島第一原発事故後の環境リスクを分析対象としている。そのため，これまでのリスク報道とは異なった新しいフレームが検出されることも考えられる。したがって，本章では「新しいリスク」の事例を選定し，分析対象となるリスク事象の報道に含まれるフレームを探索的に検討する，帰納的アプローチによってフレームを抽出することを目的とする。

2. 定量的手法によるメディア・フレームの抽出

　メディア・フレーム研究の定量的手法は，しばしば，議題設定研究と混同されるが，方法論があまり確立されていないフレーム研究にとって，有効的なアプローチだと思われる。竹下は，議題設定効果とフレーミング効果を比較し，議題設定の方法論的利点として，操作的定義が開発されている点と，議題設定の方が量的内容分析に適している点を指摘している（竹下，2008：276-277）。そこでメッセージ分析では，R. M. Entman（1993：52）[4]のメディア・フレームの特徴である「選択性」と「顕出性」をメディアで強調された側面として捉え，定量的手法によってフレームを抽出した。分析では，リスク報道に含まれる出現数の多い語が，メディアで強調された側面を表現していると定義し，出現数の多い語同士の結びつきや分類からフレーム抽出を行った。

　膨大なデータから帰納的アプローチでフレームを抽出するには，データの信頼性を重視した内容分析が必要になる。内容分析の手法は，これまで社会科学の分野でさまざまな定義や議論がなされてきた。とりわけ，マス・コミュニケーション研究の分野では，次の定義が一般的に知られている。B. ベレルソンは，内容分析を「表明されたコミュニケーション内容の客観的・体系的・数量的記述のための調査技術」であるとし（ベレルソン，1952＝1957：4-5）[5]，K. クリッペンドルフによると，「データをもとに，そこから（それが組み込まれた）文脈に関して再現可能でかつ妥当な推論を行うための一つの調査技法」（クリッペンドルフ，1980＝1989：21）と定義されている。これら2つの定義に共通していえるのは，内容分析で得られた結果を客観的に捉えるためには，数量的な記述が必要であること，その手続きには，一定の信頼性が保証されていなければならないことである。すなわち，内容分析では，誰の目から見ても承認し得る定量的データから，一貫した分析結果が得られるかどうかが要求されるといえる。

　通常，新聞記事などのマス・メディアのコーディングは，複数のコーダーによって行われる。鈴木裕久と島崎哲彦は，コーダーの問題点として「コーダーの選択」，「コーダーの訓練」，「カテゴリー・セットの修正・改良」の3点を指摘している（鈴木・島崎，2006：124）。いずれも，コーダー間の一致度の問題で

あり，一致度が低いと内容分析の信頼性が損なわれる結果となる。ここでは，特に「カテゴリー・セットの修正・改良」が重要となる。フレームをデータから帰納する場合，フレームの数，その特徴をコーダー間で共有することは困難であるといえる。そのため，フレームを分類する上で，基準となるものが必要となってくるであろう。また，大量のデータを扱うので，処理労力の負担や分析の複雑さから，信頼性は低くなる恐れが考えられる。

3. 計量テキスト分析による内容分析

　これまで，信頼度の高い，高速の，そして安価な内容分析の道具を提供するものとして，コンピュータが歓迎され活用されてきた（クリッペンドルフ，1980＝1989：184）。コンピュータを利用した内容分析の利点の一つは，大量のデータを分析できることである（クリッペンドルフ，1980＝1989：185）。また，コンピュータを利用することによって，分析者の主観を極力排除し，データの客観性を向上し得るであろう。

　最近のコンピュータを用いたフレーム抽出方法には，フレーム・マッピング法という分析手法が開発されている。莫によると，フレーム・マッピング法とは，単語の出現単位を計算してキーワードを抽出する。次に，キーワードが同時に出現する頻度（共起頻度）や各キーワード間の距離を表す係数を計算し，マトリクスを作成して，このマトリクスのクラスター分析によってフレームを抽出するというものである（莫，2007：122）。莫は，フレーム・マッピング法を『朝日新聞』と『読売新聞』の2005年のASEAN首脳会議の報道に適用し，帰納的アプローチによってフレームを抽出している（莫，2007）。

　メッセージ分析では，フレーム・マッピング法と同様のコンピュータを利用した内容分析であるが，コーディングの際に一定のルールを設定できるKH Coder[6]（Ver. 2. b. 26）というソフトウェアを用いた計量テキスト分析の手法を採用する。計量テキスト分析とは，計量的分析手法を用いてテキスト型データを整理または分析し，内容分析（content analysis）を行う方法である（樋口耕一，2004：18）。樋口は，実際の分析手順について，① データ中から言葉を自動的

に取り出して計量的分析を行い，分析者の予断を極力含めない形でデータを探索・提示する，② コーディング・ルール[7]を作成して，分析者が明示的にデータ中の概念を取り出す，という2段階の過程を経て分析を深めることであるとしている(樋口，2011a：2)。こうした分析上の特徴から，計量テキスト分析は，新聞記事の大量のテキストデータを数量化し，フレームの具体的表現方法としてコーディング・ルールを作成して，フレームの基準を設定することができる分析手法であると考えられる。また，その手続きから，計量テキスト分析は，フレームを高い信頼性で抽出することが可能な量的内容分析であると判断して分析に用いた。

第2節　内容分析の方法

1.　分析対象のリスク事象

　分析では，「新しいリスク」の事例として「放射性セシウム汚染牛問題」を取り上げた。その理由は，① この問題が原子力エネルギーを開発するための科学技術が一定の水準以上に達し，その高度な科学技術によってもたらされたリスク事象であるため，本書における「新しいリスク」の定義である「近代化による社会構造の変容とともに出現した現代社会の条件下で扱われるリスク」に含まれること，②「食の安全性」という人びとの生活上において，個人レベルに降りかかるリスク事象であることから，「新しいリスク」がもつ特徴のなかでも，個人の日常生活に密接に関係しており，個人単位で責任を負うことを余儀なくされること，以上，2つの「新しいリスク」の定義と特徴[8]に該当するためである。

　「放射性セシウム汚染牛問題」は，2011年7月に発生した暫定規制値を超える牛肉が，当局の検査をすり抜け，市場に流通・販売された事例である。この事例の原因は，第1に放射性物質で汚染された稲わらを飼料として供与してしまったこと，第2に汚染された稲わらで飼育された肉牛を検査で見つけることができなかったことである(福島原発事故独立検証委員会，2012：55)。放射性物質に汚染された稲わらを与えられた可能性のある牛の出荷数は4,626頭に上り，

このうち1,642頭の牛肉が検査され，105頭の牛肉（検査された牛のうち約6.4％）から暫定規制値を超える放射性セシウムが検出されている（消費者庁，2012：30）。

2. 分析対象と分析期間

萩原滋は，テレビニュースで扱う写真や映像の情報によるメディア・フレームは，大きなインパクトをもつとしても，必然的に「ポジティブ―ネガティブ」といった評価次元に還元されざるを得ず，そうした単純化されたフレームではなく，内実を伴ったフレームを取り上げる際には，テキストを主たる対象とする内容分析が必要になると指摘している（萩原，2007：49）。この指摘に従って，本書では新聞記事のテキスト形式のデータを分析対象とした。

分析対象紙として『朝日新聞』を選定したのは，『朝日新聞』が『読売新聞』と『毎日新聞』にならぶ3大全国紙の一つであり，記事内容等に対する評価から，国際的に日本を代表する言論新聞とみられているためである。さらに，『朝日新聞』は，同紙上で福島第一原発事故関連の連載（「プロメテウスの罠」）を設け，SPEEDI（緊急時迅速放射能影響予測ネットワークシステム）が算出した放射性物質の拡散予測結果の情報提供の遅れや，食品からの内部被ばくの危険性などを独自に取材していたことも選定理由の一つである。

記事収集では，『朝日新聞』のデータベースである「聞蔵Ⅱビジュアル」を利用し，「セシウム」と「牛」双方の語が含まれる記事を検索した。分析期間は，東日本大震災当日の2011年3月11日～9月11日の半年間である。分析期間中の有効記事件数[9]は619件であった。

3. 分析の手続き

分析対象および分析期間の新聞記事から，次の手続きによって分析に使用する語の抽出を行った。KH Coderによって抽出された語の品詞は，名詞（漢字を含む2文字以上の語），名詞B（ひらがなのみの語），名詞C（漢字1文字の語），サ変名詞[10]，形容動詞（安全，可能など），固有名詞，組織名，人名，地名，ナイ形容[11]，動詞（漢字を含む語），形容詞（漢字を含む語）である。なお，KH

Coderでは，動詞や形容詞など活用がある語はそれらの語を基本形の形で抽出する。たとえば，動詞の最頻出語である「超える」は，基本形の「超える」が353語，未然形の「超え」が195語，仮定形の「超えれ」が4語で合計552語を抽出した。その場合は，「超える」を552語の抽出語としてカウントしている。

また，KH Coderの「複合語の検出」コマンドを実行した。このコマンドにより，「放射」と「性」のように分類が細かすぎる語は，「放射性」のように複合語として抽出した。同様に，「稲わら」，「全頭検査」，「消費者」，「ヨウ素」，「福島第一原発」，「風評被害」を複合語として強制抽出した。さらに，「抽出語リスト」より未知語を確認し，「ベクレル」，「シーベルト」，「ミリシーベルト」，「マイクロシーベルト」を強制抽出語とした。

集計単位は，「。」の句点で括られた文ではなく，段落ごとに一つの文書とした。段落分けは，1記事につき見出し，記事のリード文，記事内容の3段落に設定した。このように段落単位で分析を行うことにより，抽出された語の出現パターンや，語同士の関連が見えやすくなると考えられる。

分析期間中の新聞記事の延べ語数は269,538語であった。異なり語数（語の種類）は9,893語であり，そのうち分析に用いた語は6,693語[12]であった。

4. 分析の方法

まず，分析の1段階目で，新聞記事中でどのような語が多く用いられているのかを確認するため，出現頻度上位150語をリストアップした。次に，それらの語を用いてクラスター分析を行った。このクラスター分析で，構成する語群の特徴を示すことにより，新聞の報道傾向を把握できるようになる。計量テキスト分析では，文書長が異なることを考慮して，文書あたりの語の相対出現頻度を分析に用いるのが一般的である。本分析における文書長，つまり，記事長は，新聞紙面上での記事スペースを指している。「放射性セシウム汚染牛問題」が，紙面上で多くの記事スペースを占めていれば，この問題を重要な争点として強調して報道していることが考えられる。本分析では，報道で強調された側面の中において，どのような語が多く出現したのか，また，それらの語同士に

どのような関連がみられるのかを確認するため，記事長を統制せず，語の単純出現頻度を利用した。

　分析の2段階目で，明示的に新聞記事の中からメディア・フレームの文書を取り出すために，コーディング・ルールを作成した。コーディング・ルールの基準は，フレームを構成する語同士の関係性を「and」と「or」で結び作成した。語の接続は，抽出された語を品詞別に，① 名詞的な働きをするもの（名詞，名詞B，名詞C，固有名詞，組織名，人名，地名），② 動詞的な働きをするもの（サ変名詞，動詞），③ 形容詞・形容動詞的な働きをするもの（形容動詞，ナイ形容，形容詞）の3つのグループに分け，同じグループ内の品詞は「or」で結び，3つのグループ間は「and」で結んだ。その後，KH Coder でコーディング・ルールを読み込ませて文書を検索し，記事中に含まれる各フレームの文書を実例で示した。さらに，各フレームの文書数を量的に把握した。なお，一つの文書に複数のフレームが出現する場合は，フレームごとに一つの文書として集計した。

　最後に，抽出されたフレームの時系列変化を明らかにした。分析期間の分類は，分析期間である半年間を，福島第一原発事故後の放射性物質と食品安全問題に関する行政の対応や公表を基準に，第Ⅰ期（2011年3月11日～7月8日），第Ⅱ期（2011年7月9日～7月18日），第Ⅲ期（2011年7月19日～8月18日），第Ⅳ期（2011年8月19日～8月25日），第Ⅴ期（2011年8月26日～9月11日）の5つの時期に分類した。

　第Ⅰ期の始点となる 2011 年 3 月 18 日は [13]，厚生労働省が，食品衛生法に基づき，食品中の放射性物質濃度の暫定規制値を定め，これを超える食品が出回らないよう，地方自治体に検査の実施を通知した日である。第Ⅱ期は，福島県南相馬市の畜産農家が出荷した肉牛 11 頭の牛肉から，暫定規制値を超える放射性セシウムが検出された検査結果を，東京都が公表した日の 2011 年 7 月 9 日からの期間である。この日以降，「放射性セシウム汚染牛問題」が新聞で頻繁に報道されるようになった。第Ⅲ期の 2011 年 7 月 19 日は，政府が原子力災害対策特別措置法に基づき，福島全域で飼養されている牛について，福島県知

表 7.1 記事中に頻出した上位 150 語

抽出語	出現数	抽出語	出現数	抽出語	出現数	抽出語	出現数
牛	1,668	原発	309	水	158	被害	112
県	1,601	食品	309	購入	155	緊急	111
出荷	1,563	東京	296	方針	155	出す	111
放射性	1,517	対象	293	スーパー	152	飼育	110
セシウム	1,410	確認	285	栃木	150	状況	110
検査	1,295	処理	250	保管	150	心配	109
基準	1,254	地域	250	指示	147	全国	108
農家	1,180	全頭検査	248	対応	145	横浜	105
汚染	1,141	出る	247	茨城	144	価格	105
検出	1,004	避難	239	新潟	144	採取	105
ベクレル	931	自粛	236	対策	144	制限	105
肉	868	下回る	233	福島第一原発	143	牛乳	104
福島	835	使う	233	乳	142	考える	104
稲わら	797	放射能	232	被曝	141	収穫	104
県内	739	受ける	219	生産	138	農水省	104
牛肉	696	野菜	218	不安	138	千葉	103
国	653	消費者	210	岩手	137	消費	100
販売	594	規制	209	政府	136	人	100
流通	579	暫定	202	ホウレンソウ	134	残る	98
超える	552	話す	202	担当	134	値	98
物質	540	可能	200	衛生	133	決める	97
問題	528	牧草	199	判明	132	行う	97
畜産	515	市内	195	山形	128	秋田	97
発表	507	ヨウ素	194	知事	128	飲食	96
食べる	421	求める	191	濃度	127	農産物	96
調査	412	新た	188	要請	125	疑い	95
安全	401	必要	187	風評被害	124	産地	95
事故	387	市場	184	浅川	123	超す	94
食肉	377	調べる	184	高い	121	日本	93
わら	372	給食	181	説明	119	予定	93
肉牛	362	含む	179	検討	117	思う	92
業者	358	測定	178	原子力	117	始める	91
放射線	355	実施	177	相馬	117	堆肥	91
宮城	350	解除	170	使用	116	市	90
停止	338	JA	167	提供	115	和牛	90
与える	329	健康	167	示す	114	プール	89
えさ	327	賠償	160	損害	114		
影響	313	区域	159	上回る	112		

事に出荷制限を指示した日である。政府による出荷制限は，福島県に続き，宮城県，岩手県，栃木県に対しても同様の措置が講じられた。第Ⅳ期の始点である 2011 年 8 月 19 日は，出荷制限を指示された 4 県のうち，宮城県で出荷制限が解除された日である。その後，第Ⅳ期の終点の 2011 年 8 月 25 日では，出荷制限対象地域の 4 県産の肉牛すべてに出荷停止が解除された。第Ⅴ期は，出荷制限解禁日の翌 26 日から分析期間の区切りとなる 2011 年 9 月 11 日までである。各時期の記事件数は，第Ⅰ期が 88 件，第Ⅱ期が 88 件，第Ⅲ期が 356 件，第Ⅳ期が 24 件，第Ⅴ期が 63 件であった。

第 3 節　内容分析の結果

1.　頻出語

記事中の出現頻度上位 150 語は，表 7.1 に示すとおりである。出現した語の上位には，「牛」(1,668 語)，「放射性」(1,517 語)，「セシウム」(1,410 語)，「汚染」(1,141 語) などのリスク事象の名称が挙げられた。品詞別にみると，名詞では「県」(1,601 語)，「国」(653 語) の行政や「農家」(1,180 語) の出現頻度が高かった。サ変名詞では，「出荷」(1,563 語)，「検査」(1,295 語)，「汚染」(1,141 語)，「検出」(1,004 語) で 1,000 語以上の出現がみられた。動詞の上位には，「超える」(552 語)，「食べる」(421 語)，「与える」(329 語) などが挙げられた。形容動詞は，「安全」(401 語)，「可能」(200 語)，「新た」(188 語)，「必要」(187 語)，「健康」(167 語)，「不安」(138 語) などが上位にみられた。形容詞は他の品詞に比べ出現が少なく，その中でも出現がみられた語は，「高い」(121 語) であった。その他，出現が多くみられた語は，組織名で「JA」(167 語)，人名で「菅」(44 語)，地名で「福島」(835 語) であった。

2.　クラスター分析による分類

次に，リストアップされた出現頻度上位 150 語のうち出現数が 150 以上の語を用いて[14]，階層的クラスター分析 (Jaccard 距離，Ward 法)[15] を行った結果，9 つのクラスターに分類された (表 7.2 参照)。以下，クラスターごとに報道傾向

表7.2 クラスター分析による語の分類

クラスター番号	構成する語	出現数の合計
クラスター1	購入(155), 保管(150), スーパー(152), 市内(195), 業者(358), 販売(594), 食肉(377), 処理(250), 市場(184), 東京(296)	2,711
クラスター2	区域(159), 避難(239)	398
クラスター3	求める(191), 自粛(236), JA(167), 方針(155), 実施(177), 全頭検査(248), 栃木(150), 停止(338), 解除(170), 牧草(199), 下回る(233), 調べる(184), 調査(412), 対象(293), 地域(250)	3,404
クラスター4	事故(387), 原発(309)	696
クラスター5	規制(209), 暫定(202), 野菜(218), ヨウ素(194), 水(158)	981
クラスター6	給食(181), 使う(233), 食品(309), 安全(401), 必要(187), 消費者(201), 話す(202), 放射能(232), 含む(179), 可能(200), 出る(247), 賠償(160), 受ける(219), 影響(313), 健康(167), 放射線(355), 測定(178)	3,964
クラスター7	検出(1,004), セシウム(1,410), 放射性(1,517), 基準(1,254), 超える(552), 発表(507), ベクレル(931), 国(653)	7,828
クラスター8	物質(540), 検査(1,295), 県(1,601), 農家(1,180), 畜産(515), 福島(835), 肉(868), 出荷(1,563), 牛(1,668)	10,065
クラスター9	確認(285), 新た(188), 県内(739), 流通(579), 牛肉(696), 問題(528), 食べる(421), 宮城(350), わら(372), 肉牛(362), えさ(315), 与える(329), 汚染(1,141), 稲わら(797)	7,102

※( )の数値は，それぞれの語の出現数を示す．

を述べる。ここで，構成する語数や出現数の合計が少なく，クラスターの特徴の解釈が困難な場合は（クラスター2とクラスター4），KH Coderの「関連語検索」を実行し，出現頻度の多い語とJaccard係数値[16]が高い語を検索して，それらの語と合わせてクラスターの報道傾向を判断した。

クラスター1は，「購入」，「保管」，「スーパー」，「食肉」，「処理」，「市場」などの語が集まり，放射性セシウムを含む食肉が，市場やスーパーに出回った状況の報道であるといえる。クラスター2は，「避難」と「区域」の2語で構成されている。そこで，KH Coderで「避難」の「関連語検索」を行った結果，「準備」（出現数50，Jaccard係数.234）や「計画」（出現数89，Jaccard係数.214），「緊急」（出現数111，Jaccard係数.179）などがみられた。「区域」も「避難」と同様に，「関連語検索」を行った結果，「準備」（出現数50，Jaccard係

.336),「計画」(出現数89,Jaccard係数.307),「緊急」(出現数111,Jaccard係数.236)の語と強く関連していた。クラスター2は,福島第一原発事故後,「計画的避難区域」と「緊急時避難準備区域」に指定された区域が肉牛の出荷元であった報道や,その区域内で飼育された牛の放射線量検査を実施した報道であるといえる。クラスター3は,「求める」,「自粛」,「JA」,「方針」,「実施」,「全頭検査」,「停止」,「解除」,「調査」,「対象」,「地域」といった語のまとまりである。このクラスターでは,国と県がJAや農家に対して,牛の出荷を自粛や停止するように要請する報道や,JAと農家から国と県に対して,全頭検査を要求する報道などを指している。クラスター4は,「事故」と「原発」の2語で表されているため,その他の「関連語検索」を行った。その結果,「事故」は,「福島第一原発」(出現数143,Jaccard係数.198)や「東京電力」(出現数88,Jaccard係数.120)などと強い関連がみられた。「原発」は,「チェルノブイリ」(出現数54,Jaccard係数.079)や「福島」(出現数835,Jaccard係数.075)といった語と関連がみられた。クラスター4は,「放射性セシウム汚染牛問題」を東京電力の福島第一原発事故の影響下としてとらえ,チェルノブイリ原発事故のような原子力問題の一部としての報道を示している。クラスター5は,「規制」,「暫定」,「野菜」,「ヨウ素」,「水」で構成されている。このクラスターでの報道傾向は,水や野菜に含まれる放射性ヨウ素が,暫定基準値や規制値を超えたものであったのか,もしくは,下回ったのかを報道したものである。クラスター6では,「給食」,「食品」,「消費者」,「放射能」,「放射線」,「影響」,「健康」などが集まっている。ここでの報道は,放射能や放射線の影響による,人びとの健康問題に焦点を当てたものである。クラスター7は,「検出」,「セシウム」,「放射性」,「基準」,「超える」,「発表」,「ベクレル」,「国」の語の固まりであり,それぞれの語の出現数が多くみられる。クラスター7では,国がセシウム検出を公表した報道の側面が強調されているといえる。クラスター8は,「物質」,「検査」,「県」,「農家」,「畜産」,「福島」,「肉」,「出荷」,「牛」の語の集まりである。このクラスターは,構成する語の出現数の合計が最も多いクラスターであった。クラスター8は,食肉を出荷する際,県が農家に対して放

射線量の検査を実施するという，具体的な対策に焦点を当てた報道であるといえる。クラスター9は，「流通」，「肉牛」，「汚染」，「与える」，「えさ」，「食べる」，「稲わら」などの語で集まりがみられる。クラスター9は，放射線セシウムで汚染された稲わらを食べた肉牛の流通問題として取り上げた報道である（表7.2参照）。

3. メディア・フレームの抽出

まず，構成する語の出現数の合計が最も多いクラスターは，クラスター8（10,065語）であった。このクラスターを構成する語は，国や県の行政が畜産農家に対して肉牛の出荷を規制したり，牛の身体表面の放射線量検査を指示するなどの具体的な対策を報じたものであり，この報道の枠組みを「対策フレーム」とした。そして，明示的に新聞記事の中から「対策フレーム」の文書を取り出すために，コーディング・ルールを作成した。コーディング・ルールは，「（物質 or 牛 or 肉 or 県 or 農家 or 畜産 or 福島）and（検査 or 出荷）」と設定した。これらのコードが与えられた新聞記事には，「福島県南相馬市の農家が出荷した肉用牛から，暫定基準値を超える放射性セシウムが検出された問題をうけ，県は14日，前橋市と太田市の牛肉を検査した。いずれも基準値を大幅に下回っていて，安全だという。」（7月15日付け朝刊）といった報道がみられた。

「対策フレーム」と同様に，出現頻度の高い語同士で分類されたクラスターは，クラスター7（7,828語）であった。これらの語は，国や県の行政が，基準値を上回る放射性セシウムの検出がどの程度であったか，という現状を公表した報道であることから，「現状フレーム」と名づけた。コーディング・ルールは，「（放射性 or セシウム or ベクレル or 基準 or 国）and（超える or 発表 or 検出）」と設定した。コーディングの結果，「現状フレーム」に該当する新聞記事には，「県生活衛生課によると，販売された牛からは国の基準（1キロ当たり500ベクレル）を上回る3,400ベクレルの放射性セシウムが検出されている。」（7月13日付け朝刊）などが挙げられた。

クラスター9（7,102語）では，「放射性セシウム汚染牛問題」の原因が，放射

性セシウムで汚染された稲わらであるとし，牛の飼料とそれを食べた牛の流通事情を報道したものであると解釈できる。したがって，「原因フレーム」と設定した。コーディング・ルールは，「(稲わら or わら or 県内 or 牛肉 or 宮城 or 肉牛 or えさ) and (確認 or 流通 or 汚染 or 食べる or 与える) and (新た or 問題)」とした。実際の新聞記事には，「福島県浅川町の畜産農家が牛にえさとして与えていた稲わらから高濃度の放射性セシウムが検出された問題で，この農家から出荷された牛42頭の肉の一部が京都府や新潟，福井，長野，三重，滋賀の各県でも流通していたことが16日わかった。朝日新聞が各自治体に取材して同日午後1時現在でまとめたところ，流通先は29都府県に広がった。」(7月16日付け夕刊) などがあった。

　クラスター3(3,404語)を構成する語は，要求や要請を意味していることから，「要求フレーム」と名づけた。この「要求フレーム」には，次の2つの報道のパターンがみられた。①国や県が農家とJAに対して牛の出荷を自粛，停止するように要請した報道と，②①を原因として，農家やJAが国や県，東京電力に，県が国や東京電力に，国が東京電力に対して，風評被害の賠償や牛の全頭検査の設備体制を整えるように要求した報道の2つのパターンである。コーディング・ルールは，「(JA or 方針 or 全頭検査 or 栃木 or 牧草 or 対象 or 地域) and (求める or 自粛 or 実施 or 停止 or 解除 or 下回る or 調べる or 調査)」であった。新聞記事には，2つの要求と要請のパターンごとに，①では，「県が稲わら調査，牛出荷自粛要請　県内農家計53戸対象」(7月23日付け朝刊)，②では，「放射性セシウムに汚染された恐れのある稲わらが肉牛に与えられていた問題を受け，宮城県の村井嘉浩知事は21日，県産牛について『全頭検査をぜひともやりたい』と述べた。また，牛の出荷を自粛している現状に触れ，『強制力をもって出荷を停止し，国や東京電力に補償を求めたい』と話した。」(7月21日付け夕刊)といった報道傾向がみられた。

　クラスター1(2,711語)を構成する語は，市場やスーパーに放射性セシウムに汚染された食肉が実際にどの程度出回ったのか，という被害の範囲を強調したフレームであるといえる。そこで，「被害フレーム」と命名した。コーディ

ング・ルールは，「(スーパー or 市内 or 業者 or 食肉 or 市場 or 東京) and (購入 or 保管 or 販売 or 処理)」と設定した。「被害フレーム」の新聞記事は，「県食品安全課などによると，スーパー『ライフ』が寄居店と毛呂山店で5月25～26日に焼き肉用で2パックずつ，北春日部店で6月11～13日にしゃぶしゃぶ用で3パック，浦和白幡店で5月25日～6月14日に焼き肉用としゃぶしゃぶ用で計5パック販売。川口市の『スーパーそうます』も5月27～31日に9キロ分を販売した。いずれも都内の業者を経て流通した同じ牛の肉で未回収という。」(7月19日付け朝刊) などである。

クラスター6 (3,964語) は，放射能や放射線量が人びとの健康に及ぼす影響を報道したものであることから，メディア・フレームを「人体への影響フレーム」とした。コーディング・ルールは，「(給食 or 食品 or 消費者 or 放射能 or 放射線) and (使う or 話す or 含む or 出る or 賠償 or 受ける or 影響 or 健康 or 測定) and (安全 or 必要 or 可能)」であった。新聞記事には，「放射性物質が人体に与える影響を検討していた食品安全委員会は26日，『悪影響が見いだされるのは，生涯の累積で100ミリシーベルト以上』とする答申案をまとめた。平時から浴びている自然由来の放射線量は除く。今後パブリックコメントを経て，8月下旬にも厚生労働省へ答申する。」(7月26日付け夕刊) などがみられた。

クラスター5 (981語) での報道は，牛肉以外の水や野菜，魚介類などに含まれる放射性ヨウ素の暫定規制値を示したものである。対象の食品には，主に飲料水，牛乳・乳製品，ホウレンソウ，シュンギク，かき菜，コウナゴなどが取り上げられていた。メディア・フレームは，「食品フレーム」と設定した。コーディング・ルールは，「(野菜 or ヨウ素 or 水) and (規制 or 暫定)」と設定した。「食品フレーム」の新聞記事は，「厚労省によると，牛乳では，福島第一原発から30～40キロ離れた福島県川俣町の農場の3検体からヨウ素131が検出された。数値は1キロあたり1,510ベクレル，1,190ベクレル，932ベクレルと，いずれも規制値(同300ベクレル)の3倍以上だった。そのうち1検体からはセシウム137も検出されたが，規制値内だった。」(3月20日付け朝刊) などである。

クラスター2 (398語) は，福島第一原発事故後，政府が住民に対して，避難

や立ち退きを求めた区域内での家畜の出荷問題に焦点を当てた報道である。クラスター4(696語)は,「放射性セシウム汚染牛問題」を福島第一原発事故や原子力問題の文脈上で報道したものである。このように,クラスター2とクラスター4は原発事故の一部として描かれた報道であることから,2つのクラスターを統合させ,「原発事故フレーム」として抽出した。コーディング・ルールは「(区域 or 原発 or 事故) and 避難」であった。新聞記事には,「原発事故後も,福島県から肉牛の出荷は続いた。原発から半径20キロ圏内の警戒区域は牛の域外移動が禁じられたが,20〜30キロ圏の「計画的避難区域」と「緊急時避難準備区域」は体表検査(スクリーニング)と飼育状況を県職員が聞き取ったうえで移動・出荷が認められた。」(7月16日付け夕刊) などがみられた。

　以上,語の出現数とクラスター分析の結果から,「現状フレーム」,「対策フレーム」,「原因フレーム」,「要求フレーム」,「被害フレーム」,「人体への影響フレーム」,「食品フレーム」,「原発事故フレーム」の8つのメディア・フレームを抽出した。

　次に,抽出されたメディア・フレームの文書数の量的把握を行った。その結果,全体の文書数は,5,831件であり,そのうち「現状フレーム」,「対策フレーム」,「原因フレーム」,「要求フレーム」,「被害フレーム」,「人体への影響フレーム」,「食品フレーム」,「原発事故フレーム」のいずれかに該当する文書数

表7.3　メディア・フレームの文書数(n = 2,506)

	文書数	割合(％)
現状フレーム	1,117	44.6
対策フレーム	1,425	56.9
原因フレーム	333	13.3
要求フレーム	483	19.3
被害フレーム	442	17.6
人体への影響フレーム	115	4.6
食品フレーム	69	2.8
原発事故フレーム	92	3.7

※コードが与えられなかった文書数は,3,325件であった。

の合計は，2,506件であった。なお，一つの文書に複数のメディア・フレームが存在する場合は，その文書を各メディア・フレームへ割り当てて集計している。

　表7.3は，各フレームの文書数の単純集計の結果である。表をみると，「対策フレーム」が1,425件(56.9％)で最も文書数が多く，コードが与えられたメディア・フレーム中で5割以上を占めていた。次いで，「現状フレーム」で1,117件(44.6％)，「要求フレーム」で483件(19.3％)，「被害フレーム」で442件(17.6％)，「原因フレーム」で333件(13.3％)，「人体への影響フレーム」で115件(4.6％)，「原発事故フレーム」で92件(3.7％)と続き，最も文書数が少なかったメディア・フレームは，「食品フレーム」の69件(2.8％)であった。

4. メディア・フレームの時系列変化

　表7.4は，時期分類と各メディア・フレームの文書数とのクロス集計の結果である。表をみると，第Ⅰ期は，「現状フレーム」が226件(45.7％)，「対策フレーム」が178件(36.0％)，「要求フレーム」が155件(31.4％)であり，3つのメディア・フレームが他のメディア・フレームに比べ，特に多いことがわかる。一方，第Ⅰ期に最も出現が少なかったメディア・フレームは，「原因フレーム」で1件(0.2％)であった。また，他の時期に比べ，第Ⅰ期に集中して出現していたのは，「食品フレーム」で64件(13.0％)であった。第Ⅱ期では，「対策フレーム」が273件(63.5％)であり，他のメディア・フレームより多く出現していた。次いで，「現状フレーム」で184件(42.8％)，「被害フレーム」で135件(31.4.％)の出現がみられた。第Ⅲ期は，全体的にメディア・フレームの文書数が1,266件(第Ⅰ期から第Ⅴ期の全メディア・フレームの50.5％)と多く，全期間の5割以上を占めていた。第Ⅲ期の中では，「対策フレーム」が820件(64.8％)，「現状フレーム」が538件(42.5％)，「原因フレーム」が253件(20.0％)，「被害フレーム」が245件(19.4％)，「要求フレーム」が232件(18.3％)であり，5つのメディア・フレームが多く出現していた。第Ⅳ期は，メディア・フレーム全体で70件(第Ⅰ期から第Ⅴ期の全メディア・フレームの2.8％)であり，他の期間に比べ，文書数が最も少なかった。第Ⅳ期の中では，「対策フレーム」で41件(58.6

表7.4 時期別にみたメディア・フレームの文書数　　　（下段：％）

時期分類	メディア・フレーム								
	現状	対策	原因	要求	被害	人体への影響	食品	原発事故	合計
第Ⅰ期	226 (45.7)	178 (36.0)	1 (0.2)	155 (31.4)	6 (1.2)	43 (8.7)	64 (13.0)	47 (9.5)	494 (100.0)
第Ⅱ期	184 (42.8)	273 (63.5)	60 (14.0)	54 (12.6)	135 (31.4)	8 (1.9)	3 (0.7)	24 (5.6)	430 (100.0)
第Ⅲ期	538 (42.5)	820 (64.8)	253 (20.0)	232 (18.3)	245 (19.4)	44 (3.5)	1 (0.1)	10 (0.8)	1,266 (100.0)
第Ⅳ期	38 (54.3)	41 (58.6)	7 (10.0)	12 (17.1)	10 (14.3)	7 (10.0)	0 (0.0)	0 (0.0)	70 (100.0)
第Ⅴ期	131 (53.3)	113 (45.9)	12 (4.9)	30 (12.2)	46 (18.7)	13 (5.3)	1 (0.4)	11 (4.5)	246 (100.0)
全体	1,117 (44.6)	1,425 (56.9)	333 (13.3)	483 (19.3)	442 (17.6)	115 (4.6)	69 (2.8)	92 (3.7)	2,506 (100.0)

※コードが与えられなかった文書数は，3,325件であった．
※行合計は，多重回答処理によるケース数で表示しているため，合計数は一致しない．

％）と，「現状フレーム」で38件（54.3％）に文書数が多くみられた．第Ⅴ期においても，第Ⅳ期と同様に，文書数が多かったメディア・フレームは，「現状フレーム」で131件（53.3％），「対策フレーム」で113件（45.9％）の2つのメディア・フレームであった．

　次に，各メディア・フレームの文書数の推移を時期ごとに追ったものが図7.1である．第Ⅰ期から第Ⅱ期にかけてのメディア・フレームの文書数は，「対策フレーム」，「被害フレーム」，「原因フレーム」で増加する一方で，「現状フレーム」，「要求フレーム」，「人体への影響フレーム」，「食品フレーム」，「原発事故フレーム」で減少する傾向がみられた．その後，第Ⅱ期から第Ⅲ期にかけて，急激にメディア・フレームの文書数の山が高くなっているのが見て取れる．この時期の報道で頻繁に用いられるようになったメディア・フレームは，「対策フレーム」，「現状フレーム」，であり，それらに加えて，第Ⅲ期では，「原因フレーム」，「被害フレーム」，「要求フレーム」といったメディア・フレームも多くみられるようになった．第Ⅳ期と第Ⅴ期になると，各メディア・フレームともに急激に減少する傾向がみられた．

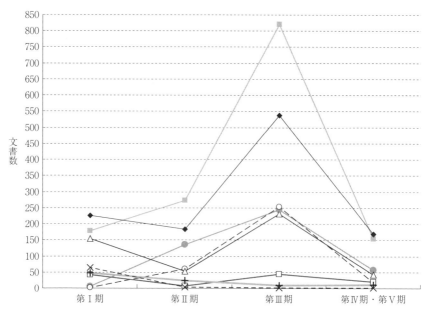

※第Ⅳ期と第Ⅴ期は，他の時期と比べて文書数が極端に少ないため，一つの時期でまとめた。
図7.1　メディア・フレーム別にみた文書数の推移

第4節　考　察

　本章では，メディア報道が「新しいリスク」を人びとに可視化させる際に，どのように報道の枠組み，つまり，メディア・フレームを使用するのかを，帰納的アプローチによる計量テキスト分析によって探索的に検討した。その結果，「新しいリスク」の事例として取り上げた「放射性セシウム汚染牛問題」の新聞報道では，「現状フレーム」，「対策フレーム」，「原因フレーム」，「要求フレーム」，「被害フレーム」，「人体への影響フレーム」，「食品フレーム」，「原発事故フレーム」の8つのメディア・フレームが強調されていた。また，これらのフレームの文書数は，時系列でみると変化があることが明らかになった。
　このような知見から，「放射性セシウム汚染牛問題」の報道は，いくつかの

メディア・フレームに依拠し，そのフレームを時期によって変化させることで，リスク事象の報道内容にストーリー性を持たせ，パッケージ化していることが考えられる。まず，東京都によって福島県南相馬市の牛肉から放射性セシウムが検出した件が公表される以前の第Ⅰ期では，「放射性セシウム汚染牛問題」以外の食品問題を，福島第一原発事故後の文脈上で報道している。第Ⅰ期で使用されたメディア・フレームは，「現状フレーム」や「対策フレーム」，「要求フレーム」，「原発事故フレーム」，「食品フレーム」，「人体への影響フレーム」といったものであり，放射性物質が含まれる食品の流通を示唆するような報道の側面であるといえる。しかし，第Ⅱ期になると，第Ⅰ期に使用されていた「要求フレーム」や「原発事故フレーム」，「人体への影響フレーム」，「食品フレーム」の件数が減少し，報道で強調されなくなっていく。一方で，「対策フレーム」や「現状フレーム」，「被害フレーム」という枠組みで報道されるようになり，「放射性セシウム汚染牛問題」としての問題が提起される。この時期に使用された報道の枠組みは，政府や県など行政の一次情報による報道であるといえる。第Ⅲ期は，国が福島県に肉牛の出荷制限を指示した日以降で，報道のピークをむかえた時期である。そこでは，第Ⅱ期と同様に，「対策フレーム」や「現状フレーム」，「被害フレーム」を用いた一次情報の報道の枠組みに加えて，「原因フレーム」と「要求フレーム」に焦点を当てた報道がみられるようになる。第Ⅳ期になると，肉牛の出荷制限が徐々に解除されるに従って，報道で使用される各フレームの件数も全体的に減少していく。そして，全対象地域の肉牛の出荷制限が解禁された日から，「放射性セシウム問題」の「汚染牛」部分のストーリーが終焉することになる。この時期の報道の枠組みは，「対策フレーム」と「現状フレーム」が主に用いられている。第Ⅴ期は，第Ⅳ期に比べ，各フレームで若干の増加がみられるようになる。その中でも，行政が公表した基準値を超える放射性セシウムの現状を強調した報道の「現状フレーム」や，次いで，「対策フレーム」，「被害フレーム」，「要求フレーム」といったフレームが出現してくる。さらに，第Ⅳ期では出現がみられなかった「原発事故フレーム」の報道の側面も出現してくる。この時期には，「汚染牛」の報道に限ったもので

はなく，新たな放射性物質の問題が福島第一原発事故の延長上で報道される傾向がうかがえる。

「放射性セシウム汚染牛問題」におけるメディア・フレームの時系列変化によってパッケージ化された報道は，福島第一原発事故後の文脈上で派生していたこと，政府や県の行政による公表や対策を中心に報道されていたこと，その「汚染牛」の問題の中心となる報道は，短期集中的であるという特徴がみられた。

本章では，内容分析と同様に，測定の信頼性を重視した上で，計量テキスト分析による実証研究を試みた。今後の課題は，計量テキスト分析の信頼性とメディア・フレームの妥当性の問題である。信頼性の問題では，分析者の主観を極力含めない形で，客観的に大量の新聞記事のデータ中からメディア・フレームを抽出したことは，意義のある研究であったといえる。しかし，分析で用いる語の出現数による閾値の設定や，明確なコーディング・ルールを規定することが，今後の検討課題であると考えられる。

妥当性の問題について，計量テキスト分析では，8つのメディア・フレームが抽出されたが，先行研究で示したEntman（1993：52）のメディア・フレームの特徴である「問題の定義」，「原因の解釈」，「道徳的評価」，「対策」と同様，あるいは異なる概念が検出されたのか，議論の余地があるであろう。また，抽出されたメディア・フレームが「放射性セシウム汚染牛問題」以外の原発事故によって引き起こされた諸問題，すなわち，核廃棄物問題，エネルギー問題，人びとの生活・健康にかかわる放射性物質，さらに原発事故以外の環境問題，遺伝子組み換え問題，薬害問題といった現代の「新しいリスク」においても適応可能かどうかの，演繹的アプローチによる実証研究の積み重ねが必要とされる。

注）
1）本章は，『社会情報学』に掲載された柳瀬公（2012）の論文を再構成し，加筆・修正したものである。
2）フレーミング効果研究についての詳しい説明は，第5章1節2項を参照。
3）遠藤薫は，東日本大震災が「自然災害」と「人的災害」を無効化したと指摘しているが（遠藤，2011：77），本書は，この震災に伴う福島第一原発事故を地震と

津波の影響ではない「人的災害」と捉え，起こるべくして起きた事故であるという，C. Perrow（1999）が指摘した「ノーマル・アクシデント」とする立場に立っている。詳しくは，第1章1節2項と第3章4節・5節を参照。
4）Entman（1993）のメディア・フレームの定義は，第5章1節3項を参照。
5）ベレルソン（1952=1957）の内容分析の用途17項目と5種類の分類については，第1章の注18）と19）を参照。
6）KH Coder とは，樋口耕一によって開発された，内容分析（計量テキスト分析）やテキストマイニングのためのフリーソフトウェアである。このソフトウェアは，新聞記事，質問紙調査における自由回答項目，インタビュー記録など，社会調査によって得られるさまざまな日本語テキスト型データを計量的に分析するために製作されたものである。以下のURLよりダウンロードすることができる。〈http://khc.sourceforge.net〉Accessed 2012, January 20.
7）KH Coder では，コーディングの基準，すなわちコーディング・ルールをファイルに記述すれば，それに基づくコーディングを自動的に行うことができる（樋口，2011b：16）。たとえば，「『逮捕』，『容疑』，『捜査』の3語のうちいずれかが含まれていればその文書に『犯罪』というコードを与える」（樋口，2011b：16）といったものである。
8）本書における「新しいリスク」の定義と特徴については，第3章4節を参照。
9）分析期間中の総記事数は，640件であり，このうち「朝日新聞GLOBE」，「インデックス」，「朝日歌壇・朝日俳壇・朝日川柳」，「定例記事」を除いた記事数が有効記事件数である。
10）動詞「する」に接続してサ行変格活用の動詞となりうる名詞のこと（調査，停止など）。
11）助動詞の「ない」の直前に現れて形容詞的な働きをする語のこと（問題，仕方など）。
12）KH Coder では，助詞や助動詞のように，どのような文章の中にでもあらわれる一般的な語は分析から除外されるので（樋口，2011b：21-22），それらの語を除いた異なり語数を指す。
13）分析期間の始点となる2011年3月11日から2011年3月17日までの期間の新聞記事に分析対象となる文書が存在しなかったため，第Ⅰ期の始点は，2011年3月18日となった。
14）本書では，出現数150以上の語に分析対象を絞り，語同士の分類を解釈しやすくした。その結果，分析で使用された語（6,693語）の1.2%を利用したことになる。なお，出現数150語未満の「指示」（出現数147）の関連語は，「災害」（出現数45，Jaccard係数.133）であった。この語は，出現数が少ない語であったため，クラスターの分類に影響はないと考えられる。
15）階層的クラスター分析の距離と手法は，いくつかの手法を試した結果，グルー

ピングが最適であったものを採択した。
16) 2値変数列からなるデータの類似度係数の一つであり，類似度係数は，多変量データからの2つの観測値の類似度を測る測度で，0から1までの値をとる（B. S. エヴェリット，1998＝2010：186, 476）。Jaccard係数値が高いほど，共起関係が強いことを示す。

第8章

受け手のメッセージ受容
―グループ・インタビューから

第1節　グループ・インタビューの目的

　本調査の目的は，人びとが「放射能と食品汚染」の問題に対してどのような情報要求をもっているのか，また，その問題に関するリスク情報をどのような枠組みで解釈しオーディエンス・フレームを形成しているのか，それぞれが属する集団で情報伝達するコミュニケーション構造の特徴からその存在を明らかにすることである。

第2節　グループ・インタビューの方法

1. 調査対象者

　対象者の選定にあたっては，食品を購入する機会が多いことと，「放射能と食品汚染」の問題について敏感であること，対象者が自発的に発言することを考慮した。また，「放射能と食品汚染」が対象者のみの問題としてではなく，家族の健康面についても配慮していると考えられることから，東京都内在住の食品購入頻度が高い20～30歳代の既婚女性を対象とした。さらに，子どもの健康に対する配慮も考えて，15歳以下の子どもがいる層も含めた。

　グループ・ディスカッションの場合，友人や互いによく知っている人びとのグループでは，当たり前だと思われてあえて言語化されない事柄の割合が大きくなる。そのため，顔見知りでない人びとのグループの方が一般的に適しているといわれている（U. フリック，2007 = 2011：249-250）。標本抽出は，フリック

表8.1　グループ・インタビュー参加者の属性

	A	B	C	D	E	F	G	H
年齢	27歳	31歳	38歳	25歳	29歳	37歳	28歳	32歳
住居地	小平市	江戸川区	稲城市	中央区	大田区	荒川区	北区	練馬区
子どもの年齢／性別	3歳／男　8歳(小2)／男	—	8歳(小2)／女　12歳(小6)／女	—	7歳(小1)／男	—	—	3歳／女
本人職業	専業主婦	専業主婦	パート・アルバイト(週3日以下)	パート・アルバイト(週3日以下)	パート・アルバイト(週4日以上)	専業主婦	フルタイム勤務	自営・自宅で仕事・内職
職種	—	—	歯科医院／清掃	郵便局／仕分け	サービス業／接客	—	保険／事務	音楽関係／譜面浄書
食品購入頻度	週5日以上	週3～4日程度	週3～4日程度	週3～4日程度	週5日以上	ほぼ毎日	週5日以上	ほぼ毎日

の指摘に基づき，ネットリサーチのパネルから該当条件に合致する者を有意抽出で行った。年代（20歳代，30歳代）と子どもの有無によって，各層に2名ずつ割り当て，参加者A～Hの8名を抽出した（表8.1参照）。なお，子どもが複数いる場合は，一番末の子どもの年齢を15歳以下に設定した。

2. グループ・インタビューの概要

調査実施日は2013年2月28日（木）であり，所要時間は10時～12時までの約2時間であった。実施場所は東京都内のオフィスの静かな会議室であった。インタビューの進行は1名の司会者（モデレーター）が行った。その他にオブザーバーが1名，記録者が1名，アシスタントの1名が参加した。グループ・インタビュー実施日当日の座席表は図8.1に示すとおりであった。記録方法には，聞きとりメモとテープレコーダーを使用した。

3. 調査方法

まず，グループ・インタビュー参加者の語りの発言を促すために半構造化された質問項目を準備し（表8.2参照），それを基にインタビュー用のフロー・チ

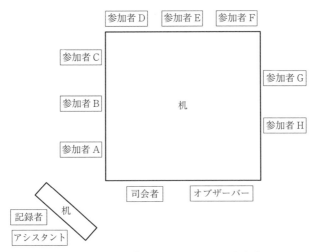

図8.1　グループ・インタビューの座席表

表8.2　グループ・インタビューの質問項目

質問番号	質問項目
1	ふだんの食品購入状況（購入時間帯，購入場所など）
2	「放射能と食品汚染」の認知度
3	「放射能と食品汚染」の不安度
4	「放射能と食品汚染」に対する具体的な対策（産地表示の確認など）
5	「放射能と食品汚染」の会話（家族，友人，近隣の人などとの会話）
6	「放射能と食品汚染」の知識（食品中の放射性物質の暫定基準値など）
7	「放射能と食品汚染」の情報源（テレビ，新聞，ラジオ，インターネット，雑誌，書籍など）
8	質問番号7への信用度
9	質問番号7への満足度
10	「放射能と食品汚染」情報の提供内容の要望

ャート（図8.2参照）とその事項に割く時間割（アジェンダ）を実施事前に作成した（巻末資料 i 参照）。集団状況での相互作用の効果に期待するアカデミックなグループ・インタビューでは，アジェンダは非常にフレキシブルなものにしておかなければならない（鈴木裕久，2006：140）。そのため司会者は，インタビューの導入部分で「『食品に関する座談会』で20歳代と30歳代の主婦の方に率

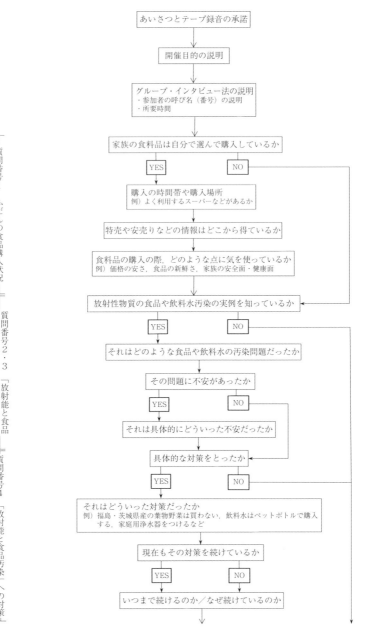

第8章　受け手のメッセージ受容　139

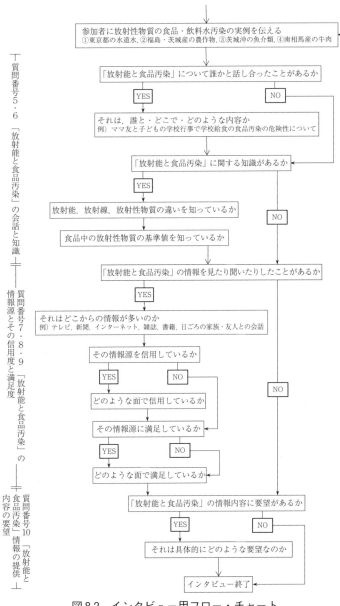

図8.2　インタビュー用フロー・チャート

直なご意見やご感想を伺いたい」という目的で調査を実施すること，また「ライフスタイルは個々人でそれぞれであり，正解や不正解があるわけではない」ことを告げて，参加者が忌憚なく発言できるような環境づくりに配慮した。

次にインタビュー内容について，質問番号1の「ふだんの食品購入状況」を尋ねる質問では，食品購入頻度や特売の情報源，食品購入の際どのような点に気を使っているのかなどを尋ねた。この質問項目では，参加者が「放射能と食品汚染」をいかに身近に感じているのか，自発的に発言するのかがポイントになる。質問番号2では，「放射能と食品汚染」の認知度を尋ね，続けてその不安度を質問番号3で確認した。質問番号2と質問番号3においても，質問番号1と同様に，司会者は参加者の自然な発言に委ねた。放射性物質の食品汚染は，人びとにとって知覚することができないリスクである。この「見えないリスク」を参加者がどのように捉え，どのような不安や恐怖を感じたのかを語ってもらった。質問番号4では，このような「見えないリスク」への不安を解消するための対策はどういったものであったのか，その対策を現在も続けているのかを尋ねた。

次に，参加者が「放射能と食品汚染」についてこれまで見聞きした事実を想起させるために，放射性物質が水道水や農産物，魚介類，牛肉から検出された実例をパネルで表示した[1]。パネルの呈示後，各実例について誰かと話し合ったり，話題にしたことがあるかといった会話の有無や程度を質問番号5で尋ねた。ここでの確認ポイントは，参加者が属している社会集団において「放射能と食品汚染」問題のどういった部分がどのような枠組みで解釈されているのかを把握することである。質問番号6では，参加者が「放射能と食品汚染」に関連する「放射能」，「放射線」，「放射性物質」の用語の違いや，放射性物質の基準値を知っているのかを確認した。このような「放射能と食品汚染」の知識を参加者がどこで知ったのか，その情報源を質問番号7で尋ねた。この質問でのポイントは，情報源がテレビ，新聞，インターネットなどのメディアなのか，それとも他者からの口伝によるものなのかを確認することである。また，見聞きした情報を誰かに伝えたことがあるかを尋ねて，オピニオン・リーダーの存

在を確認した。さらに，参加者がそうした情報源からの情報を信用しているのかを質問番号8で尋ねた。質問番号9では，参加者が情報内容に対して満足しているかを尋ね，特に情報源の違いによる不満の感じ方を確認した。最後に，質問番号10で「放射能と食品汚染」について知りたい情報があったのか，どのような情報であれば安心・満足できるのかといった参加者の情報要求を確認した（表8.2，図8.2参照）。

4. 分析方法

グループ・インタビューの調査結果から得られた，テクスト[2]の分析にはKJ法を採用した。KJ法とは，文化人類学者の川喜田二郎によって開発された，ブレーンストーミングなどによって集積されたアイディアを整理・分類・統合して，問題解決に結びつける体系化された発想法のひとつである（川喜田，1967，1970，1986）。川喜田によると，科学の方法論という見地からみたKJ法は，分析的・定量的・法則追及的な方法論のもう一つの車輪である総合的・定性的・個性把握的な方法論を開拓したと指摘している（川喜田，1967：210）。さらに川喜田は，KJ法が現場の事実や声に密着してスタートしたという特徴もあげている（川喜田，1967：132）。したがってKJ法は，調査対象者である主婦層の社会集団の背景を総合的に捉え，グループ・インタビューの参加者個人の「なまの声」から情報要求を探索し，それらの定性的データを体系的に記述することが可能であると判断して分析に用いた。

5. 分析の手続き

KJ法の手順は，通常，(1)「ラベル作成」，(2)「グループ編成」，(3)「図解化（A型）」，(4)「文章化（B型）」の4ステップで行われる（川喜田，1967，1970，1986）。(1)～(4)までの一巡工程を1ラウンドとした。1ラウンドは，質問項目の内容と流れ（表8.2，図8.2参照）によって質問番号1，質問番号2と3，質問番号4，質問番号5と6，質問番号7・8・9，質問番号10の6つにテクストを分割した。最後にそれらの結果を統合させたものを合わせて全部で7ラウンドの分析を行

った。一つのラウンドにおける(1)〜(4)の手順は以下のとおりであった。

(1) ラベル作成

　ラベル作成とは，グループ・インタビューの各参加者の発言内容をひと区切りに圧縮し，「一行見出し」にしてカードに記入する作業のことである。テクストのラベル化にあたっては，参加者の発言を録音テープから言葉どおりに再現した逐語記録をもとに作成した。発言の単位は，原則，参加者個人の1回の発言内容を1単位としたが，一度に多くを発言しているものについては，発言者の発言内容によって「。」で括られた文に分割し，その一文を1単位とした。なお，カードの一隅には，発言者の名前（A〜H），年代（20歳代，30歳代），子どもの有無の対象者属性を記載した。

(2) グループ編成

　グループ編成には，① ラベル拡げ，② ラベル集め，③ 表札づくり，の3つの小ステップが含まれている。① は，作成した全てのラベル群を机の上に並べる作業である。並べ方は，発言者の名前や発言を順番通りに並べたり，年代や子どもの有無の条件ごとに整列させるのではなく，全てのラベルを眺めることができるようにばらばらに並べた。② では，① で並べたラベルの一つひとつに目を通し，内容が近いと感じられるラベル同士を寄せ集めて，小グループを作成した。そして，③ において，それぞれに小グループ化されたラベルを読み返し，その集まった理由を別のラベルに要約し，要約したラベルを小グループの一番上に乗せて，それらをクリップで束ねた。ここで，どの小グループにも属さないラベルについてはそのままにしておいた。

　こうして全てのラベルに表札を付け終った後，表札と小グループ化できなかったラベルを再び読み返し，①，②，③と同様の手続きを行って中グループをつくった。この時，小グループ化と中グループ化によってできた表札は，それぞれに色分けをして区別させた。中グループ化の結果，ラベルの束が多く，グルーピングがうまくできなかった場合は，①，②，③と同様の手続きを行い，

大グループ化を試みた。なお，この段階においても，1枚のラベルが残る場合でもそのままにして，他のグループの表札と同格として扱った。

(3) 図解化（A型）

図解化のステップでは，最初に2段階の空間配置を行った。1段階目の空間配置では，束になったあるいは1枚のみのグループの表札を，相互の意味を考慮しながら位置関係がよくわかるように配置した。2段階目では，空間配置を維持したまま間隔を広げ，空いたスペースにグループ化するために止めておいた束のクリップをはずし，表札の下にラベルを展開させた（1枚のラベルならば表札だけ）。そして，そのラベル群を各グループの範囲内で，ただし隣接するグループとの関係性に考慮しながら空間配置を行った。

2段階の空間配置が完了した後は，「島どり」と呼ばれる，ラベルとグループごとに輪にして線で囲む作業を行った。このとき，小グループを実線，中グ

────	関係あり
────▶	生起の順，因果関係，上部構造から下部構造へ（またはその逆），包括的なものから細部へ（またはその逆）
◀───▶	相互に因果的となる
⇄	相互に因果的となる
><	互いに反対
─✕─	関係が切れた
══	同じ
╱╱	同じでない

図8.3　関連づける記号のいろいろ

出所）川喜田，1970：89

ループを太い点線，大グループを太い二重線で囲んだ。島どりした部分の空欄には，グループ編成のときに作成した表札を転記した。島同士，ラベル同士，あるいは島とラベルとの関係は，関連の内容を示す記号（図8.3参照）を使って，つながりの意味が分かるようにした。以上の島どりと記号による関連づけの結果から，質問項目ごとにグループ・インタビュー参加者の発言内容の全体構造を図解化することによって把握した。

(4) 文章化（B型）

文章化は，(3)図解化の結果を参照しながら，ラベルやグループに含まれる意味や島間の関係性を論理的にストーリーがつながるように叙述・解釈した。また本書では，調査対象者の年代（20歳代／30歳代）と子ども（有／無）の選定条件を分析の軸として用いての考察も試みた。

以上のようにして，(1)～(4)の手続きを踏んで質問項目ごとに1ラウンドを結果としてまとめた後，全てのラウンドで得られた結果を統合させた。統合方法は，各ラウンドで小，中（大）のグループ化に成功した表札のみを集め，その表札を(2)グループ編成，(3)図解化（A型），(4)文章化（B型）の手順に従ってまとめた。

第3節　グループ・インタビューの結果

1. ふだんの食品購入状況

質問番号1のふだんの食品購入状況（表8.2参照）において，参加者の発言内容を「一行見出し」にして得られたラベルの総数は46件であった。このラベル群のグループ化を試みたところ，2つの中グループ，9つの小グループに編成され，1枚のみのラベルが2件みられた。図8.4は，グループ化の結果を空間配置した後，島どりを行って島同士，ラベル同士，島とラベルとの関係を関連づける記号（図8.3参照）によって結び，参加者の発言内容の全体構造を図解化したものである。

図をみると，左上段に太い点線で囲まれた中グループの「特定のスーパーのみに限定した利用はしない」の表札が布置されている。そのグループ内の小グループには，「特定のスーパーがない」，「安さを求めてスーパーを転々とする」，「宅配とスーパーを兼用している」，「スーパー自体があまりない」の4つの表札がみられた。この島どりは，食品を購入する機会が多い主婦は，スーパーを用途によって使い分けしていることを示している。こうしたスーパーの使い分けには，特売品やポイントカードなどのスーパーごとに異なる金額的なサービスが影響していた。このような購入先の使い分けはスーパー間のみに限ったことではなく，宅配サービスと兼用したり，また，地理的にスーパーが少ない地域に住んでいる主婦の場合は，商店街や農家からの直売品を購入するなどしていた。このようにして，主婦はさまざまな選択肢の中から，自分が必要とする要求に見合った食品を吟味して購入しているといえる。

　一方で，「特定のスーパーのみに限定した利用はしない」の表札のグループに，相反する「お気に入りのスーパーがある」の小グループの表札（右上段）もみられた。お気に入りの理由として，食品だけでなく生活用品が充実しており，一つのスーパーのみで事足りてしまうといった意見が挙げられた。また，主婦が特定のスーパーを選好する，その基準として「食材やスーパーを見た目で決める」の小グループの表札（右中段）との関連もみられた。そのグループの中に含まれる意見は，スーパーや食材，パッケージに対する見た目の清潔感についての意見があった。さらに，食材やスーパーの見た目と関連がある選好基準として，お店の接客態度についての言及もみられた。

　上記のグループにみられるように，主婦が食材の鮮度を確認したり，スーパーの清潔さを重視することは，「健康面・衛生面に配慮している」の小グループの表札（左下段）と大きく関連していることがいえる。このグループでは，主婦がスーパーや食品の見かけの印象によって判断するというよりは，食品の素材そのものの安全面や栄養面を重視することが，食品を購入する際の判断材料となっていた。特に，家族の健康面に対して気を使っていることが，グループ内のラベル群からも見て取れる。

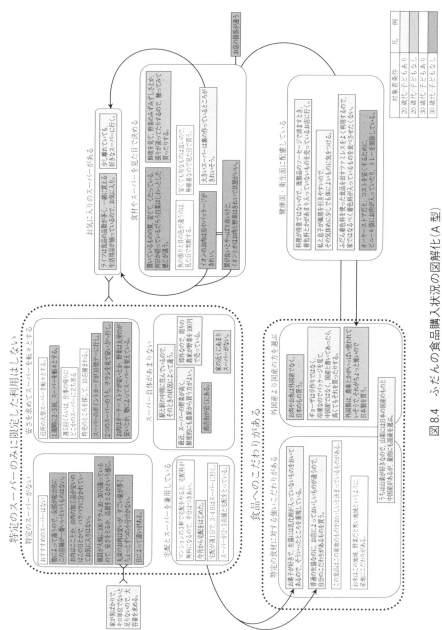

図 8.4 ふだんの食品購入状況の図解化（A 型）

健康面や衛生面へ配慮することは,「食品へのこだわりがある」の中グループの表札(左下段)と関連していることも考えられる。この島の中の小グループの表札である「外国産より国産の方を選ぶ」に示されるように,主婦のこだわりは食品の産地に焦点をあてたものであった。この場合,主婦は多少高価であっても,外国産より国産の食品を好んで購入する傾向がみられた。このような傾向は,「中国製の冷凍ギョーザ」[3]や「農薬」などによる外国産食品の悪いイメージが主婦に浸透していることが考えられる。また,主婦は特定の地域の食材にこだわったり,食品によっては宅配サービスを利用していることがわかった。

最後に,調査対象者の年代(20歳代／30歳代)と子どもの有無の条件ごとに島どりの分布をみた。その結果,全体としては両条件ともにそれほど差はみられず,各グループにまんべんなく分散していた。しかしながら,年代別では,「特定のスーパーのみに限定した利用はしない」の表札の中グループは30歳代の意見がやや多く,一方で,「お気に入りのスーパーがある」の表札の小グループの意見は20歳代で占められていた。また,「特定の食材に対する強いこだわりがある」の表札の小グループは,子どものいる主婦の意見で占められていた。この結果から,20歳代に比べ,30歳代の主婦の方がスーパーのサービス内容を念入りに調べて選んでいること,加えて,子どものいない主婦に比べ,子どものいる主婦の方が食材そのものに注目して食品を購入していることもわかった(図8.4参照)。

2.「放射能と食品汚染」の認知度と不安度

質問番号2と質問番号3の「放射能と食品汚染」の認知度とその問題に対する不安度(表8.2参照)において,参加者の発言内容から得られたラベル総数は70件であった。ラベル群のグループ編成を行った結果,一つの中グループと9つの小グループにまとめられ,1枚のみのラベルが3件であった。これらを空間配置して,島どりを行った後,関連づける記号(図8.3参照)を用いて図解化したのが図8.5である。

図によると，参加者の「放射能と食品汚染」についての認知は，小グループの表札（中央上段）に表される「当時のあいまいな記憶」をたどって想起されていた。グループを構成するラベル群には，放射性物質が検出された水道水や野菜，牛肉，魚などの食品名が挙げられた。これらは，自分の住んでいる地域と近接した問題であったり，同時に，ニュース報道で頻繁に取り上げられていたことだが，参加者の印象にわずかながら残っているものであるといえる。また，「放射能と食品汚染」の問題と直接的な関係はみられないが，同じ食品の安全性という意味において，「中国製の冷凍ギョーザ」は，現在に至ってもなお参加者の記憶に残っている食品問題の一つであるといえる（左上段）。

　参加者の「当時のあいまいな記憶」は，中グループの表札（右上段）の「放射能と食品汚染に関する情報源」を手掛かりとして想起されていた。情報源は，小グループの表札のとおり，「人からの情報受容」（右上段）と「メディアからの情報受容」（右中段）の2方向からの情報伝達によるものであった。「人からの情報受容」は，参加者の親戚や友人，または子どもが通う同じ学校の親同士との会話によって伝聞されたものであり，「メディアからの情報受容」は参加者がニュース報道を直接視聴したものであった。こうした情報源からの情報発信は，小グループの表札（右下段）の「被災地（者）に対する同情」を喚起させる要因になっていた。情報源の影響は，「メディアからの情報受容」では，被災者の経済的な被害への同情的な意見に留まるのに対して，「人からの情報受容」においては，実際に被災した産地の食品を購入するという行動レベルにまで及んでいた。

　参加者は，「放射能と食品汚染」の発覚を認知した後，小グループの表札（中央中段）の「何かしらの行動をとる」と，小グループの表札（左中段）の「これまでと変わらない生活を送る」とに意見が分かれた。「何かしらの行動をとる」のグループでは，特に水・飲料水に対する敏感さがみられ，東北地方から地理的に離れている九州産を取り寄せて使用していた。被災地原産の食品は，選択的に購入を避ける傾向がみられた。参加者の選択的な不買行動は，「被災地（者）への対する同情」（右中段）とのジレンマを感じつつも，自分の家族や幼い子ど

もの健康面を重視していることがうかがえる。一方,「これまでと変わらない生活を送る」のグループでは,そもそも「放射能と食品汚染」が問題化していることすら知らなかったとの発言や,もともと食品の安全面を気にしないなどの意見があった。「放射能と食品汚染」に対する鈍感さは,価格の安さを重視して福島産食品を好んで購入するという行動に表れていた。また,ふだんの食生活において,毎日利用する水・飲料水と異なり,魚介類のコウナゴ[4]などは食べる頻度が低いことから,放射性物質の危険性を軽視する傾向にあった。

「放射能と食品汚染」の問題が発覚した当時は,「何かしらの行動をとる」で島どりされたグループが,現在では,小グループの表札(左下段)の「現在は気にしていない」のとおり通常の生活に戻っているのが見て取れる。グループ内の意見として,現在では行政や学校の取り組みと,家族単位の対応で十分足りているとの意見があった。さらに,福島第一原発事故以前から,人びとは放射性物質や水銀などを含んだ食品を摂食しており,このような背景を踏まえて,健康面に影響が出ることは稀であろうとの意見も挙げられた。また,時間経過とともにニュース報道で取り上げられることが少なくなったことが,参加者の「放射能と食品汚染」に対する重要さの意識を低下させ,不安を解消していることも明らかになった。

他方では,「何かしらの行動をとる」に引き続き,小グループの表札(中央下段)の「将来への不安」を抱いているという参加者の感情面もみられた。「将来への不安」では,水や米などの主要な食品の安全性に関わる問題や,将来,自分の子どもの健康に悪影響をもたらすことへの不安を感じているのが見受けられた。「メディアからの情報受容」に関して,福島第一原発事故の発生直後のテレビ報道に多くみられた,「ただちに人体の健康には影響はない」[5]というフレーズは,参加者の記憶に残っており,それが現在になると,人びとを安心させようとする当時の唱導方向とはかえって逆に,参加者の不安感を助長している効果もみられた。

最後に,調査対象者の年代(20歳代/30歳代)と子どもの有無の条件ごとに島どりの分布をみたところ,「放射能と食品汚染以外の問題」のグループを除

150

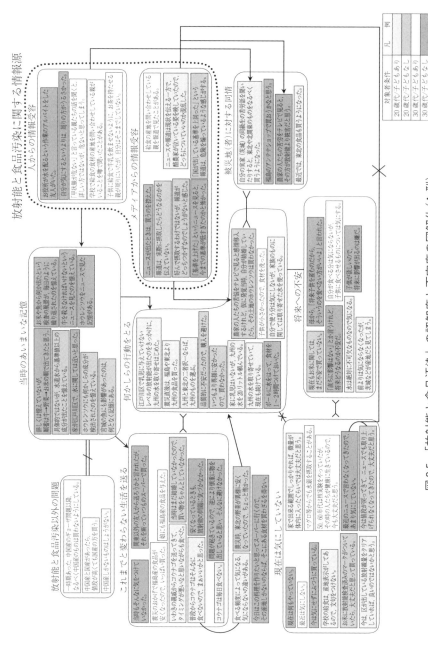

図 8.5 「放射能と食品汚染」の認知度と不安度の図解化（A 型）

いては，条件ごとの差はあまりみられず，「放射能と食品汚染」の認知度と不安度は，まんべんなく各グループに配置されていた。しかしながら，情報源のうち「人からの情報受容」では30歳代の意見が多く，「何かしらの行動をとる」のグループ化の中では，20歳代の意見が多くを占めており，やや年代別による差がみられた。「将来への不安」は，子どもがいる参加者の健康面に配慮する親としての意見がみられたが，現在，子どもがいない対象者であっても，将来誕生する子どもの健康被害に対する不安を感じる傾向にあった(図8.5参照)。

3.「放射能と食品汚染」に対する具体的な対策

質問番号4の「放射能と食品汚染」に対する具体的な対策(表8.2参照)では，得られたラベルの総数が19件であり，これらのラベルをグループ化した結果，一つの中グループと5つの小グループに編成された。また，1枚のみのラベルがグループ化されなかった。グループ化の手続きを行った後，空間配置と関連づける記号(図8.3参照)を用いて図解化したものが図8.6である。図をみると，中グループの表札(左側)の「何かしらの対策をとる」と，2つの小グループの表札(右側)の「何も対策をとらない」(右上段)，「無関心である」(右下段)とに参加者の発言が大別されているのが見て取れる。

「何かしらの対策をとる」の中グループは，「放射能と食品汚染」の問題の発覚以前とその直後，そして現在の3つの時系列の小グループで構成された。問題発覚以前の表札(左上段)の「以前から対策をとっていた」の中では，野菜を洗う，飲料水を購入する，外国産の食肉を購入するなど，参加者のふだんの食品に対する習慣が結果として「放射能と食品汚染」の対策となっていた。発覚直後に「具体的な対策をとる」の表札(中央)では，飲料水や生活用水，子どものミルク用などの水の利用への対策が多くみられた。また，魚介類からも放射性物質が検出されたことを受けて，生魚を出す飲食店を避けるなどの行動もとっていた。しかし，「当時は対策していたが現在はやめている」の表札(中央左下段)のグループのように，発生当初の水・飲料水に対する敏感な対応は，現在に至るまで継続して行っていないという発言もみられた。このように，発生

152

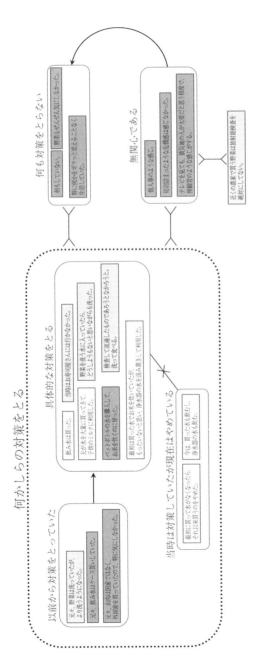

図 8.6 「放射能と食品汚染」に対する具体的な対策の図解化(A 型)

当初において，対策を講じるように変容した参加者の態度ではあるが，時間の経過とともに関心が薄れていく一面もあることがわかった。

一方，問題発覚の当初，「何も対策をとらない」のグループでは，「放射能と食品汚染」を気に留めることなく，これまでどおりに食品を購入していた。具体的な対策をとらなかった参加者の中では，そもそも「放射能と食品汚染」に「無関心である」という意見がみられた。無関心の内容として，他人事や傍観者のような感じがする，危機感が感じられなかったなどが挙げられた。こうした参加者の関心度の低さは，自ら具体的な対策をとろうとしない態度を規定する一つの要因になり得るといえる。しかし，一枚のラベルのみであったが，近隣農家の食品の放射線量検査の有無に関心がある意見もみられた。

最後に，調査対象者の年代（20歳代／30歳代）と子どもの有無の2条件による島どりの分布をみた。その結果，「放射能と食品汚染」に対して「何かしらの対策をとる」の表札の中グループは，子どもがいない主婦に比べ，子どもがいる主婦の方の意見が多くみられた。逆に，「何も対策をとらない」と「無関心である」の表札の小グループでは，30歳代のみにいえることであるが，子どものいない主婦の意見がほとんどであった。したがって，主婦は自分の子どもの健康面に配慮しており，「放射能と食品汚染」に強い関心をもち，その危険性を回避しようとさまざまな対策を行っているといえる（図8.4参照）。

4. 「放射能と食品汚染」の会話と知識

参加者の自由な発言をまとめたこれまでの分析結果と異なり，質問番号5と6（表8.2参照）の分析結果は，参加者全員に「放射能と食品汚染」の事例やそれに関する用語を呈示した上での，より具体的な発言内容を示したものである。分析の結果，発言内容のラベル総数は116件であり，これらラベル群は，15の小グループと3つの中グループ，1つの大グループによって編成され，1枚のみで残ったラベルは4件であった。各グループとラベルを空間配置して関連づける記号（図8.3参照）で結んだものが図8.7である。

図をみると，まず，「放射能と食品汚染」の問題に対して，参加者が「自ら

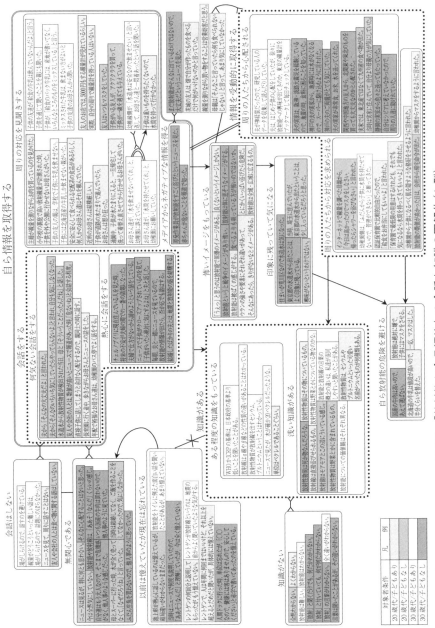

図 8.7 「放射能と食品汚染」の会話と知識の図解化（A 型）

情報を取得する」の表札（中央上段）の大グループに島どりされていることが見て取れる。この大グループは，参加者が他者と直接的に「会話をする」の表札（中央上段）の中グループと「周りの状況を見聞きする」の表札（右上段），または間接的に「メディアからネガティブな情報を得る」の表札（中央中段）の小グループで編成された。

　中グループの「会話をする」は，日常の中で「何気ない会話をする」の小グループの表札（中央上段）と，特定の他者と「熱心に会話をする」の小グループの表札（中央中段）に分かれた。「何気ない会話をする」の内容には，あまり切迫した様子はみられず，ニュースで報道された内容を確認し合うといった程度のものであった。会話は，家族や勤め先の人，保育園の親同士とさまざまな社会集団でなされていた。「熱心な会話をする」の方は，将来への不安，子どもへの心配事，放射能に対する諦めの感情など危機感がある内容であった。この会話は夫婦間でのみでなされていた。これらのグループとは対照的に，参加者が全く「会話をしない」の表札（左上段）の小グループもみられた。グループ内の発言は，「場がしらける」，「ニュースは見るが，その内容を話すことはない」などであった。「放射能と食品汚染」の会話について，危険性が切迫する内容の意見交換は，夫や家族などの親密な関係において，世間話や井戸端会議の一部としては，学校や職場などのフォーマルな社会集団において取り上げられていた。あるいは，社会集団の場の雰囲気を気にするあまり放射能の話題を避けるような行動もみられた。このように，会話の相手やその関係性，個人が所属する社会集団の違いは，会話の有無，頻度，発言内容にも影響する要因のひとつであるといえる。

　同じく「自ら情報を取得する」内の中グループの「周りの状況を見聞きする」では，子どもの安全面に敏感な母親の行動を見聞きしていた。なかでも，水や牛乳などの主要な食品を子どもに飲食させるときに，安全に配慮する行動をとる母親を多く見かけるとの発言が多かった。また，参加者は子どもが通う幼稚園で水筒を持参したい母親側と，水道水を利用したい幼稚園側との飲料水の扱いについて意見の対立を目撃していた。このグループは「会話をする」のグル

ープに比べて，自ら積極的に情報に接触するというわけではなく，自分はそこまで気にしていないが，自分以外の他者はいくぶんか大袈裟な振る舞いを行っていると捉え，第三者の視点から消極的な情報摂取を行っているといえる。

「メディアからネガティブな情報を得る」の小グループは，「自ら情報を取得する」のに，テレビニュースなどのメディアを介して間接的に情報を受容しているグループである。発言内容は，原発作業員や乳児の健康被害に焦点を当てた報道に接触するといものであった。メディアからのネガティブな情報提供は，「怖いイメージをもっている」の小グループの表札（中央中段上）を人びとに与える可能性がある。具体的には，「原爆」，「戦争」，「被ばく」といったキーワードが人びとの印象に残り，それらは個々人のレベルでは対処できない国家・社会レベルに広がる大きなリスクとして捉えられていた。一方で，グループ化されなかったラベルに，メディアから健康被害についてのポジティブな側面を強調した報道に接触している参加者の発言もみられた。メディアからの情報伝達による人びとのイメージ形成は，「印象に残っていて気になる」の小グループの表札（中央中段下）に表されるように，人びとの記憶を想起させる手掛かりとなり得るであろう。さらに，このグループ内の発言内容にみられるように，居住地と水道水から放射性物質が検出された場所との近接性も人びとに強く印象づけ，記憶に残りやすくなることが示唆される。

こうしたメディアによる情報入手の過程を経て，人びとの「放射能と食品汚染」に対する関心が高まると，「自ら放射能の危険を避ける」の小グループの表札（中央下段）のように子どもにマスクをさせたり，汚染の危険性がある食品を避けるといった行動をとることが予測される。

「自ら情報を取得する」と情報入手の仕方が異なるのは，中グループの表札（右下段）の「情報を受動的に取得する」である。このグループは，「周りの人たちから心配される」と「周りの人たちから対応を求められる」の小グループの表札によって島どりされている。「周りの人たちから心配される」は，夫やそれぞれの実家の両親，親密な友人からの助言であった。助言をくれた人のなかには，阪神・淡路大震災[6]の経験者もみられた。その内容は，水や主要な食品の

安全性と食料品の備蓄を促すものであった。一方,「周りの人たちから対応を求められる」では,関係性が近い実家の母親などから忠告されるばかりではなく,子どもが通う保育園や本人の勤め先からも対策をとるように指示されていた。このような周りの人たちからの情報入手は,「自ら情報を取得する」とは別のルートをたどり,「自ら放射能の危険を避ける」の行動レベルに影響を与える可能性があると考えられる。

　このようにして人びとは,「放射能と食品汚染」の情報を自発的に,あるいは受動的に入手しながら知識を獲得していくと考えられる。中グループの表札(中央中段)の「知識がある」の島どりでは,2つの小グループの表札の「ある程度の知識をもっている」と「浅い知識がある」に編成された。「ある程度の知識をもっている」のグループ内の発言では,「ICRP」[7],「α・β線」[8],「セシウム」[9],「プルトニウム」[10]といった専門的用語が挙げられた。「浅い知識がある」グループの方では,「放射線」[11],「放射能」[12],「放射性物質」[13]の3つの用語に違いがあることは知っていたが,明確な区別はできていなかった。反対に,小グループの表札(左下段)の「知識がない」では,「放射能と食品汚染」に関連する用語を説明することができていなかった。発覚当時に比べると,参加者が学習した「放射能と食品汚染」に関するさまざまな知識は,「以前は憶えていたが現在は忘れている」の小グループの表札(左中段)にみられるように,時間経過とともに忘却される。やがて,会話に取り上げられる頻度やメディアで言及されることが減少するにつれて,小グループの表札(左上段)の「無関心である」と同様の態度として表れるようになる。「無関心である」のグループでは,発覚当時も食品の安全性に注目していないとの意見が多くみられた。こうした人びとの無関心という態度は,自ずと情報に接触することや他者との会話をすることを減少させる一因になるであろう。

　最後に,調査対象者の条件(年代:20歳代/30歳代,子ども:有/無)ごとに島どりの分布をみたところ,20歳代と30歳代ともに子どもがいる主婦は「ある程度の知識をもっている」のグループに,子どもがいない主婦は「無関心である」のグループに分布した。子どもがいる主婦の場合,幼い子どもへの健康

被害に対処するため，自主的に情報を入手するのみならず，夫婦間や親族，学校，職場などの社会集団のなかで情報をやりとりする機会が多く，それが知識となって蓄積されることが推察される。逆に，子どもがいない主婦の場合では，所属している社会集団内の話題で取り上げられることが少なく，情報を蓄積しない傾向にあるといえる。その結果として無関心といった態度に表れると考えられる（図8.7参照）。

5. 「放射能と食品汚染」の情報源とその信用度と満足度

質問番号7・8・9（表8.2参照）において，「放射能と食品汚染」の情報源とその情報内容についての信用度と満足度の発言内容のラベル総数は145件であった。グループ編成の結果，2つの中グループと13の小グループにまとめられ，グループ化されなかったラベルが3件であった。図8.8は，各グループとラベルを空間配置し，関連づける記号（図8.3参照）で結んで図解化した結果である。

図をみると，左上段に中グループの「情報を入手する」の表札が布置され，中グループは，「特定の情報源がある」，「メディア特性を活用する」，「日常生活を送りながら情報に接触する」の3つの小グループの表札で編成されていた。「特定の情報源がある」の発言内容から，主にテレビ，インターネット，オピニオン・リーダーの3つの情報源の存在が明らかになった。情報源にテレビと発言した参加者は，ニュースやニュースショー[14]，原発事故を題材にした特別番組を視聴していた。「放射能と食品汚染」の情報は，地震情報などの災害情報とともにNHKを情報源として利用している意見もみられた。インターネットでは，それを前提とする技術を用いた，Twitterなどのソーシャル・メディア[15]の利用が挙げられた。オピニオン・リーダーは，子どもが通う学校のママ友がその役割を果たし，参加者の情報源として機能していた。

「メディア特性を活用する」のグループでは，参加者が情報源をうまく利用しながら，自分にとって有効だと思える情報を取得していた。なかでも，mixi[16]や2ちゃんねる[17]などのインターネット上の電子掲示板は，参加者が投稿者のさまざまな意見を参考にするために閲覧されていた。参加者の中には，

第8章 受け手のメッセージ受容　159

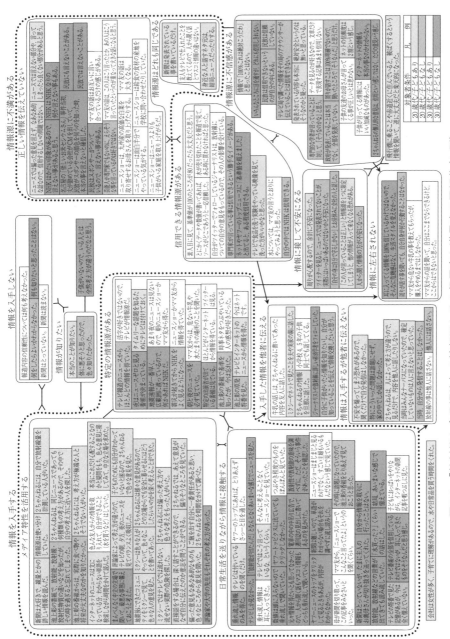

図 8.8 「放射能と食品汚染」の情報源とその信用度と満足度の図解化（A型）

情報の詳報性を求めて，新聞やインターネットニュースのような活字で記したメディアの利用もみられた。

人びとの情報の入手方法には，「特定の情報源がある」と「メディア特性を活用する」のグループのように，能動的に情報を取りに行き，メディアを選択的に使い分ける方法とは異なり，「日常生活を送りながら情報に接触する」の小グループの表札(左中段)では，人びとが受動的に情報を受け入れる方法もみられた。発言内容をみると，参加者はふだんの生活の中でテレビ，新聞，インターネットなどを見たり読んだりするうちにさまざまな種類の情報を入手し，その多様な情報のうちの一つに「放射能と食品汚染」の問題の情報が含まれる場合にそれを受動的に取り入れていた。こうした人びとの受動的な情報の入手方法は，「放射能と食品汚染」の情報を詳細に調べることなく，事件を認識する程度のものであった。また，受動的な情報入手方法は，メディアからの情報伝達によるものばかりでなく，他人を介して間接的に入手することも行っていた。発言内容は，健康被害を心配した親族から新聞記事の切り抜きを渡してもらったり，ママ友からニュースショーの内容を教えてもらうことによって，参加者が間接的に情報を入手するものであった。

他方，中央上段上に「情報を入手しない」の小グループの表札がみられた。該当する意見には，情報源自体に興味をもっていないことや，どのような対策をとってよいのかわからないという無力感が挙げられた。また，新聞のみにいえることであったが，ふだんの生活で新聞には接触していないとの行動も挙げられた。

このような，情報収集の有無は，小グループの表札(中央上段下)の「情報が知りたい」という人びとの要求の有無が原因となっていることが考えられる。発言内容には，放射性物質の健康への影響やその真相を問うものがみられた。このグループと関連して，グループ化できなかった一つの表札の発言に，子どもがいる主婦といない主婦とでは「放射能と食品汚染」に対する考え方が異なるであろうとの意見がみられた。こうした結果から，人びとの情報要求は，それぞれがもつ社会的属性の影響を大きく受けることが予測される。

さまざまな情報源からの情報は，それらに接触した人びとの不安を助長させることも考えられる．小グループの表札（中央右下段上）の「情報に接して不安になる」の発言によると，周りの人に気にかけてもらうことがかえって本人の不安を強くしたり，人からの「放射能と食品汚染」のいろいろな話や，ソーシャル・メディアでの多様な意見が，参加者を混乱させているともいえる．逆に，グループ化できなかったラベル（右下段）のみにいえることであったが，不安を感じなかった理由として，「放射能と食品汚染」は，人類がこれまで経験している被ばくの恐れがある事例の一つに過ぎず，大した問題ではないとの楽観的な意見もみられた．

リスク情報の社会的増幅では，情報を受容した人びとがその情報を周りの人との会話や議論を通じて共有し，他者に情報伝達するかがポイントとなる．情報伝達については，「入手した情報を他者に伝える」の表札（中央下段上）と「情報は入手するが他者に伝えない」の表札（中央下段下）の各小グループに分かれた．情報の伝達を行った者は，インターネット上の掲示板に書き込まれた投稿者のさまざまな意見を，自分と関係性が近い親族や友人へ直接伝えたり，ソーシャル・メディア上で意見を発信していた．また，子どもがいない主婦の発言に，将来子どもが生まれることが考えられるので，積極的に意見交換して，周りの人と情報を共有したいという意見もみられた．

次に，右上段の中グループの「情報源に不満がある」の表札が表すように，人びとの情報源に対する感情面が布置された．このグループは，「正しい情報を伝えていない」と「情報源はどれも同じである」の表札の2つの小グループで編成された．「正しい情報を伝えていない」では，NHKが国の公共放送である立場上の問題や，民放の放送局の背景にある広告主の存在などの理由から，「放射能と食品汚染」の事実の全てを伝えていないのではないかといった発言がみられた．また，ニュースショーで取り上げられる極端な内容についての不満もみられた．情報源としてのママ友については，話が大袈裟であるとの意見がみられた．「情報源はどれも同じである」の発言内容は，他者から口伝で伝わる情報は，もともとメディアで報道されたものであり，そのメディアで報道

された情報も国が公表した情報であるので，情報源がどこであろうとそれほど変わらないといった意見であった。

　このような情報源に対する人びとのネガティブな感情面は，右中段下の小グループに「情報源に不信感がある」の表札にもみられた。発言内容をみると，国が示した基準値の情報や，民放とそのアナウンサーの言説，専門的知識人の見解，インターネットの掲示板やソーシャル・メディアの書き込み，ママ友などの周囲から聞いた話など，あらゆる情報源からの情報に対する参加者の不信感がみられた。こうした人びとの情報源への不信感は，小グループの「情報に左右されない」の表札（右下段）といった強い信念をもち，情報源から唱導された態度変化をしない人と結びつく。特に，ママ友からの直接的な情報伝達に対してこのような態度がみられた。

　一方で，小グループの「信用できる情報源がある」の表札（右中段）にように，人びとの情報源に対するポジティブな側面もみられた。テレビなどのマス・メディアを情報源とする情報では，水の買いだめ報道のように人びとに弱い恐怖を喚起するものが挙げられた。オピニオン・リーダーである自分が信頼するママ友，専門的知識人からの情報には，影響される傾向がみられた。また，放射性物質の基準値を具体的な数値で示した詳細情報の内容にも人びとの信頼がみられた。自分が信頼する情報源から情報を入手した人びとは，その情報を自分と親しい周りの人へ伝達する可能性が高く，リスクを社会的に増幅する装置としてのオピニオン・リーダーになり得るといえる。

　調査対象者の条件（年代：20歳代／30歳代，子ども：有／無）ごとにみた島どりの分布では，「メディア特性を活用する」で20歳代の子どもがいる主婦の発言が多かった。若い主婦は，仕入れた情報を自分の目的に沿って使い分けする情報リテラシーが高く，その能力を「放射能と食品汚染」の危険性から家族や子どもの健康を守るために活用していることが考えられる（図8.8参照）。

6.「放射能と食品汚染」情報の提供内容の要望

　質問番号10の「放射能と食品汚染」情報の提供内容に対する要望（表8.2参

照)の発言内容から得られたラベル総数は，53件であった。グループ編成は，一つの大グループと中グループ，9つの小グループ，1件のラベルで構成された。図8.9は，各グループとラベルの空間配置と島どりを行い，関連づける記号(図8.3参照)によって図解化した結果である。

　図の左側には，大グループの「欲しい情報がある」の表札が布置されているのが見て取れる。この大グループ上段に中グループの表札「明確な情報が欲しい」がみられ，この中グループは「安全の確認をしたい」の表札(左上段)と「科学的根拠を知りたい」の表札(右上段)の2つの小グループで成り立っている。「安全の確認をしたい」では，放射性物質が含まれる食品はどれなのか，あるいは安全な食品は何なのかの区別を明示して欲しいとの意見が挙げられた。また，放射性物質が入った食品を見分ける検査方法や，健康被害が出た場合の治療方法を確認したいとの意見もみられた。「科学的根拠を知りたい」の方では，人体に被害が出るケースの件数，検査済みの証明マーク，放射線量の数値など，より具体的に安全な証拠を示して欲しいとの意見がみられた。

　「欲しい情報がある」のその他のグループには，「問題化する以前の情報が知りたい」(左中段)，「将来の影響を知りたい」(右中段)，「責任の所在をはっきりしたい」(左下段)，「親としての対応を知りたい」(右下段)の4つの小グループがみられた。「問題化する以前の情報が知りたい」では，「放射能と食品汚染」の直接的原因である福島第一原発事故より以前から放射線量が高い地域が存在していたのか，チェルノブイリ原発事故での被害はどの程度であったかなど，過去の実状と比較する情報を求めていた。時間的な情報提供の要望には，「将来の影響を知りたい」のように，今後の身体の健康面への影響が表出することの予測情報を求めているものもみられた。こうした将来の予測情報を要望する意見の中には，グループ化されなかったラベルであるが，地震の予測情報も一緒に求めている声もみられた。

　「責任の所在をはっきりしたい」では，人びとが放射性物質を含む空気，水，食物などを摂取することによって起こる内部被ばくによる健康被害を発症した場合，根拠を証明することが難しいとの意見があった。さらに，その後の保障

や責任は誰が・どこで負うことになるのかの判断の手がかりとなる情報を欲している発言もみられた。こうした発言の背景には，今回の福島第一原発事故の直接的，根本的原因についての専門家のさまざまな見解[18]と，その不明確さを解消したい人びとの要望とが結びついた結果があると考えられる。

「親としての対応を知りたい」では，将来子どもを出産するにあたって，これまで母たちが子どもの健康面のどういったことに気をつけてきたのか，そうした情報を共有したいといった意見がみられた。

ある特定の情報要求がみられた一方で，右上段には小グループの「欲しい情報はない」が布置された。グループのラベルには，「放射能と食品汚染」の問題自体に興味がない，周りの人と会話することはない，拠り所となる情報源がないといった発言がみられた。このような人びとの無関心な態度表明は，自身が被災していないことでの切迫感のなさや，日々多忙な生活を送っていることで「放射能と食品汚染」の情報入手に費やす時間がないことが原因となっていた。

また，右中段には「不安が残る」の小グループの表札のように，情報を入手する際にみられる感情の発言内容が布置された。グループ内のラベルをみると，「放射能と食品汚染」の不確定な情報が氾濫していることや，関連する核廃棄物の処理の問題に対して不安をもっていた。また，不安は情報を得ることによって解消されるわけではなく，事故後の時間の経過とともに関心が薄れていることが明らかになった。不安の継続性と関心度の関係は，会話などの対人コミュニケーションを介した情報入手の場合においても同様の現象がみられた。

感情面に「不安が残る」のグループに反して，右下段の小グループには「楽観的に考える」の表札がみられた。グループの発言内容をみると，周りの人たちとの会話の頻度や切迫した状況を目の当たりにすることが少なくなった最近の生活環境が，人びとの危機感を減少させていることがわかった。「不安が残る」の人は，リスク情報を得ることだけでは不安を解消することはできなかったが，「楽観的に考える」人のように，事故当時の情報量と比べて現在の情報量が減少している状況を知覚すると，危機意識の低下が起こり，ポジティブな

第 8 章 受け手のメッセージ受容　165

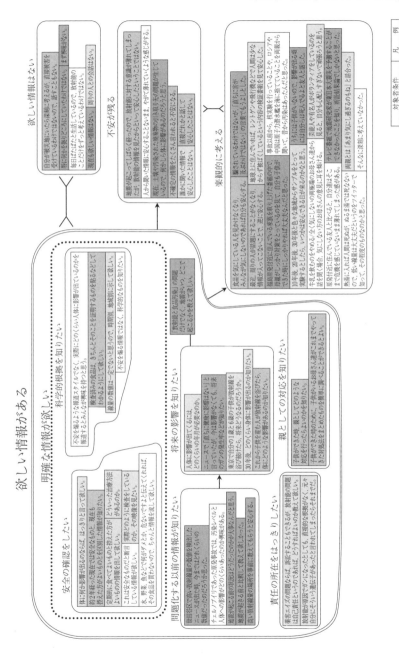

図 8.9 「放射能と食品汚染」情報の提供内容の要望の図解化（A 型）

感情が生成されると考えられる．

　その他，「楽観的に考える」のグループ内のラベルには，選択的にポジティブな情報に接触している発言内容がみられた．ポジティブな情報には，「直ちに害が及ぶわけではない」，「低い放射線は問題ではない」などの人体への影響についての安全情報や，「レントゲン」，「飛行機」などの日常生活で受ける被ばくの例，人類が以前から経験していた「原子力潜水艦の廃棄処理」のようなその他の放射線リスクなどが挙げられた．両親やママ友との会話で情報を得る場合には，「放射能と食品汚染」の問題をあまり深く考え込まずに，危険性から意識を遠ざけようとする発言がみられた．また，将来を楽観的に考える感情には，震災ボランティアの働きを見て前向きに頑張ろうとする感情と，地震の予測情報がはずれたのを見て結果論にしか過ぎないという半ば諦めの感情の2つの側面との関連がみられた．

　最後に，調査対象者条件（年代：20歳代／30歳代，子ども：有／無）ごとの島どりの分布をみた．その結果，ラベル数が少ないグループではあったが，「欲しい情報がある」のグループ中の「責任の所在をはっきりしたい」は20歳代の子どもがいる参加者で，「親としての対応を知りたい」は20歳代の子どもがいない参加者の意見で占められていた．子どもがいる人は親としての自覚が強く，それが「放射能と食品汚染」の問題への責任追及意識の高さにつながっているといえる．しかし，現在子どもがいない人であっても，将来自分が子どもの親となることを想定して，その時の対応や具体的な対策方法の情報を求めている傾向もみられた（図8.9参照）．

7.「放射能と食品汚染」情報の全体像

　最後に，これまで行った全6ラウンドの分析結果を統合し，インタビューの結果で得られたすべてのテクストから「放射能と食品汚染」情報と参加者との関係性を明らかにした．6つのラウンドで得られたラベルの総数は，小グループの表札が60件，中グループの表札が10件，大グループ表札の2件であった．各グループの表札を1つのラベルとして扱い，グループ化を行ったところ，9

つの小グループが編成された。図8.10は，9つのグループを空間配置し，島どりを行って関連づける記号（図8.3参照）によって図解化したものである。

　まず，人びとが「放射能と食品汚染」情報に接触するとき，情報に対する動機づけが必要となる。図をみると，左上段に「情報探索の動機となるもの」の表札が布置されている。グループ内のラベルをみると，本節の第6項で明らかになった，安全の根拠，過去の事件の事例，将来的な予測，責任の所在，親としての対応方法などの情報内容についての人びとの情報要求がみられた。また，人びとの「情報探索の動機となるもの」には，右上段に布置された表札の「日々の食品購買行動」におけるあらゆる購買行動パターン（本節第1項参照）とも関連がみられた。そこでは，人びとが食品の原産地にこだわったり，家族の健康面や衛生面を気にしたりしながら食品を購入するとき，どこの国・地域の，どの食品が，安全もしくは危険なのかといった情報を手に入れたいという欲求が表出することが予測される。

　人びとの「放射能と食品汚染」情報の探索欲求が強くなると，中央中段の表札「情報源となるもの」のグループからさまざまな情報を入手する。このグループのラベルをみると，人を情報源とする情報と，メディアを情報源とする情報の2方向からの情報伝達がみられた（本節第2項参照）。しかしながら，「放射能と食品汚染」の情報は，これら2つの情報源からの情報のみではなく，「情報を想起する手がかりとなるもの」の表札（右中段）のグループにみられるあいまいな記憶や，他の食品問題などと関連づけて想起される場合もあった（本節第2項参照）。

　情報を受容する人びとは，左中段の表札の「情報入手の仕方」のグループのラベルにあるように，自ら情報を取得する人もいれば，受動的に取得する人など，個々人によって入手方法はさまざまである（本節第4項参照）。個人間での情報入手の違いは，テレビ，新聞，インターネット，オピニオン・リーダーなどの情報源のそれぞれの特性に見合った利用方法が存在することも同時に示唆しているといえる（本節第5項参照）。

　「放射能と食品汚染」情報は，右下段上の表札の「行動面への影響」と右下

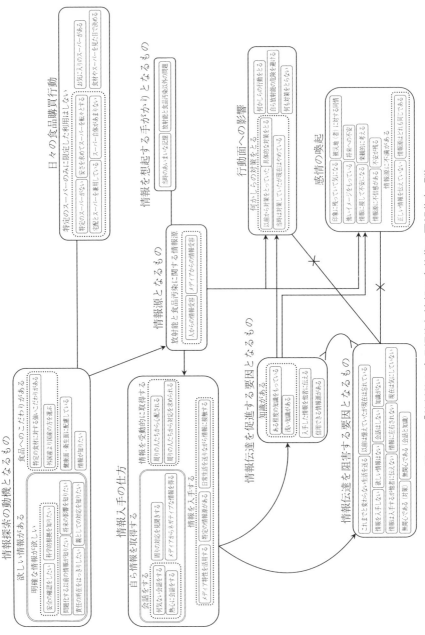

図 8.10 「放射能と食品汚染」情報の全体像の図解化（A 型）

段下の表札の「感情の喚起」といった人びとの行動面と感情面に影響を与えていた。「行動面への影響」では，「放射能と食品汚染」に対する具体的対策や（本節第3項参照），放射性物質が検出された食品の購入を避けるなどの行動をとっていた（本節第2項，第4項参照）。このような，「放射能と食品汚染」情報の人びとの行動レベルへの影響は，何も対策を講じない人が存在していたように，無効果である場合もみられた（本節第3項参照）。人びとの感情面への影響では，情報に接触することで将来に不安を抱いたり，情報源に対して不満や不信感が募ったり，放射能の関連語に怖い印象をもつといったネガティブな感情がみられた（本節第2・4・5・6項参照）。一方で，楽観的にポジティブに捉える参加者も存在していた（本節第6項参照）。

このように，「放射能と食品汚染」情報が人びとの行動面と感情面に与える影響は，左下段上の表札の「情報伝達を促進する要因となるもの」と左下段下の表札の「情報伝達を阻害する要因となるもの」の2つの要因によって左右される。前者において，「放射能と食品汚染」情報をメディアや他者との会話などを通じて入手した人びとは知識を獲得する，あるいは，これまで仕入れた浅い知識を補強することになる（本節第4項参照）。情報によって強化された人びとの知識は，それが情報源となり，親しい他者に情報が伝えられる（本節第5項参照）。そうすることによって，情報を受け取った他者は，対策をとったり，不信感を感じたりするなど行動面や感情面に表出すると考えられる。後者においては，人びとの「放射能と食品汚染」に対する無関心という態度が大きく影響している（本項第3節，第4節参照）。人びとの無関心という態度は，情報源や情報内容に要求することもみられなければ，それによって態度変化することなく，他者に伝達することもないまま忘却していくことが予測される。リスク情報の社会的増幅については，こうした情報伝達の要因が促進されると情報は社会に広く波及していくであろうし，逆に情報伝達を阻害する要因が大きければ減衰していくであろうと考えられる。

第4節 考　察

　本章では，「新しいリスク」の事例として「放射能と食品汚染」を取り上げ，それについての人びとの認識枠，いわゆるオーディエンス・フレームの存在を明らかにするため，既婚女性を調査対象者にグループ・インタビューを実施した。分析では，オーディエンス・フレームが形成される過程に影響すると考えられる情報源や情報伝達方法，入手ルートについての発言内容をKJ法に従って図解化し構造面から検証した。本節では，本章第3節7項で明らかになった「放射能と食品汚染」情報の全体像を中心にフレームの観点から考察を行う。

　本書におけるオーディエンス・フレームは，心理学のフレーム概念に依拠するものであり，それはスキーマやスクリプト，ヒューリスティックス，プライミングといった個人の認知的な構造や現象と深く関わるものである[19]。

　まず，オーディエンス・フレームの形成には，リスク情報に接触したいという個人の根底にある欲求と関連がみられた。図8.10でグループ化された「情報探索の動機となるもの」では，情報を知ることで事態を明確にして安心したり，食品の安全性へのこだわりといったものがみられたが，こうした欲求によって形成されるフレームは，放射性物質の人体への健康被害に対する不安からくるものであると推察される。これは，ふだんの食品購買行動においても特定のスーパーを好んで利用したり，あるいは回避したり，食材を吟味するといったように行動の選択にも影響していることがわかる。

　次に，オーディエンス・フレームを規定する要因となり得るのは，情報源がどこにあるかである。図8.10の「情報源となるもの」では，「メディアからの情報受容」と「人からの情報受容」の2方向からの情報入手経路が明らかになっている。図8.5の「放射能と食品汚染」の認知度と不安度の図解化で詳しくみると，メディアを情報源とするフレームは，被災者への同情などイメージ形成にとどまり，人を情報源とする場合では，被災地の食品を購入し，少しでも被災者の経済的な損害を救おうとする行動レベルにまで影響が及ぶことが明らかになった。

さらに，図8.7の「放射能と食品汚染」の会話と知識の図解化をみると，メディアを情報源とするものにはネガティブな情報が含まれることが多く，それらによって形成されたフレームは，「原爆」，「戦争」，「被ばく」といったように，個人レベルでは対応できない社会的なリスクとして解釈されていた。他方，情報源が人の場合では，主に熱心な会話をすることで情報を得ており，ニュースで見たことを夫婦で共有し再確認し合うなどして，チェルノブイリにみる将来不安，子どもへの心配事，関連する地震の話題など，より具現化して解釈されていた。

　また，オーディエンス・フレームは，図8.10の「情報を想起する手がかりとなるもの」にみられるように，「放射能と食品汚染問題」の発覚当時の記憶やそれと似た問題と関連づけて形成される場合もある。こうした現象は，個人の過去の経験を基に「放射能と食品汚染問題」のスキーマが活性化されてフレームを形成していると考えられる。本グループの「当時のあいまいな記憶」と「放射能と食品汚染以外の問題」を図8.5で詳しくみると，これらのフレームは，当初頻繁にニュースによって取り上げられていたホウレンソウや魚といった食品名のイメージが人びとの記憶に残り，中国製の冷凍ギョウーザ事件[20]のように農薬などの異物が混入する食品事件として解釈されるものであったといえる。

　以上のように，個人の心理的なメカニズムによって形成されるオーディエンス・フレームは，その個人が置かれた環境要因の影響を受けることがある。図8.10の「情報入手の仕方」では，人びとの能動的もしくは受動的な情報収集の方法がみられたが，これらの発言内容を図8.7で詳しくみると，夫婦や家族，親密な友人関係などのインフォーマルな集団と，子どもの保育園の親同士や職場関係などのフォーマルな集団では，「放射能と食品汚染」の発言内容が異なっていた。前者では，放射能の危険性が切迫した問題として捉えられていたのに対して，後者では，日常の何気ない話題の一部として捉えられていた。このように，オーディエンス・フレームは，コミュニケーションの相手との関係性や社会集団のなかの立場に応じて解釈の枠組みを変化させていると推察することもできるだろう。

オーディエンス・フレームの違いは，人びとが利用するメディア環境の差異も関係している。図8.8の「放射能と食品汚染」の情報源とその信用度と満足度で確認すると，放送メディアではニュースやニュースショー，NHKなど，インターネットではTwitterやmixi，2ちゃんねる，活字メディアでは新聞などが情報源として挙げられ，それぞれ人びとがライフスタイルや嗜好に合わせて利用していた。こうしたさまざまなメディア環境は，個々人で異なるオーディエンス・フレームを形成する要因の一つとなり得るであろう。

グループ・インタビューの結果から，オーディエンス・フレームの形成には，個人の情報欲求，メディア環境と情報源（メディアからもしくはパーソナルから），過去の記憶，社会的属性などの存在が大きく影響しているといえる。こうして形成されたオーディエンス・フレームは，図8.10の「情報伝達を促進する要因となるもの」のように，知識を獲得したり，情報源を信用し，他者へ伝達することではっきりとした解釈の枠組みの輪郭ができあがることが予測される。一方で，「情報伝達を阻害する要因となるもの」でみられるように，知識が獲得されなかったり，関心がなく忘却した場合では，他者へ伝達することはせず，ぼんやりとした輪郭の解釈の枠組みのままであると考えられる。さらに，図8.10をみると，前者のオーディエンス・フレームは行動や感情に影響することを示しているが，後者のフレームはそうした影響はみられないことを表しているといえる。

注）

1）パネルの呈示内容は，事例①「東京都の水道水：2011年3月に，金町浄水場（東京都葛飾区）から乳児の飲用に関する暫定基準値を上回る放射性ヨウ素が検出された」，事例②「福島・茨城産の農作物：2011年3月に，福島県産の原乳と茨城県産のホウレンソウなどの農作物から，食品衛生法上の暫定基準値を上回る放射性ヨウ素が検出された」，事例③「茨城沖の魚介類：2011年4月，福島県境の北茨城市沖で水揚げされたコウナゴなどの魚介類から，食品衛生法上の暫定基準値を上回る放射性ヨウ素が検出された」，事例④「南相馬産の牛肉：2011年7月，福島県南相馬市内の畜産農家が出荷した牛から，食品衛生法上の暫定基準値を上回る放射性セシウムが検出された」の以上4つの事例である。

第8章 受け手のメッセージ受容 173

2) 文字化された言語データは，最近では，「テクスト」と称されることがある。特に質的研究の分野ではこのテクストという語を愛用する人びとが多い（鈴木，2006：146）。本章においても，これに従い「テクスト」の呼称を用いている。
3) 2008年1月30日，中国の天洋食品製の冷凍ギョーザを食べた千葉・兵庫両県の10人が中毒症状を訴え，農薬成分メタミドホスが検出されたことが表面化した事件である。中国側は当初「中国国内で農薬成分の混入はない」としていたが，4月，天洋が回収したギョーザが転売され，中国でも被害が発生した。天洋の工場は閉鎖され，取り壊しが検討されている（『朝日新聞』2010年3月27日付け朝刊，1総合）。
4) 2011年4月4日，福島県境の北茨城市沖で水揚げされたコウナゴ（イカナゴとも呼ぶ）などの魚介類から，食品衛生法上の暫定基準値を上回る放射性ヨウ素が検出された。これに対して，原子力災害対策本部長である内閣総理大臣（当時 菅直人）は4月20日，魚介類の出荷制限と摂取制限を福島県に指示した（消費者庁，2012：21）。
5) 福島第一原発事故後の放射性物質の拡散による健康被害の一連のテレビ報道については，第1章の注14）の伊藤守（2012）の先行研究を参照。
6) 1995年（平成7年）1月17日火曜日，午前5時46分に発生した。震央地名は淡路島（北緯34度36分，東経135度02分），震源の深さは16km，マグニチュードは，7.2であった。死者は6,434名，行方不明者は3名，負傷者は43,793名にのぼった。住家被害については，全壊が186,175世帯，半壊274,182世帯，一部破損が39,506棟であった。兵庫県の試算によると，直接被害総額は約9兆9,268億円といわれている（岡田太志，2008：216）。
7) International Commission on Radiological Protection の略である。「国際放射線防護委員会」という。専門家の立場から放射線防護に関する勧告を行う国際組織である。1928年の第2回国際放射線医学会総会で設置された委員会で，第1から第4までの4つの専門委員会が設けられ放射線防護の基本的な考え方，防護基準，放射線防護の方策などについて検討し，検討結果は勧告あるいは報告（Publication）という形で公表され，各国の放射線防護基準の規範となっている（高度情報科学技術研究機構，1997）。
8) 放射線は物質を浸透する力をもった光線に似たもので，α線，β線，γ線，x線，中性子線などがある。放射線はこれら種類によって物を通り抜ける力が違うので，それぞれ異なる物質で遮ることができる（消費者庁，2012：6）。
9) 放射性物質としてのセシウムは主に11種類あることが知られている。セシウム134，セシウム137は人工放射性物質で，核分裂によって生成し，物理学的半減期はそれぞれ2年と30年である（消費者庁，2012：11）。
10) プルトニウムは超ウラン元素の一つであり，原子炉の中でウランより生成される。プルトニウムには数種類の放射性物質があり，物理学的半減期は5時間～8.26×

107 年と種類よって大きく異なる（消費者庁，2012：11）。
11）放射線は本章の注 8）を参照。
12）放射線を出す能力を放射能という（消費者庁，2012：6）。
13）放射能の能力をもった物質のことを放射性物質という（消費者庁，2012：6）。
14）ニュースショーやワイドショーと呼ばれる番組は，1964 年に始まった『木島則夫モーニングショー』（NET：現テレビ朝日，～1993）が日本においての嚆矢とされ，1960 年代から 1970 年代，さらには 1980 年代にかけて，三面記事や芸能スキャンダルに流れていった（島崎・池田・米倉，2009：93-94）。1990 年代以降は，"芸能中心"からニュースや社会問題を積極的に取り上げ，報道番組とはひと味違った切り口で見せようという"情報主体"へ転換した（日本民間放送連盟，1997：277）。しかし同時に，1995 年から 96 年にかけての一連のオウム真理教をめぐる事件の取り扱いや「オウムビデオ事件」をきっかけとして，ワイドショーに対する社会的批判が高まった時期でもあった（日本民間放送連盟，1997：277）。現在では，総務省による番組種別の公表が義務づけられている（総務省，2011）。それによると，こうした類の番組は，「報道」に分類されているが，本章では，一般的に人びとがニュースショーの番組内容と認識していると判断し，ニュースショーという語で統一した。
15）本書におけるソーシャル・メディアの定義は，第 4 章の注 23）を参照。
16）mixi とは，株式会社ミクシィが運営している SNS（ソーシャルネットワーキングサービス）の名称である。2004 年 2 月にサービスが開始された。国内では圧倒的なシェアを誇る SNS として知られている（IT 用語辞典 BINARY，2013a）。
17）2 ちゃんねるとは，1999 年に西村博之を管理人として開設された，電子掲示板を多数包含した Web サイトの名称である（IT 用語辞典 BINARY，2013b）。
18）事故調査委員会の見解は，第 1 章の注 3）を参照。
19）心理学からのフレーム概念についての詳しい説明は，第 5 章 1 節 2 項を，本書におけるオーディエンス・フレームの定義は，第 5 章 2 節を参照。
20）本章の注 3）を参照。

第9章

メディア・フレーミング効果測定―実験から

第1節　実験の目的

　本章の目的は，「新しいリスク」報道におけるメディア・フレーミング効果について，オーディエンス・フレームを考慮しながら実験によって検討することである。メディア・フレーミング効果は，第5章2節で定義したように，メディア・フレームとオーディエンス・フレームとの間に対応関係がみられ，この関係性が受け手個人のリスク意識に影響を与えることである。メディア・フレームについては第7章において，「放射性セシウム汚染牛問題」の新聞記事から抽出した8つのフレーム（「現状フレーム」，「対策フレーム」，「原因フレーム」，「要求フレーム」，「被害フレーム」，「人体への影響フレーム」，「食品フレーム」，「原発事故フレーム」）を設定したが，これらに対応するオーディエンス・フレームを明確に測定することは非常に困難である。オーディエンスの解釈は，送り手のメディア・フレームどおりとは限らないからである。そこで，第8章のグループ・インタビューで明らかになったオーディエンス・フレームを形成する要因となる個人の情報要求（不満，不安）を指標として採用し，メディア・フレームとの一致度を確認することで効果測定を行うこととした。

　実験は，マルチメソッドによる本書のデザインの「フレームの個人レベルの効果」の箇所に該当し，個人のリスク意識の顕在化を検証する過程に位置づけられる（第6章2節の図6.3参照）。

　以上を踏まえ，以下の4つの仮説を設定した。

(仮説1)

「現状フレーム」と「対策フレーム」にみられる国や行政の一次情報をそのまま流すようなリスク報道では，人びとは「放射能と食品汚染問題」の全体像を解釈することが困難であると認識する。このような認識によって形成されたオーディエンス・フレームにおいては，それが情報源に対する不満となって喚起されるであろう。たとえば，「情報が不足している」，「真実を伝えていない」，「情報が遅い」といった不満内容である。

(仮説2)

「原因フレーム」，「要求フレーム」，「被害フレーム」のように，事故の被害状況や原因を明確化し，その責任の所在を明らかにしたリスク報道では，人びとが「事故発生⇒どのような被害状況なのか⇒原因は何なのか⇒誰のせいなのか」といったオーディエンス・フレームで解釈しやすく，責任追及意識が特定の対象へ向けられるであろう。

(仮説3)

「人体への影響フレーム」と「食品フレーム」は，健康被害に配慮している人びとにとって知りたいリスク情報であり，日常生活において頻繁に情報内容を伝達したり受容したりしている。そのようにして知り得た知識で形成されたオーディエンス・フレームは「放射能と食品汚染問題」に対する不安を喚起するであろう。

(仮説4)

「原発事故フレーム」は，ある食品に限定した放射能汚染のリスク情報ばかりでなく，他の食品汚染や，原子力問題に関するさまざまな情報が組み込まれている。オーディエンス・フレームでは一度に多くの情報を処理し難いため，リスク情報の細かいところに注目しないであろう。

第2節　実験の方法

　前節で述べた目的に沿って，2013年3月22日(金)～25日(月)に既婚女性を対象としたインターネット・パネルを用いた実験を実施した。鈴木裕久と島崎哲彦によると，インターネット調査とは，インターネットのメールやホームページを介して調査対象者に調査内容を伝送し，対象者の回答もインターネットを介して調査者の手元に収集する手法である。インターネット調査は，対象者の回答する時間的制約もなく，回収率が高いなどの長所をもっているが，無作為標本を抽出する場合，インターネット非利用者を対象者から除外することで生じる母集団推計の際の歪みなどの問題点も指摘されている(鈴木・島崎, 2006：44-45)。

　このように，インターネット調査は，標本の代表性に議論の余地があるといえるが，調査対象者の居住地，性別，年齢などの属性を統制し，調査者が恣意的に有意抽出する場合は，こうした条件を事前にスクリーニングすることができ，非常に有効的な手法であるといえる。また，対象者にいくつか異なる実験刺激を呈示し，その刺激の種類別に回答させる質問紙実験を行う場合[1]も，他の郵送調査法や集合調査法と比べて，対象者を実験群に割り当てる作業を容易にし，対象者はウェブ上の呈示画面を確認した後に回答画面へ進むため，ある程度の刺激呈示の確実性ももち合わせていると考えられる。

　以上のように，インターネット調査実験は，対象者条件を限定し，実験の群間での回答傾向を比較することが可能であることから，本章ではこの調査手法を採用した。以下，調査対象者，実験刺激，調査票の構成，調査実験の流れの順で説明する。

1. 調査対象者

　調査対象者は，東京都内在住の20歳代から30歳代の既婚女性220名(平均年齢31.0歳)であった。調査対象者の現在の住まいを東京都に限定したのは，実験を行うにあたって，地理的な条件によって対象者の関心度や不安感が影響

表9.1 実験条件と属性による調査対象者の割付

	実験群Ⅰ	実験群Ⅱ	実験群Ⅲ	実験群Ⅳ	統制群
20歳代・子どもあり	11	11	11	11	11
20歳代・子どもなし	11	11	11	11	11
30歳代・子どもあり	11	11	11	11	11
30歳代・子どもなし	11	11	11	11	11

(単位:人)

されることを統制するためである。また,対象者属性の選定理由は,グループ・インタビューの選定理由と同様に,食品購入頻度が高いこと,自分の家族(特に幼い子ども)への健康面に配慮していることを予測したことによるものである(第8章2節1項参照)。標本抽出法は,ネットリサーチ会社が保有するモニターから当該条件と一致する対象者を有意抽出した。

本調査では,調査対象者をメディア・フレームの条件ごとに実験群(Ⅰ~Ⅳ)と統制群の5グループに振り分け,年代(20歳代/30歳代)と15歳以下の子どもの有無によって合計20セルに各11名ずつ割り当てた(表9.1参照)。実験群Ⅰは,実験刺激Ⅰの新聞記事を読んだ後にウェブ上の選択肢に回答した群のことであり,実験群Ⅱは刺激Ⅱの新聞記事,実験群Ⅲは刺激Ⅲ,実験群Ⅳは刺激Ⅳのそれぞれの新聞記事を読んでから選択肢に回答した群である。統制群は実験刺激を呈示されない群,つまり新聞記事を読まずに選択肢に回答した群である。

2. 実験刺激

実験刺激は,内容分析の結果から抽出した「放射性セシウム汚染牛問題」の新聞記事のメディア・フレームである。「放射性セシウム汚染牛問題」の新聞報道では,「現状フレーム」,「対策フレーム」,「原因フレーム」,「要求フレーム」,「被害フレーム」,「人体への影響フレーム」,「食品フレーム」,「原発事故フレーム」の8つのメディア・フレームの報道パターンがみられた(第7章参照)。本実験では,これら8つのメディア・フレームを本章第1節の仮説に従って統合し,「Ⅰ.行政の一次情報」,「Ⅱ.原因・責任・賠償」,「Ⅲ.健康被害」,「Ⅳ.

表9.2　実験刺激の組み合わせと記事内容

実験刺激	フレームの組み合わせ	記事内容
Ⅰ．行政の一次情報	現状＋対策	政府や自治体の行政が公表した放射性物質の検出量や牛の放射線量検査を行った事実の情報をありのまま流す報道
Ⅱ．原因・責任・賠償	原因＋要求＋被害	「放射性セシウム汚染牛」問題の原因と被害状況を究明し，その責任や賠償が論点となる報道
Ⅲ．健康被害	人体への影響＋食品	放射性物質の食品汚染と健康被害の危険性を扱った報道
Ⅳ．原発事故	原発事故	食品汚染問題以外の原発事故に関わる問題（エネルギー問題，環境問題など）を取り上げた報道

原発事故」の4つの新聞記事の実験刺激を人為的に作成した（巻末資料ⅱ参照）。実験刺激のメディア・フレームの組み合わせと記事内容は表9.2に示すとおりである。

　ウェブ上の呈示画面では，メディア・フレームの要因が純粋に検出できるように，上記の新聞記事の掲載日が同じ2011年7月頃であること，掲載面が同じ社会面であることを明示した。また，実験群の新聞記事を読む負担を均一に調整するため，見出し・記事内容を同じ文字の大きさに，文字数を同程度になるようにレイアウトを組み直した。

　統制群では，「放射性セシウム汚染牛」問題について，「2011年7月8日，福島県南相馬市内の畜産農家が出荷した牛から，食品衛生法上の暫定基準値を上回る放射性セシウムが検出された」の説明文のみを呈示した。

　なお，実験刺激の新聞記事はメディア・フレームごとに作成したが，実際の新聞記事は複数のメディア・フレームが混合している場合がほとんどである。そのため，見出しに出現するメディア・フレームを優先し，その意味内容が比較的多く含まれる記事を採用し加工した。

　また，「Ⅲ.健康被害」の実験刺激は他の刺激と異なり，健康被害についての読者やエディターの意見の記事内容が大半をしめているが，この点においても，上記の注意点と同様にメディア・フレームの意味内容を多く示す新聞記事を優先的に採用した。さらに，本実験刺激では，受け手に記事内容が理解できるよ

う実際に掲載されたコメント者の属性をそのまま使用した。

3. 調査票の構成

表9.3は本調査の調査票の構成である。以下，従属変数とその他の変数[2]ごとの個々の調査項目について述べる。表9.4は調査項目を作業仮説に対応させた表である。

(1) 従属変数

従属変数として測定した変数は，表9.3の項目 A 〜 E に該当する調査項目である。項目 A は，実験群が記事内容を直感的に通読したのか，それとも意識的に熟読したのかを判断するための項目である。回答者には，新聞記事をどのように読んだのかと尋ね，「新聞記事に書いてある内容を流し読みした」や「新聞記事に書いてある内容の一つ一つを理解しながら読んだ」などの質問文6問に対して，それぞれ「あてはまらない」，「あまりあてはまらない」，「どちらともいえない」，「ややあてはまる」，「あてはまる」の5件法で回答を求めた。項目 B は，実験群の新聞記事に対する信用度を尋ねる項目である。回答者には，新聞記事を読んでどのように感じたのかと尋ね，「新聞記事の内容は信用できない」の質問文に対して，「そう感じなかった」，「あまりそう感じなかった」，「どちらともいえない」，「まあそう感じた」，「そう感じた」の5件法で回答を求めた。項目 C は，実験群が新聞記事に対してどのような不満をもったのかを確認する項目である。質問文は，「新聞記事の内容では，食品安全性を理解する手助けにならない」，「新聞記事の内容は『放射性セシウム汚染牛問題』の情報を正確に伝えていない」など他2問であり，回答者には，「そう感じなかった」〜「そう感じた」の5件法で回答を求めた。項目 D は，実験群と統制群の「放射性セシウム汚染牛問題」に対する不安を比較するための項目である。質問文は，「自分自身が放射能に汚染された食品を知らずに食べているのではないかと不安だ」，「国が示した放射性物質の基準値未満の食品でも健康被害がでるのではないかと不安だ」などの不安内容にかかわる5問であり，回答者には，「そ

表9.3　調査票の構成

項目	調査項目	質問数
A	実験刺激(新聞記事)の通読度	6問
B	実験刺激(新聞記事)の信用度	1問
C	情報源への満足度	4問
D	情報源への不安度	5問
E	責任追及意識	7問
F	水道水汚染の認知度	1問
G	飲料水の安全性に関する情報への接触度	1問
H	飲料水の安全性に関する情報源	1問
I	水道水汚染への具体的対策	1問
J	水道水汚染への具体的対策の継続	1問
K	農作物汚染の認知度	1問
L	農作物の安全性に関する情報への接触度	1問
M	農作物の安全性に関する情報源	1問
N	農作物汚染への具体的対策	1問
O	農作物汚染への具体的対策の継続	1問
P	魚介類汚染の認知度	1問
Q	魚介類の安全性に関する情報への接触度	1問
R	魚介類の安全性に関する情報源	1問
S	魚介類汚染への具体的対策	1問
T	魚介類汚染への具体的対策の継続	1問
U	放射性セシウム汚染牛の認知度	1問
V	牛肉の安全性に関する情報への接触度	1問
W	牛肉の安全性に関する情報源	1問
X	放射性セシウム汚染牛への具体的対策	1問
Y	放射性セシウム汚染牛への具体的対策の継続	1問
Z	福島第一原発事故後の避難の有無	1問
a	福島第一原発事故後の避難の継続	1問
b	ふだんのテレビ利用	1問
c	ふだんの新聞利用	4問
d	ふだんのインターネット利用	3問
e	フェイス項目	6問

表9.4 作業仮説とそれに対応する調査項目

仮説No.	作業仮説	対応する項目
仮説1	実験群は，実験刺激（新聞記事）を実際に報道された新聞記事であると認識する。	B
仮説2	「Ⅰ．行政の一次情報」の群は，他の実験群と比べて，新聞記事の内容に対する満足度が低い。	C
仮説3	「Ⅲ．健康被害」の群は，統制群と比べて，新聞記事の内容に対する不安度が高い。	D
仮説4	「Ⅳ．原発事故」の群は，他の実験群と比べて，新聞記事を熟読することはなく，通読する。	A
仮説5	「Ⅱ．原因・責任・賠償」の群は，統制群と比べて，特定の対象（国，行政，東京電力，マスコミ，専門家・知識人）への責任追及意識が高い。	E

※仮説1，仮説2，仮説4は，実験刺激となる新聞記事を読んだ感想を回答者に問う項目であるので，新聞記事を読まない統制群は設定せずに実験群のみで比較を行った。

う感じなかった」～「そう感じた」の5件法で回答を求めた。項目Eは，実験群と統制群に「放射性セシウム汚染牛問題」の責任はどこにあると思うのかを尋ねる項目である。回答者には，その責任の所在を「国の原子力政策」，「都や県などの行政の対策方法」，「東京電力の組織体制の怠慢さ」，「マスコミの情報提供の遅れ」，「専門家・知識人のあいまいな解説」，「原子力政策を容認した国民や市民」，「人類にかせられた運命」のそれぞれの項目について，「責任はない」～「どちらともいえない」～「責任がある」の7件法で回答を求めた。

(2) その他の変数

従属変数に影響を与え得る可能性のあるその他の変数として設けた調査項目は，表9.3のF～eに該当する項目である。項目F～Yは，「水道水汚染」(F～J)，「農作物汚染」(K～O)，「魚介類汚染」(P～T)，「放射性セシウム汚染牛」(U～Y)の放射性物質による食品汚染の4つの事例[3]を示し，回答者にこれらの事例の想起を求め，その当時の認知度，情報源，具体的な対策を尋ねる項目である。F，K，P，Uは，各事例の認知度を把握するための項目である。「当時，あなたは（事例）を知っていましたか」の質問文に対して，「よく知っていた」，

「ある程度知っていた」,「あまり知らなかった」,「全く知らなかった」で回答を求め,「よく知っていた」と「ある程度知っていた」と回答した人は次の情報源に関する質問へ,「あまり知らなかった」と「全く知らなかった」と回答した人は次の事例へ進むように指示した。

　各事例を認知していた人に対して,項目 G, L, Q, V でその事例の情報への接触度を尋ねた。「あなたは(事例)の安全性に関する情報を見たり聞いたりしましたか」の質問文に対して,「頻繁に見たり聞いたりした」,「ときどき見たり聞いたりした」,「あまり見たり聞いたりしなかった」,「全く見たり聞いたりしなかった」で回答を求め,「頻繁に見たり聞いたりした」と「ときどき見たり聞いたりした」と回答した人に項目 H, M, R, W でその情報源を尋ねた。情報源の選択肢は,「テレビ」,「新聞」,「雑誌」,「ラジオ」,「インターネット」,「家族や親族」,「友人(ママ友や近所の人など)」,「その他(具体的に)」であり,選択肢のなかからあてはまるもの全てに回答するよう求めた。項目 I, N, S, X は,各事例を受けて,どのような具体的対策をとったのかを確認するための項目である。「水道水は飲用にしなかった」や「農作物を購入するときに産地表示を確認した」など事例別に対策の選択肢をそれぞれ設けて,あてはまるもの全てに回答するよう求めた。項目 J, O, T, Y では,前問で選択した対策を現在も続けているのかを尋ねた。選択肢は「現在も続けている」と「現在は続けていない」を設けた。

　項目 Z は,福島第一原発事故後に実際に一時的避難をしたのかを尋ねる項目である。選択肢は,「家族全員で一時避難した」,「自分と子どもで一時避難した」,「子どもだけを一時避難させた」,「その他の形で一時避難をした」,「一時避難はしていない」とし,誰と一時避難したのかの回答を求めた。項目 a は,項目 Z で「一時避難はしていない」と回答した人を除く回答者に対して,現在も一時避難を続けているのかを尋ねた。「現在も続けている」と「現在は続けていない」で回答するように求めた。

　項目 b 〜 d は調査対象者のふだんのメディア利用を探るための項目である。項目 b は,テレビ全体とテレビのニュース・報道の視聴時間を尋ねた。項目 c

は，新聞の閲読時間や良く読む新聞社名と記事欄を尋ねた。項目dは，インターネットの利用時間，使用機器，使用用途を尋ねた。項目eは，調査対象者の属性に関する項目であり，一緒に住んでいる家族，子どもの数，職業，職種，最終学歴，居住地の記入を求めた。

4. インターネット調査実験の流れ

本調査実験の一連の流れを図9.1に示す。事前スクリーニング調査では，性別（女性），年齢（20歳～30歳），住まい（東京都内），未・既婚（既婚），子どもの年齢（15歳以下）を聴取し，括弧内の条件に合致する対象者を抽出した。スクリーニングの段階で，放射能と食品汚染の問題に強くバイアスが生じる恐れがある「電気・ガス・供給・水道業」，「マスコミ」，「食品製造・卸・販売」，「広告」，「調査会社」，「シンクタンク・コンサルタント」，「官公庁（国や地方自治体の役所）」の7業種に就労している人，または家族に関係者がいる人は，

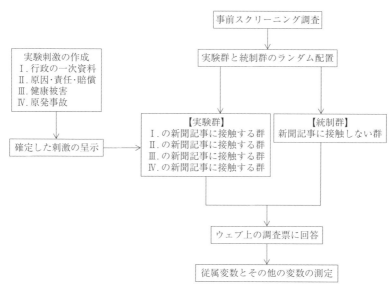

図9.1　インターネット調査実験の実施の流れ

調査対象者から除外した。また，事前スクリーニングでは人びとが先有的にもっている環境問題や原子力政策，放射性物質などに関する意見や関心を尋ね[4]，事前データとして分析に用いた。

事前スクリーニング調査の終了後，抽出した調査対象者を実験群と統制群にランダムに振り分け，本調査実験を実施した。実験群はⅠ～Ⅳの実験刺激の各新聞記事を読んだ後に回答画面へ進み，統制群はそのまま回答画面へ進むように指示した。回答終了後，得られたデータを回収・集計し，作業仮説に従って従属変数とその他の変数の測定を行った。

第3節　実験の結果

1. 仮説の検証

(1) 新聞記事の信用度

表9.5は，実験群の接触した新聞記事に対する信用度（項目B）を聞いた結果である。実験群全体では，「どちらともいえない」と回答した人が43.2％で最も多く，次いで，「あまりそう感じなかった」が35.8％，「そう感じなかった」が13.1％であった。「そう感じた」と回答した人は1名しかいなかったことから，実験群は新聞記事の内容に不信感をもつことなく読んでいたといえる。メディア・フレーム別にみても差はほとんどみられず，実験群全体と同様に信用度は

表9.5　メディア・フレーム別にみた新聞記事の信用度　(人, ％)

メディア・フレーム	B.「放射性セシウム汚染牛問題」の新聞記事の内容は信用できない					
	そう感じなかった	あまりそう感じなかった	どちらともいえない	まあそう感じた	そう感じた	合計
行政の一次情報	7(15.9)	14(31.8)	20(45.5)	3(6.8)	0(0.0)	44(100.0)
原因・責任・賠償	7(15.9)	15(34.1)	18(40.9)	4(9.1)	0(0.0)	44(100.0)
健康被害	5(11.4)	17(38.6)	20(45.5)	2(4.5)	0(0.0)	44(100.0)
原発事故	4(9.1)	17(38.6)	18(40.9)	4(9.1)	1(2.3)	44(100.0)
全体	23(13.1)	63(35.8)	76(43.2)	13(7.4)	1(0.6)	176(100.0)

やや高い傾向にあった。この結果から，実験群は，どの群も均一に「放射性セシウム汚染牛問題」の新聞記事を実際に起こった事件の記事として認識していたと解釈できる。したがって，作業仮説1は支持されたといえる。

(2) 情報源に対する満足度

作業仮説2の検証のため，メディア・フレームと満足度4問（項目C）のクロス集計を行った。その結果を表9.6，表9.7，表9.8，表9.9に示す。表9.6は，新聞記事の情報から知識を獲得する上での満足度である。メディア・フレーム別にみると，全てのフレームで「どちらともいえない」の回答が全体の39.8%と最も多く，「行政の一次情報」は38.6%，「原因・責任・賠償」は31.8%，「健康被害」は47.7%，「原発事故」は40.9%であった。全体的な回答のばらつきにはフレームの差がほとんど見受けられないが，「原発事故」では，「そう感じなかった」と回答した人がいなかったのに対して，回答が43.2%（「そう感じた」15.9%＋「まあそう感じた」27.3%）と他のフレーム群と比べて強い不満がみられた。原発問題という大きな枠組みの文脈上で語られる「原発事故」の報道では，人びとが食品汚染問題の情報を知ろうとするとき，情報提供の仕方に不満をもっていることが考えられる。

表9.7は，新聞記事の情報の正確さに対する満足度である。正確さの満足度は，表9.6の結果と同様に，メディア・フレームにかかわらず，「どちらともいえない」と回答した人が全体の44.9%と最も多く，「行政の一次情報」は38.6%，「原因・責任・賠償」は47.7%，「健康被害」は40.9%，「原発事故」は52.3%であった。しかしながら，前掲のようにフレームの差が僅かながらみられた「原発事故」においては，ここでも「そう感じなかった」と回答した人がいなかったのに対して，肯定的な回答をした人は27.2%（「そう感じた」13.6%＋「まあそう感じた」13.6%）であった。「原発事故」では，知識獲得の際に不満を感じた人がいるように，情報の正確さについても強い不満を感じる人がいることがわかった。

表9.8は，新聞記事の情報提供の速さに対する満足度である。速報性の満足

表 9.6 メディア・フレーム別にみた新聞記事の満足度 1　　（人，％）

メディア・フレーム	C.「放射性セシウム汚染牛問題」の新聞の内容では食品の安全性を理解する手助けにはならない					
	そう感じなかった	あまりそう感じなかった	どちらともいえない	まあそう感じた	そう感じた	合計
行政の一次情報	4(9.1)	11(25.0)	17(38.6)	10(22.7)	2(4.5)	44(100.0)
原因・責任・賠償	4(9.1)	11(25.0)	14(31.8)	11(25.0)	4(9.1)	44(100.0)
健康被害	3(6.8)	9(20.5)	21(47.7)	7(15.9)	4(9.1)	44(100.0)
原発事故	0(0.0)	7(15.9)	18(40.9)	12(27.3)	7(15.9)	44(100.0)
全体	11(6.3)	38(21.6)	70(39.8)	40(22.7)	17(9.7)	176(100.0)

表 9.7 メディア・フレーム別にみた新聞記事の満足度 2　　（人，％）

メディア・フレーム	C. 新聞記事の内容は「放射性セシウム汚染牛問題」の情報を正確に伝えていない					
	そう感じなかった	あまりそう感じなかった	どちらともいえない	まあそう感じた	そう感じた	合計
行政の一次情報	4(9.1)	8(18.2)	17(38.6)	13(29.5)	2(4.5)	44(100.0)
原因・責任・賠償	2(4.5)	11(25.0)	21(47.7)	8(18.2)	2(4.5)	44(100.0)
健康被害	1(2.3)	11(25.0)	18(40.9)	12(27.3)	2(4.5)	44(100.0)
原発事故	0(0.0)	9(20.5)	23(52.3)	6(13.6)	6(13.6)	44(100.0)
全体	7(4.0)	39(22.2)	79(44.9)	39(22.2)	12(6.8)	176(100.0)

表 9.8 メディア・フレーム別にみた新聞記事の満足度 3　　（人，％）

メディア・フレーム	C. 食品中から放射性物質が検出されてしまった後では情報提供が遅い					
	そう感じなかった	あまりそう感じなかった	どちらともいえない	まあそう感じた	そう感じた	合計
行政の一次情報	0(0.0)	6(13.6)	15(34.1)	15(34.1)	8(18.2)	44(100.0)
原因・責任・賠償	2(4.5)	5(11.4)	10(22.7)	16(36.4)	11(25.0)	44(100.0)
健康被害	3(6.8)	4(9.1)	11(25.0)	15(34.1)	11(25.0)	44(100.0)
原発事故	2(4.5)	5(11.4)	14(31.8)	18(40.9)	5(11.4)	44(100.0)
全体	7(4.0)	20(11.4)	50(28.4)	64(36.4)	35(19.9)	176(100.0)

表9.9　メディア・フレーム別にみた新聞記事の満足度4　　(人，%)

メディア・フレーム	C. 新聞記事の内容では「放射性セシウム汚染牛問題」の詳しい情報が足りない					
	そう感じなかった	あまりそう感じなかった	どちらともいえない	まあそう感じた	そう感じた	合計
行政の一次情報	0(0.0)	2(4.5)	13(29.5)	21(47.7)	8(18.2)	44(100.0)
原因・責任・賠償	1(2.3)	1(2.3)	16(36.4)	17(38.6)	9(20.5)	44(100.0)
健康被害	2(4.5)	1(2.3)	12(27.3)	17(38.6)	12(27.3)	44(100.0)
原発事故	0(0.0)	0(0.0)	15(34.1)	23(52.3)	6(13.6)	44(100.0)
全体	3(1.7)	4(2.3)	56(31.8)	78(44.3)	35(19.9)	176(100.0)

度は，全体で情報提供が遅いとする回答が半数を超え(56.3%，「そう感じた」19.9% +「まあそう感じた」36.4%)，「行政の一次情報」では52.3%(同18.2% + 34.1%)，「原因・責任・賠償」では61.4%(同25.0% + 36.4%)，「健康被害」では59.1%(同25.0% + 34.1%)，「原発事故」では52.3%(同11.4% + 40.9%)であった。フレームによる回答の差はあまりみられなかったが，「行政の一次情報」では，「そう感じなかった」と回答した人がいなかったのに対して，「そう感じた」と回答した人が18.2%みられた。また，「原因・責任・賠償」と「健康被害」では，「そう感じた」と回答した人が25.0%ずつであった。したがって，全ての実験群を通して，情報提供の速報性については，不満を抱いているものが相当数いるといえる。

表9.9は，新聞記事の情報量に対する満足度である。情報量の満足度は，全体で情報が不足していると感じた人が6割を超え(64.2%，「そう感じた」19.9% +「まあそう感じた」44.3%)，他の質問の回答と比べて最も多く，「行政の一次情報」では65.9%(同18.2% + 47.7%)，「原因・責任・賠償」では59.1%(同20.5% + 38.6%)，「健康被害」では65.9%(同27.3% + 38.6%)，「原発事故」では65.9%(同13.6% + 52.3%)であった。一方で，不足していないとする回答は4.0%(「そう感じなかった」1.7% +「あまりそう感じなかった」2.3%)と他の質問と比べて極端に少なく，「行政の一次情報」では4.5%(同0.0% + 4.5%)，「原因・責任・賠

償」では 4.6％（同 2.3％ + 2.3％），「健康被害」では 6.8％（同 4.5％ + 2.3％），「原発事故」では回答者がみられなかった。フレームの差もほとんどみられず，実験群は「放射性セシウム汚染牛問題」を理解するのに，新聞記事の情報量の少なさに不満があったといえる。

　以上のように，各実験群による層別集計では各群の間で一部に差が認められる程度であった。そこで，さらに各フレームの満足度（不満度）の回答構造を明らかにし，その差異を検出するためにコレスポンデンス分析を実施した。本分析は，クロス集計の反応パターンを座標空間上に表現する手法であり，クロス集計表の行と列を同時にプロットしたポジショニング・マップを作成することができる。分析結果から，似た反応を示すものは近くに布置され，異なるものは遠くに布置されるといったように，データの構造について視覚的な検証が可能になる。

　分析では，満足度項目Ｃの4問に対する回答者の強い不満を示す「そう感じた」と「まあそう感じた」の合計度数を用いた。解析の結果，固有値は第1軸 0.083，第2軸 0.045，第3軸 0.010 であり，第2軸までの累積寄与率は 98.8％（第1軸 76.5％，第2軸 22.3％）であった。したがって，第1軸と第2軸で回答全体の構造をほぼ説明し得ると判断し，図9.2に示すように，フレームと満足度項目の各軸のカテゴリー・スコア[5]を2次元上に同時布置した。図9.2をみると，第2軸が正の領域（第Ⅰ象限と第Ⅱ象限）には，「情報の速さに不満」の付近に「健康被害」と「原因・責任・賠償」の2つのフレームが布置されているのがみてとれる。さらに，第1軸が正，第2軸が負の領域（第Ⅳ象限）には「知識獲得に不満」の付近に「原発事故」が布置し，第1軸と第2軸ともに負の領域（第Ⅲ象限）には「情報の正確さに不満」と「情報量に不満」が布置し，それらの近傍には「行政の一次情報」が布置していた。

　このように，回答者の実験刺激に対する不満度は，フレームの種類ごとに異なった内容であることが見出された。なかでも，「行政の一次情報」については，他のフレーム群に比べて情報の不確かさや情報量の少なさといった不満の表出パターンが検出された。「行政の一次情報」のこれら不満内容に対する集計結

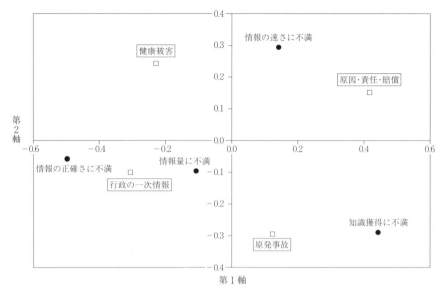

図9.2 メディア・フレームの不満度のコレスポンデンス分析の結果

果をみると,情報の正確さでは34.0%(「そう感じた」4.5% +「まあそう感じた」29.5%),情報量では65.9%(同18.2% + 同47.7%)であり,特に情報量について不満度が高い傾向がみられた(表9.7,表9.9参照)。したがって,作業仮説2における,「行政の一次情報」は他の実験群と比べて,不満の内容の構造については不満度が高いと推察される。

(3) 情報源に対する不安度

作業仮説3の検証のために行った,メディア・フレームと不安度5問(項目D)のクロス集計の結果が表9.10,表9.11,表9.12,表9.13,表9.14である。

表9.10は,調査対象者自身が感じる食品汚染の被害が降りかかる恐れに対する不安である。回答の全体的傾向をみると,不安を感じる回答が半数を超える結果であった(56.8%,「そう感じた」22.3% +「まあそう感じた」34.5%)。「行政の一次情報」では68.2%(同22.7% + 45.5%),「原因・責任・賠償」では56.8%

第9章 メディア・フレーミング効果測定　191

表9.10　メディア・フレーム別にみた新聞記事の不安度1　　（人，％）

メディア・フレーム	D. 自分自身が放射能に汚染された食品を知らずに食べているのではないかと不安だ					
	そう感じなかった	あまりそう感じなかった	どちらともいえない	まあそう感じた	そう感じた	合計
行政の一次情報	1(2.3)	5(11.4)	8(18.2)	20(45.5)	10(22.7)	44(100.0)
原因・責任・賠償	7(15.9)	5(11.4)	7(15.9)	18(40.9)	7(15.9)	44(100.0)
健康被害	1(2.3)	7(15.9)	14(31.8)	11(25.0)	11(25.0)	44(100.0)
原発事故	3(6.8)	10(22.7)	12(27.3)	13(29.5)	6(13.6)	44(100.0)
統制	6(13.6)	5(11.4)	4(9.1)	14(31.8)	15(34.1)	44(100.0)
全体	18(8.2)	32(14.5)	45(20.5)	76(34.5)	49(22.3)	220(100.0)

表9.11　メディア・フレーム別にみた新聞記事の不安度2　　（人，％）

メディア・フレーム	D. 自分の家族が放射能に汚染された食品を知らずに食べているのではないかと不安だ					
	そう感じなかった	あまりそう感じなかった	どちらともいえない	まあそう感じた	そう感じた	合計
行政の一次情報	0(0.0)	3(6.8)	4(9.1)	23(52.3)	14(31.8)	44(100.0)
原因・責任・賠償	7(15.9)	3(6.8)	8(18.2)	16(36.4)	10(22.7)	44(100.0)
健康被害	0(0.0)	3(6.8)	15(34.1)	12(27.3)	14(31.8)	44(100.0)
原発事故	6(13.6)	6(13.6)	12(27.3)	10(22.7)	10(22.7)	44(100.0)
統制	6(13.6)	6(13.6)	3(6.8)	13(29.5)	16(36.4)	44(100.0)
全体	19(8.6)	21(9.5)	42(19.1)	74(33.6)	64(29.1)	220(100.0)

表9.12　メディア・フレーム別にみた新聞記事の不安度3　　（人，％）

メディア・フレーム	D. 自分の住んでいる地域に放射能で汚染されいる食品が出回っているのではないかと不安だ					
	そう感じなかった	あまりそう感じなかった	どちらともいえない	まあそう感じた	そう感じた	合計
行政の一次情報	0(0.0)	2(4.5)	10(22.7)	21(47.7)	11(25.0)	44(100.0)
原因・責任・賠償	5(11.4)	5(11.4)	7(15.9)	19(43.2)	8(18.2)	44(100.0)
健康被害	1(2.3)	4(9.1)	12(27.3)	15(34.1)	12(27.3)	44(100.0)
原発事故	5(11.4)	5(11.4)	11(25.0)	11(25.0)	12(27.3)	44(100.0)
統制	5(11.4)	6(13.6)	6(13.6)	14(31.8)	13(29.5)	44(100.0)
全体	16(7.3)	22(10.0)	46(20.9)	80(36.4)	56(25.5)	220(100.0)

表9.13 メディア・フレーム別にみた新聞記事の不安度4　　(人, %)

メディア・フレーム	D. 国が示した放射性物質の基準値未満の食品でも健康被害がでるのではないかと不安だ					
	そう感じなかった	あまりそう感じなかった	どちらともいえない	まあそう感じた	そう感じた	合計
行政の一次情報	0(0.0)	6(13.6)	11(25.0)	15(34.1)	12(27.3)	44(100.0)
原因・責任・賠償	5(11.4)	10(22.7)	8(18.2)	15(34.1)	6(13.6)	44(100.0)
健康被害	0(0.0)	4(9.1)	13(29.5)	13(29.5)	14(31.8)	44(100.0)
原発事故	4(9.1)	10(22.7)	8(18.2)	15(34.1)	7(15.9)	44(100.0)
統制	5(11.4)	5(11.4)	8(18.2)	14(31.8)	12(27.3)	44(100.0)
全体	14(6.4)	35(15.9)	48(21.8)	72(32.7)	51(23.2)	220(100.0)

表9.14 メディア・フレーム別にみた新聞記事の不安度5　　(人, %)

メディア・フレーム	D. 放射能に汚染された食品の問題は今後も収束しないのではないかと不安だ					
	そう感じなかった	あまりそう感じなかった	どちらともいえない	まあそう感じた	そう感じた	合計
行政の一次情報	0(0.0)	1(2.3)	11(25.0)	16(36.4)	16(36.4)	44(100.0)
原因・責任・賠償	5(11.4)	4(9.1)	10(22.7)	15(34.1)	10(22.7)	44(100.0)
健康被害	0(0.0)	4(9.1)	13(29.5)	14(31.8)	13(29.5)	44(100.0)
原発事故	2(4.5)	5(11.4)	5(11.4)	18(40.9)	14(31.8)	44(100.0)
統制	5(11.4)	6(13.6)	2(4.5)	15(34.1)	16(36.4)	44(100.0)
全体	12(5.5)	20(9.1)	41(18.6)	78(35.5)	69(31.4)	220(100.0)

(同15.9％＋40.9％),「健康被害」では50.0％(同25.0％＋25.0％),原発事故では43.1％(同13.6％＋29.5％),統制群では65.9％(同34.1％＋31.8％)であった。フレーム別にみると,統制群では「そう感じた」と回答した人が34.1％であり,実験群と比べて強い不安が示され,作業仮説3とは逆の方向を示した。

一方,不安を感じなかった回答全体では22.7％(「そう感じなかった」8.2％＋「あまりそう感じなかった」14.5％)で,「行政の一次情報」では13.7％(同2.3％＋11.4％),「原因・責任・賠償」では27.3％(同15.9％＋11.4％),「健康被害」では18.2％(同2.3％＋15.9％),「原発事故」では29.5％(同6.8％＋22.7％),統制群で

は25.0%（同13.6% + 11.4%）であった。なかでも,「そう感じなかった」と回答した人は,「原因・責任・賠償」(15.9%)と統制群(13.6%)で多く,特に統制群では,自分自身が不安を強く感じる人と全く感じない人に大きく分かれる傾向があることがわかった。

表9.11は,自分の家族に被害が及ぶことに関する不安の結果である。回答全体では,前問の自分自身のときより多く,6割以上の人が不安を感じていた(62.7%,「そう感じた」29.1% +「まあそう感じた」33.6%)。「行政の一次情報」では84.1%（同31.8% + 52.3%）,「原因・責任・賠償」では59.1%（同22.7% + 36.4%）,「健康被害」では59.1%（同31.8% + 27.3%）,「原発事故」では45.4%（同22.7% + 22.7%）,統制群では65.9%（同36.4% + 29.5%）であった。特に,統制群では36.4%の人が「そう感じた」と回答しており,他の実験群と比べて最も多く,強い不安を感じる傾向がみられた。この傾向は作業仮説3とは逆の方向を示す結果であった。

逆に,不安を感じなかったと回答した人は,18.1%（「そう感じなかった」8.6% +「あまりそう感じなかった」9.5%）であり,「行政の一次情報」では6.8%（同0.0% + 6.8%）,「原因・責任・賠償」では22.7%（同15.9% + 6.8%）,「健康被害」では6.8%（同0.0% + 6.8%）,「原発事故」では27.2%（同13.6% + 13.6%）,統制群では27.2%（同13.6% + 13.6%）であった。「行政の一次情報」と「健康被害」では他の群に比べて,不安を感じなかった人の割合が少なかった。不安に肯定的な回答と照らし合わせると,この2群は非常に不安を感じる傾向であったことがうかがえる。

表9.12は,対象者の自分の住む地域の食品汚染に対する不安の結果である。回答全体では,6割以上の人が不安を感じる傾向であった(61.9%,「そう感じた」25.5% +「まあそう感じた」36.4%）。「行政の一次情報」では72.7%（同25.0% + 47.7%）,「原因・責任・賠償」では61.4%（同18.2% + 43.2%）,「健康被害」では61.4%（同27.3% + 34.1%）,「原発事故」では52.3%（同27.3% + 25.0%）,統制群では61.3%（同29.5% + 31.8%）であった。フレーム別にみても差はあまりみられず,全群を通して不安度が高い傾向にあり,作業仮説は支持されなかった。

そのなかで「そう感じた」と回答した人が多くみられ，より強く不安を感じた群は，統制群，「健康被害」，「原発事故」であった。

　一方で不安を感じなかった人は，全体で17.3％（「そう感じなかった」7.3％＋「あまりそう感じなかった」10.0％）と非常に少なかった。「行政の一次情報」では4.5％（同0.0％＋4.5％），「原因・責任・賠償」では22.8％（同11.4％＋11.4％），「健康被害」では11.4％（同2.3％＋9.1％），「原発事故」では22.8％（同11.4％＋11.4％），統制群では25.0％（同11.4％＋13.6％）であった。特に「行政の一次情報」では，「そう感じなかった」と回答した人が全くみられず，近隣地域の汚染に対する不安度が高いといえる。

　表9.13は，国が公表する放射性物質の基準値の信憑性に対する不安である。回答全体では，半数以上で不安度が高い傾向がみられた（55.9％，「そう感じた」23.2％＋「まあそう感じた」32.7％）。「行政の一次情報」では61.4％（同27.3％＋34.1％），「原因・責任・賠償」は47.7％（同13.6％＋34.1％），「健康被害」では61.3％（同31.8％＋29.5％），「原発事故」では50.0％（同15.9％＋34.1％），統制群では59.1％（同27.3％＋31.8％）であった。フレームによる差はあまりみられないが，「健康被害」では，「そう感じた」と回答した人が31.8％と統制群や他の実験群と比べて多く，強い不安を感じていた。したがって，やや作業仮説3を支持する結果であるといえるだろう。

　一方で，不安を感じなかったと回答した人は，全体で22.3％（「そう感じなかった」6.4％＋「あまりそう感じなかった」15.9％）であった。「行政の一次情報」では13.6％（同0.0％＋13.6％），「原因・責任・賠償」では34.1％（同11.4％＋22.7％），「健康被害」では9.1％（同0.0％＋9.1％），「原発事故」では31.8％（同9.1％＋22.7％），統制群では22.8％（同11.4％＋11.4％）であった。「行政の一次情報」と「健康被害」では，「そう感じなかった」と回答した人がみられず，非常に不安を抱いていることがわかった。

　表9.14は，被害が収束しないことに対する対象者の将来への不安である。回答全体では，不安を感じた人が66.9％（「そう感じた」31.4％＋「まあそう感じた」35.5％）と他の不安度の質問に比べて最も多かった。「行政の一次情報」では

72.8%（同36.4% + 36.4%），「原因・責任・賠償」では56.8%（同22.7% + 34.1%），「健康被害」では61.3%（同29.5% + 31.8%），「原発事故」では72.7%（同31.8% + 40.9%），統制群では70.5%（同36.4% + 34.1%）であった。なかでも強い不安を感じ，「そう感じた」と回答した人は，「行政の一次情報」と統制群の双方で36.4%であり，作業仮説3は支持されなかった。

他方，不安を感じなかった人は，全体で14.6%（「そう感じなかった」5.5% + 「あまりそう感じなかった」9.1%）であった。「行政の一次情報」では2.3%（同0.0% + 2.3%），「原因・責任・賠償」では20.5%（同11.4% + 9.1%），「健康被害」では9.1%（同0.0% + 9.1%），「原発事故」では15.9%（同4.5% + 11.4%），統制群では25.0%（同11.4% + 13.6%）であった。「行政の一次情報」では，「そう感じなかった」と回答した人が全くみられず，かつ「そう感じた」と回答した人が最も多かったので，非常に不安が喚起された群であったといえる。

作業仮説3において，「健康被害」の不安の喚起を統制群と比較した結果，国が示す基準値に対する不安に若干の仮説を支持する方向の差異がみられたが，それ以外ではほとんどみられなかった。そこで，各フレームおよび統制群の不安度の回答構造を明らかにするためにコレスポンデンス分析を実施した。不満度と同様に，不安度項目D（5問）に対する不安を感じる態度（「そう感じた」+「まあそう感じた」）の合計度数を分析に用いた。解析の結果，固有値は第1軸0.075，第2軸0.036，第3軸0.025，第4軸0.018であり，累積寄与率は第2軸までが87.8%（第1軸71.2%，第2軸16.6%）であった。したがって，第1軸と第2軸で回答全体の構造をほぼ説明することが可能であると判断し，フレームと不安度項目のカテゴリー・スコア[6]を2次元上に同時布置した（図9.3参照）。

図9.3をみると，大きく3つのカテゴリーに分割することができよう。一つ目は，第Ⅰ象限に布置された「将来不安」と「原発事故」のカテゴリーである。2つ目は，第Ⅱ象限と第Ⅲ象限の上方に密集して布置された「自分不安」，「家族不安」，「地域不安」と「原因・責任・賠償」，「行政の一次情報」および統制群のカテゴリーである。3つ目は，第Ⅳ象限に布置された「国情報不安」と「健康被害」のカテゴリーである。

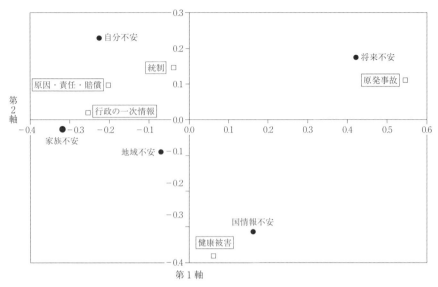

図9.3 メディア・フレームの不安度のコレスポンデンス分析の結果

　このような布置の結果は，不満の測定と同様に，フレームごとに不安の内容が異なることを示しているといえる。統制群付近に「原因・責任・賠償」と「行政の一次情報」のフレームが布置された意味は，2つの刺激呈示が呈示なしの統制群と同じ効果を導出しており，不安の表出パターンも同じであると解釈できる。一方，「原発事故」に接触した人は「将来不安」，「健康被害」に接触した人は「国情報不安」といったように，それぞれのフレーム刺激と不安の表出パターンが結びついている。「健康被害」の国が公表する情報に対する不安を集計結果で確認すると，61.3％（「そう感じた」31.8％＋「まあそう感じた」29.5％）であり，不安が高いことがわかった。同様に，「原発事故」の将来に対する不安を集計結果でみると，72.7％（同31.8％＋40.9％）と非常に不安が高いことがわかった。したがって，作業仮説3における「健康被害」は，統制群に比べて不安度が高いことが推察される。結果として，「健康被害」と「原発事故」の2つのフレームでフレーミング効果が検証されたと解釈することができる。

表9.15　通読度の得点の平均と標準偏差

メディア・フレーム	n	平均	標準偏差
行政の一次情報	44	3.31	0.86
原因・責任・賠償	44	3.24	0.80
健康被害	44	3.16	0.90
原発事故	44	3.20	0.73
全体	176	3.23	0.82

(4) 新聞記事の通読度

作業仮説4の従属変数である項目Aでは，6つの項目をまとめて通読度を構成して測定した。新聞記事に書いてある内容について，「一つ一つを理解しながら読んだ(逆転)」，「流し読みした」，「じっくり読んだ(逆転)」，「さらっと読んだ」，「熟読した(逆転)」，「目を通した」の設問に対して5件法で回答を求め，「あてはまらない」を1点，「あまりあてはまらない」を2点，「どちらともいえない」を3点，「ややあてはまる」を4点，「あてはまる」を5点[7]と加算し，項目数で割ったものを通読度の得点として用いた（$\alpha=0.81$)[8]。この通読度の得点が高いほど新聞記事を直感的に読んだことになる。表9.15は，実験群の通読度の得点の平均と標準偏差の結果である。4群間の平均値の差の検定を行った結果，有意差はみられなかった（$F(3, 172)=0.28$, $n.s.$)。また，「原発事故」においても，他の実験群と比べてほとんど差はみられず，平均値は3.20と中間的な回答に近かった。したがって，作業仮説4は支持されなかったといえる。

(5) 責任追及意識

作業仮説5の従属変数である責任追及意識の測定は，7件法で求めた回答について，「責任はない」を1点(最小)，「どちらでもない」を4点(中間)，「責任がある」を7点(最大)として得点化した。責任追及意識得点が高いほど，「放射性セシウム汚染牛問題」の責任をそれぞれに該当する項目のためとする傾向があると判断できる。表9.16は，メディア・フレーム別にみた各項目に対する責任追及意識得点の平均と標準偏差である。フレーム全体では，「東京電力

表9.16 責任追及意識得点の平均と標準偏差

メディア・フレーム	国の原子力政策			都や県などの行政の対策方法			東京電力の組織体制の怠慢さ			マスコミの情報提供の遅れ		
	n	平均	標準偏差	n	平均	標準偏差	n	平均	標準偏差	n	平均	標準偏差
行政の一次情報	44	5.80	1.52	44	5.36	1.53	44	6.23	1.18	44	5.11	1.42
原因・責任・賠償	44	5.84	1.22	44	5.16	1.49	44	5.89	1.48	44	4.93	1.58
健康被害	44	5.84	1.51	44	5.59	1.35	44	5.98	1.50	44	5.02	1.56
原発事故	44	5.80	1.25	44	5.39	1.17	44	6.14	1.23	44	5.07	1.69
統制	44	5.82	1.33	44	5.34	1.33	44	6.09	1.44	44	5.11	1.39
全体	220	5.82	1.36	220	5.37	1.37	220	6.06	1.37	220	5.05	1.52

メディア・フレーム	専門家・知識人のあいまいな解説			原子力政策を容認した国民や市民			人類にかせられた運命		
	n	平均	標準偏差	n	平均	標準偏差	n	平均	標準偏差
行政の一次情報	44	5.02	1.37	44	5.00	1.57	44	4.36	1.84
原因・責任・賠償	44	5.34	1.40	44	4.32	1.67	44	3.80	1.72
健康被害	44	5.02	1.69	44	4.48	1.62	44	4.36	1.69
原発事故	44	5.36	1.60	44	5.00	1.56	44	3.93	1.58
統制	44	5.18	1.47	44	4.86	1.32	44	4.02	1.52
全体	220	5.19	1.50	220	4.73	1.56	220	4.10	1.67

の組織体制の怠慢さ」の平均値が6.06点($SD=1.37$)で最も高く、「行政の一次情報」は6.23点($SD=1.18$)、「原因・責任・賠償」は5.89点($SD=1.48$)、「健康被害」は5.98点($SD=1.50$)、「原発事故」は6.14点($SD=1.23$)、統制群は6.09点($SD=1.44$)であった。フレーム全体で最も低かったのは、「人類にかせられた

運命」であり，その平均値は4.10点（SD＝1.67）であった。フレーム別にみても，「行政の一次情報」は4.36点（SD＝1.84），「原因・責任・賠償」は3.80点（SD＝1.72），「健康被害」は4.36点（SD＝1.69），「原発事故」は3.93点（SD＝1.58），統制群は4.02点（SD＝1.52）と，他の項目に対する責任追及意識得点よりも低い傾向がみられた。

　仮説の検証では，「原因・責任・賠償」の責任追及意識得点が統制群に比べて，「国の原子力政策」，「都や県などの行政の対策方法」，「東京電力の組織体制の怠慢さ」，「マスコミの情報提供の遅れ」，「専門家・知識人のあいまいな解説」の4項目で得点が高いと仮説が支持されたことになる。しかし，「国の原子力政策」における「原因・責任・賠償」が5.84点（SD＝1.22），統制群が5.82点（SD＝1.33）という結果，「専門家・知識人のあいまいな解説」おける「原因・責任・賠償」が5.34点（SD＝1.40），統制群が5.18点（SD＝1.47）との結果の2項目について，若干ではあるが仮説を支持する方向がみられたものの，他の2項目については，統制群の方が「原因・責任・賠償」より得点が高く，仮説とは逆方向の結果であった。

　また，責任追及意識の測定では，7項目の回答傾向をより集約して，人びとの評価・態度の構造を把握するため，責任追及意識得点を用いて主成分分析を行った。分析の結果，固有値は第1主成分3.48，第2主成分1.10で，第2主成分までの累積寄与率は65.33％（第1主成分49.68％，第2主成分15.65％）であった。そこで，第1主成分と第2主成分の負荷量を採用し，図9.4に示すような結果を得た[9]。図をみると，「国の原子力政策」，「都や県などの行政の対策方法」，「東京電力の組織体制の怠慢さ」，「マスコミの情報提供の遅れ」，「専門家・知識人のあいまいな解釈」の第1主成分の負荷量が高く，第Ⅰ象限と第Ⅳ象限の境界付近に密集して布置しているのがみてとれる。これらの5項目からやや離れて第Ⅰ象限に布置されたのは「原子力政策を容認した国民や市民」であり，第2主成分の負荷量が高く，さらに離れて第Ⅰ象限の上方に布置されたのは「人類にかせられた運命」であった。したがって，第1主成分は責任の追及が特定の他者に向けられているのに対して，第2主成分は自己責任や運命に帰属して

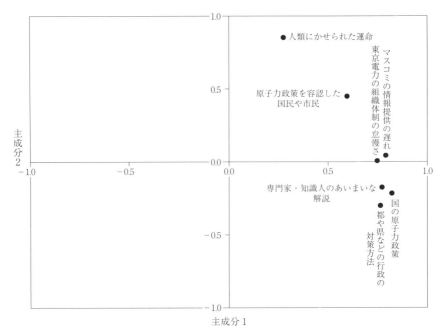

図9.4 責任追及意識の主成分分析の結果

いると解釈することができるだろう。

主成分分析の結果から，7項目の責任追及意識を「国の原子力政策」，「都や県などの行政の対策方法」，「東京電力の組織体制の怠慢さ」，「マスコミの情報提供の遅れ」，「専門家・知識人のあいまいな解釈」で構成される「他者責任追及意識」と，「原子力政策を容認した国民や市民」，「人類にかせられた運命」で構成される「自己責任追及意識」の2項目に統合した。これら2項目について，これまでと同様の手続きで7件法の回答の単純加算を行い，項目数で割ったものをそれぞれの得点とした。フレーム別にみた他者責任追及意識と自己責任追及意識の得点の平均と標準偏差は，表9.17に示すとおりである。5群間の平均値の差の検定の結果，他者 ($F(4, 215) = 0.62$, n.s.) と自己 ($F(4, 215) = 1.33$, n.s.) ともに責任追及意識に有意差はみられなかった。しかしながら，全体的傾

表9.17 他者・自己責任追及意識得点の平均と標準偏差

メディア・フレーム	他者責任追及意識			自己責任追及意識		
	n	平均	標準偏差	n	平均	標準偏差
行政の一次情報	44	5.50	1.14	44	4.68	1.50
原因・責任・賠償	44	5.43	1.13	44	4.06	1.46
健康被害	44	5.49	1.21	44	4.42	1.24
原発事故	44	5.55	1.06	44	4.47	1.18
統制	44	5.51	1.16	44	4.44	1.05
全体	220	5.50	1.13	220	4.41	1.30

向として他者責任追及意識は自己責任追及意識に比べて平均値が高く，特定の他者の責任を追及する傾向がみられた。また，他者と自己ともに責任追及意識得点で最も低かったのは，「原因・責任・賠償」であり，さらに自己責任追及意識では4.06点と全体の平均4.41点と比べて得点が特に低かった。「原因・責任・賠償」は，問題の責任の所在を自分自身に帰属することから目をそらせる効果があると推測できる。

2. メディア・フレーミング効果を規定する要因の検討

　本項では，メディア・フレーミング効果を規定するであろうと考えられる要因を人びとの情報行動に注目し探索的に検討した。情報行動は，実際の「放射能と食品汚染」とその情報源，ふだんのメディア利用と原子力問題全体に対する意識・関心や社会的属性との関係性から明らかにした。

(1) 「放射能と食品汚染」の事例とその情報源

　図9.5は，調査対象者が一連の「放射能と食品汚染」問題を認知する上で利用した情報源である。図をみると，最も利用されたのは「テレビ」であり，「水

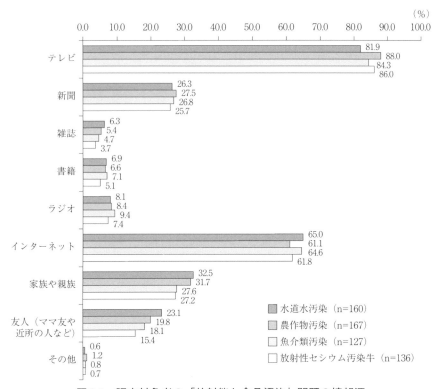

図9.5 調査対象者の「放射能と食品汚染」問題の情報源

道水汚染」で81.9％,「農作物汚染」で88.0％,「魚介類汚染」で84.3％,「放射性セシウム汚染牛」で86.0％であった。次いで,インターネットの利用が多く,「水道水汚染」で65.0％,「農作物汚染」で61.1％,「魚介類汚染」で64.6％,「放射性セシウム汚染牛」で61.8％であった。その他のメディアでは「新聞」の利用が多い一方,「ラジオ」,「書籍」,「雑誌」の利用は少なく,4つの事例において10％にも満たなかった。情報源としての利用が多かったメディアであるテレビ,インターネット,新聞を事例別にみると,「農作物汚染」の情報源では,テレビ（88.0％）と新聞（27.5％）が多く利用され,「水道水汚染」の情報源では,インターネット（65.0％）が利用され,事例ごとの利用メディアに若干の差異がみられた。

「家族や親族」と「友人（ママ友や近所の人など）」のパーソナル・コミュニケーションでの情報入手では，「水道水汚染」がそれぞれ32.5％と23.1％で最も多く，他の「放射能と食品汚染」の事例に比べて，会話の話題になることが多かったことがうかがえる。次いで，「農作物汚染」，「魚介類汚染」，「放射性セシウム汚染牛」の順番であった。

以上の集計の結果，「放射能と食品汚染」の全体の認知は，テレビ，新聞，インターネットといったメディアを情報源として情報入手したものであること，「水道水汚染」では，パーソナルな情報源からの情報入手が認知へ影響を及ぼしていたことが明らかになった。

(2) 原子力問題全体に対する意識・関心と情報行動との関連

調査対象者のふだんの情報行動と，事前データとして聴取した人びとにもともと備わっている原子力問題全般の意識・関心との関連を検証した。情報源はメディア間の相違をみるために，テレビ・新聞利用とインターネット利用の2つに分けて分析した。テレビ視聴では，一日の接触時間が2時間以上を高視聴群，それ未満を低視聴群とし[10]，新聞閲読では，ふだんの新聞閲読を尋ねる質問に「毎日読む」と「ときどき読む」に回答した人を高閲読群，「あまり読まない」と「読まない」と回答した人を低閲読群とした。これらテレビ視聴と新聞閲読の高低を組み合わせて類型化したのが図9.6である。HH群はふだんからテレビと新聞の両方によく利用する群，HL群はテレビ視聴が多く新聞閲読が少ない群，LH群はテレビ視聴が少なく新聞閲読が多い群，LL群はテレビと新聞をあまり利用しない群ということになる。

対象者の原子力問題に対する意識・関心は，回答をこれまでと同様の手続きで単純加算し，項目数で割って得点化した（$\alpha = 0.89$, $M = 3.03$, $SD = 0.84$）。表9.18は，テレビ視聴時間と新聞閲覧頻度の類型ごとの平均と標準偏差である。平均値をみると，HH，HL，LH，LLの順で得点が大きいことがみてとれる。4群間の平均値の差の検定を行った結果，1％水準で有意な差がみられた（$F(3, 212) = 4.83$, $p < .01$）。Tukey法による多重比較の結果，HH群とLH群が5％

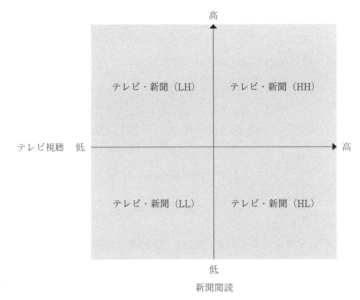

図9.6　テレビ視聴時間と新聞閲覧頻度による類型化

表9.18　テレビ視聴時間と新聞閲覧頻度別にみた原子力問題の意識・関心

テレビ視聴・新聞閲読	n	平均	標準偏差
HH	22	3.55	1.01
HL	36	3.20	0.97
LH	65	2.95	0.85
LL	93	2.87	0.67
全体	216	3.02	0.84

水準で有意であり，HH群とLL群が1％水準で有意であった。したがって，ふだんからテレビと新聞の両方によく接触している人は，接触していない人に比べて，原子力問題全般についての関心があり，さらに，新聞よりもテレビに接触している人の方が意識・関心が高い傾向にあるといえる。

　インターネット利用は2時間未満を低利用群（L群），それ以上の利用者を高利用群（H群）とした[11]。H群とL群での原子力問題全般についての意識・関

表9.19 テレビ視聴時間と新聞閲読頻度の類型別にみた水道水汚染への対策（複数回答）

		水道水は飲用に使用しなかった	水道水は子どもの飲用に使用しなかった	水道水は調理に使用しなかった	水道水は子どもの料理に使用しなかった	水道水はお風呂に使用しなかった	水道水は子どものお風呂に使用しなかった	水道水はうがい・手洗いに使用しなかった	水道水は子どものうがい・手洗いに使用しなかった	ペットボトルのミネラルウォーターやウォーターサーバーを購入した	家庭用の水道蛇口に浄水器を取りつけた	その他	特に何もしなかった	合計
テレビ・新聞	HH	11 (55.0)	10 (50.0)	6 (30.0)	7 (35.0)	0 (0.0)	2 (0.0)	0 (0.0)	3 (15.0)	10 (50.0)	2 (10.0)	1 (5.0)	3 (15.0)	20 (100.0)
	HL	14 (43.8)	10 (31.3)	7 (21.9)	5 (15.6)	0 (0.0)	0 (0.0)	1 (3.1)	2 (6.3)	15 (46.9)	2 (6.3)	1 (3.1)	9 (28.1)	9 (100.0)
	LH	21 (37.5)	17 (30.4)	13 (23.2)	10 (17.9)	0 (0.0)	0 (0.0)	0 (0.0)	4 (7.1)	20 (35.7)	7 (12.5)	1 (1.8)	21 (37.5)	56 (100.0)
	LL	40 (53.3)	21 (28.0)	16 (21.3)	11 (14.7)	0 (0.0)	0 (0.0)	4 (5.3)	5 (6.7)	30 (40.0)	4 (5.3)	2 (2.7)	24 (32.0)	75 (100.0)
全体		86 (47.0)	58 (31.7)	42 (23.0)	33 (18.0)	0 (0.0)	2 (1.09)	5 (2.73)	14 (7.65)	75 (41.0)	15 (8.20)	5 (2.73)	57 (31.1)	183 (100.0)

心を比較した結果，H群（n=111，$M=3.06$，$SD=0.85$），L群（n=109，$M=3.00$，$SD=0.83$）でほとんど差はみられなかった。

そこで，原子力問題全般の意識・関心と関連がみられた人びとのテレビ・新聞の情報接触が，態度や行動にも影響を与えているのかを確認した。表9.19は，「放射能と食品汚染」の事例の一つである水道水汚染の発覚を受けて，調査対象者が実際にとった対策をメディア別にみたものである。全体的に「水道水は飲用に使用しなかった」(47.0%)と「ペットボトルのミネラルウォーターやウォーターサーバーを購入した」(41.0%)の対策をとったという回答が多かった。これら2つの対策をテレビ・新聞の類型別にみると，飲用への対策では，順にHH群（55.0%），LL群（53.3%），HL群（43.8%），LH群（37.5%）であり，飲用水

の購入では，順にHH群(50.0%)，HL群(46.9%)，LL群(40.0%)，LH群(35.7%)であった。他方，「特に何もしなかった」に注目してみると，全体で31.1%であり，LH群(37.5%)とLL群(32.0%)は，HH群(15.0%)とHL群(28.1%)に比べて割合が多かった。このように，人びとのふだんのメディア接触頻度の差異は，対策をとるといった行動レベルにも影響がみられ，特にテレビの接触度が低いと対策をとるに至らないことがわかった。

(3) 調査対象者の属性と情報行動との関連

次に，調査対象者の属性ごとにふだんの情報行動を検討した。表9.20は子どもの有無とテレビ・新聞のHH群，HL群，LH群，LL群，表9.21は子どもの有無とインターネットのH群，L群のクロス集計の結果である。表9.20をみると，子どもの有無にかかわらず，LL群が「子どもあり」で42.2%，「子どもなし」で43.9%と多く，その差が全くみられないのに対し，表9.21をみると，「子どもあり」のH群が59.1%，L群が40.9%であるのに対して，「子どもなし」では，H群が40.0%，L群が60.0%で利用状況に差があることがみてとれる。つまり，子どものいる人は，ふだんのテレビと新聞との接触が特に多いわけで

表9.20 子どもの有無別にみたテレビ視聴時間と新聞閲覧頻度の類型

子どもの有無	テレビ視聴時間×新聞閲覧頻度の類型				
	HH	HL	LH	LL	合計
子どもあり	13(11.9)	18(16.5)	32(29.4)	46(42.2)	109(100.0)
子どもなし	9(8.4)	18(16.8)	33(30.8)	47(43.9)	107(100.0)
全体	22(10.2)	36(16.7)	65(30.1)	93(43.1)	216(100.0)

表9.21 子どもの有無別にみたインターネット利用頻度

子どもの有無	インターネット利用		
	H	L	合計
子どもあり	65(59.1)	45(40.9)	110(100.0)
子どもなし	44(40.0)	66(60.0)	110(100.0)
全体	109(49.5)	111(50.5)	220(100.0)

表9.22　職業別にみたテレビ視聴時間と新聞閲覧頻度の類型

職業	テレビ視聴時間×新聞閲覧頻度の類型				
	HH	HL	LH	LL	合計
専業主婦	10(7.7)	24(18.5)	36(27.7)	60(46.2)	130(100.0)
専業主婦以外	12(14.1)	11(12.9)	29(34.1)	33(38.8)	85(100.0)
全体	22(10.2)	35(16.3)	65(30.2)	93(43.1)	215(100.0)

表9.23　職業別にみたインターネット利用頻度

職業	インターネット利用		
	H	L	合計
専業主婦	72(54.1)	61(45.9)	133(100.0)
専業主婦以外	37(43.0)	49(57.0)	86(100.0)
全体	109(49.8)	110(50.2)	219(100.0)

はなく，インターネットからさまざまな情報を得ていると考えられる。

　調査対象者の職業別での情報行動では，職業を専業主婦とそれ以外に分けて分析した。表9.22と表9.23は，上記の子どもの有無の分析と同様に，メディアの種類別にクロス集計を行った結果である。表9.22をみると，「専業主婦」と「専業主婦以外」ともにLL群の割合が最も多く，「専業主婦」で46.2％，「専業主婦以外」で38.8％であった。LH群では，「専業主婦」の27.7％に比べて，「専業主婦以外」が34.1％と多く，逆に，HL群では「専業主婦」が18.5％，「専業主婦以外」が12.9％であり，「専業主婦」の方が多かった。HH群は，「専業主婦」が7.7％，「専業主婦以外」が14.1％であり，「専業主婦以外」の方が多い結果であった。「専業主婦」と「専業主婦以外」は，テレビと新聞の利用は少ないが，「専業主婦」がややテレビに傾斜する傾向，「専業主婦以外」がやや新聞に傾斜する傾向であるといった情報接触の違いがみられた。表9.23をみると，H群では，「専業主婦」が54.1％，「専業主婦以外」では43.0％であり，逆に，L群では「専業主婦」が45.9％，「専業主婦以外」が57.0％と差がみられた。専業主婦は，インターネットに加えてテレビによる情報行動，それ以外の主婦は新聞によって情報を得ているといえる。

第4節 考　察

　本章では，メディア・フレーミングと人びとのオーディエンス・フレームとの対応関係を受け手の個人単位に注目して測定してきた。仮説の検証において，作業仮説2の「『Ⅰ.行政の一次情報』の群は，他の実験群と比べて，記事内容に対する満足度が低い」と作業仮説3の「『Ⅲ.健康被害』の群は，統制群と比べて，記事内容に対する不安度が高い」は，メディア・フレームの層別集計では，受け手の不満度と不安度ともに全体的に高い傾向にあり，フレームによる影響と判断し難かったものの，コレスポンデンス分析によって回答構造を分析した結果では，フレームの差異が下記のように不満と不安の内容に対する表出パターンの違いに影響を与えたことが検証された。

　不満度については，「行政の一次情報」は新聞記事に対して，不確かである，情報不足であるという不満の内容が喚起された。メディアが国や行政の一次情報をありのまま流して伝達する報道手法では，人びとが内容の詳細を理解することが困難であり，個人の認識枠で捉えることができず，それが情報源への不満に結びついた結果であるといえる。この知見は，本章第1節で設定した仮説1をある程度支持するものであった。

　不安度については，統制群と比較して「健康被害」フレームの呈示グループで国の示す放射性物質の基準値の情報に対する不安が喚起される結果であった。リスク情報と不安の関係について，福田充は，リスク情報へのアクセスによって，人びとのリスクに対する関心度が高まり，その関心度が高まることによって，リスク不安が高まるといった因果関係を社会調査のデータ分析によって明らかにしているが（福田，2010），本実験では，リスクの関心度という変数を媒介することなく，メディア・フレーミング効果が実証されたといえるであろう。「健康被害」は，日常生活を送る人びとにとって情報要求が強く，リスク情報を日頃から伝達したり，受容したりして周りの人と共有しているフレームである。こうした過程を経て，これまで蓄積された情報が「健康被害」の新聞記事の刺激により補強されることによってオーディエンス・フレームの輪郭を形成

し，それが直接不安喚起に結びついた結果であると推察される。したがって，仮説3はある程度支持されたといえるであろう。

　また，作業仮説の設定とは別に不安と関連がみられたのは「原発事故」である。「原発事故」では，食品汚染問題が今後も収束しないのではないかといった将来の不安への影響がみられた。「原発事故」フレームは，食品汚染問題に限定した他のフレーム群に比べ，多様な原子力全体の問題を含む報道内容であるため，原子力に関するリスク情報が混在している。「原発事故」の新聞記事に接触した受け手は，その一つ一つのリスク事象が解決し，収束した自分の生活環境を想像することができず，あるいは，他のリスク事象も派生してくることを想像して，将来へのネガティブな印象が情緒的な不安を喚起したと考えられる。

　作業仮説5の「『Ⅱ.原因・責任・賠償』の群は，統制群と比べて，特定の対象（国，行政，東京電力，マスコミ，専門家・知識人）への責任追及意識が高い」の検証については，リスク社会に生きる人びとが「新しいリスク」を認知する上で，個人のみの力では因果関係を解明しにくいといった特徴をもつ「新しいリスク」[12]情報において，その手がかりを与えるメディア・フレーミング効果測定の重要な項目である。受け手の責任追及意識は，特定の他者を追及する働きをする他者責任追及意識と自己責任や運命の結果だと思い込む自己責任追及意識に回答が分かれる結果であった。「原因・責任・賠償」フレームは，特定の他者を追及する働きと同時に，自分自身を追及することを弱める働きがあり，他者責任追及意識の向上と自己責任追及意識の低下を促す作用があることが検出された。こうしたフレームによる報道が集中的に増えると，メディアから責任があると頻繁に取り上げられた対象は，人びとの責任追及意識の矛先が向けられやすくなることが考えられる。以上の知見から，フレーム間に有意差はみられなかったが，概ね仮説2は支持されたといってよいだろう。

　作業仮説4の「『Ⅳ.原発事故』の群は，統制群と比べて，新聞記事を熟読することはなく通読する」の検証については，メディア・フレームによる差異は検証されなかった。その理由の一つとして，調査対象者の年齢による要因が挙

げられる．本実験では，20歳代と30歳代という若い既婚女性が対象者の条件であった．同年齢層の対象者が実験刺激の新聞記事を読み，その記事内容を理解するのに，同程度の情報処理能力で解釈していたことと考えられる．このような，対象者間の似通った情報処理能力がフレームによる差異よりも大きく影響したと推測できる．

　以上，仮説の検証から，メディア・フレーミング効果は，受け手の不満度，不安度，責任追及意識に影響を及ぼすことが実証的に明らかになった．しかし，これらの効果は，人びとがメディアに接触することが前提となる．そこで，本章では調査対象者の情報行動の観点からフレーミング効果の前提条件を探索的に検討した．その結果，既婚女性が「放射能と食品汚染」に対して対策をとる背景には，情報源となるテレビ，新聞，インターネットなどのメディアが大きく関与していた．また，少数ではあるが，パーソナルな情報源からのリスク情報の入手ルートを活用していることも検証された．

　さらに，調査対象者の認知レベルに大きく影響を及ぼすメディアは，関心度や社会的属性と関連があると仮定し分析を行った．その結果，ふだんからテレビと新聞に頻繁に接している人は，原子力問題全般について意識や関心が高い傾向があり，特にテレビとの情報接触が影響することが判明したが，インターネット利用は対象者の意識・関心に関係がなかった．インターネット利用は，子どものいる人の方がよく利用し，専業主婦も多く利用していた．また，専業主婦はテレビ的傾向が強く，専業主婦以外（有職主婦）は新聞的傾向が強くみられた．

　以上の調査結果から，既婚女性が情報行動のなかで，いかに「新しいリスク」情報と接触するのか，情報入手過程の予測を立てることができる．まず，専業主婦のうち幼い子どもがいる者は在宅している時間が多い．そのため，有職主婦が接触することが困難な平日の時間帯にテレビとインターネットから情報を得ることが可能であるといえる．換言するならば，情報源がそれらに限られていると捉えることもできるだろう．他方，有職主婦のライフスタイルは，子どもの有無にかかわらず，会社勤めなど自宅内でのメディア接触頻度が少ないと考えられる．その反面，自分が所属するフォーマルな社会集団のパーソナルな

情報入手の機会が多いといえる。フォーマルな社会集団内のコミュニケーションでは，テレビのニュースショーといったソフト・ニュースより，政治・経済・外交などのハード・ニュースが話題となることが多く，専業主婦のテレビ，インターネットを中心とした情報行動とは異なり新聞寄りの情報行動となる。このように，ライフスタイルの違いは，接触する情報環境の違いにも表れ，原子力問題全般の社会問題に強い関心がある場合は，自身が置かれた情報環境をフル活用してより詳しく探索しようとすることが予測される。一方で，原子力問題全般への関心が低く，ふだんの情報行動も少ないと「新しいリスク」への対策が減少するといった行動レベルへの影響が検証された。

メディア・フレーミング効果の前提条件となるメディア接触は，人びとの情報要求と情報源，社会的属性とライフスタイルに基づく情報行動や情報環境の影響を大きく受ける。本実験では，既婚女性を対象にメディア・フレーミング効果測定を行ったが，対象者条件が異なれば，異なる情報要求もあり，情報行動や情報環境も変化する。それらの要因によって，フレーミング効果の影響も左右されるであろう。

最後に，方法論の課題として，メディア・フレームによる実験刺激の問題がいくつか挙げられる。本実験は，第7章の内容分析で明らかになった新聞記事のメディア・フレームを実験刺激として用いた効果測定であった。しかし，調査対象者が「放射能と食品汚染」の情報を多く得ているのはテレビということであった。メディア・フレーミングを規定する要因として，人びとの情報行動や情報環境が示唆されたことも踏まえると，今後はテレビと新聞のメディア特性の違いによるフレーミング効果を比較検証することも課題となってくるであろう。また，今回は一度の刺激呈示のみの効果測定であったが，長期的・累積的なフレーミング効果の持続性を検証する実験計画も必要となってくるであろう。さらに，4つのメディア・フレームを設定したが，フレーム数が多く理論的に複雑であるため，被験者にとって多少解釈しづらかった点もあると考えられる。

こうした方法論的な問題は，クロス集計やフレーム間の差の検定で差異が顕

著に現れなかった原因であるのかもしれない。たとえば，心理学的フレーム概念に依拠したS. Iyengarによる実験[13]では，エピソード型フレームとテーマ型フレームの2項対立型のメディア・フレームを設定し，それらの差を検証することによって実証的な知見を得ている (Iyengar, 1991)。このように，実験刺激に用いるメディア・フレームを精査していくことも今後の課題である。

注)
1) 一般的にスプリット（法）呼ばれるこの方法では，対象者はランダムに2つのグループに分けられ，それぞれに異なる質問がなされる。こうして，2つの集団に異なる質問をして結果が異なるとしたら，結果は純粋に質問の違いによって起こったのだと結論づけることができる（山田一成，2007：29）。
2) その他の変数は，調整変数，媒介変数，剰余変数となり得る変数を指している。調整変数とは，独立変数と従属変数との関係に影響を及ぼす変数であり，両変数の関係に交互作用効果をもたらすような変数である。媒介変数とは，独立変数と従属変数を媒介する変数であり，これらの変数間のつながりは，共分散構造分析で確かめることができる（今井芳昭，2007：92）。剰余変数とは実験計画に含まれないが，従属変数に影響する可能性のある変数である。このような変数がわかっているときはその変数をコントロールする必要がある（福島治，2007：100）。
3) 放射性物質による食品汚染の4つの事例は，第8章のグループ・インタビューで使用したパネルの呈示内容と同様の内容である。パネルの呈示内容は，第8章の注1) を参照。
4) 質問文は，「環境問題に対して関心がある」，「エネルギー問題に対して関心がある」，「原子力発電については詳しい方だと思う」など計8つであり，回答は「あてはまらない」～「あてはまる」の5件法で求めた。こうした一定の時点での行動に先立って抱かれる人びとの知識・関心・意見・態度などを先有傾向という。先有傾向は，人びとの経験と属する社会の文化，とくに身近な小集団の価値や規範によって強く規定されるといわれる。J. T. クラッパーはマス・コミュニケーション研究の知見を集大成し，マス・メディア効果の一般化を試みて，その効果を「創造」，「補強」，「小変化」，「改変」，「無効果」の5つに類型化で示しているが，このなかでも，マス・メディアは受け手の態度変容を「補強」する効果が一般的であるという。クラッパーは，このマス・メディアの補強効果に強く働く媒介的諸要因の一つとして人びとの先有傾向を挙げている（クラッパー，1960＝1966：37）。
5) コレスポンデンス分析の結果から得られたメディア・フレームと不満度のカテゴリー・スコアは注表1に示すとおりである。

注表1　メディア・フレームと不満度のカテゴリー・スコア

		第1軸	第2軸
メディア・フレーム	行政の一次情報	-0.305	-0.100
	原因・責任・賠償	0.417	0.152
	健康被害	-0.229	0.243
	原発事故	0.124	-0.295
満足度項目	知識獲得に不満	0.443	-0.289
	情報の正確さに不満	-0.497	-0.058
	情報の速さに不満	0.142	0.294
	情報量に不満	-0.108	-0.096

6) コレスポンデンス分析の結果から得られたメディア・フレームと不安度のカテゴリー・スコアは注表2に示すとおりである。

注表2　メディア・フレームと不安度のカテゴリー・スコア

		第1軸	第2軸
メディア・フレーム	行政の一次情報	-0.253	0.02
	原因・責任・賠償	-0.203	0.098
	健康被害	0.061	-0.38
	原発事故	0.545	0.112
	統制	-0.039	0.147
不安度項目	自分不安	-0.226	0.23
	家族不安	-0.319	-0.025
	地域不安	-0.071	-0.089
	国情報不安	0.162	-0.314
	将来不安	0.422	0.174

7) 熟読するかを聞いた項目は通読とは逆の意味をもつので，逆転させてから得点化している。
8) 尺度の信頼性を示す数値で α（アルファ）係数と呼ぶ。α 係数がある程度の数値（0.7や0.8）以上であれば，尺度の「内的整合性が高い」と判断される（小塩真司，2004：143）。項目Aの6項目間の α 係数は0.81と十分高い値であったので，単純加算による得点化を行った。
9) 主成分負荷量は注表3に示すとおりである。

注表3　主成分負荷量

	第1主成分	第2主成分
国の原子力政策	0.822	−0.216
都や県などの行政の対策方法	0.765	−0.300
東京電力の組織体制の怠慢さ	0.749	0.006
マスコミの情報提供の遅れ	0.792	0.044
専門家・知識人のあいまいな解説	0.773	−0.175
原子力政策を容認した国民や市民	0.597	0.448
人類にかせられた運命	0.276	0.852

10) テレビ視聴時間は,「1時間30分〜2時間未満」と「2時間〜3時間未満」との間で累積度数が50%を占めていたため,ここを高視聴群と低視聴群の分岐点とした。なお,「全くみない」と「テレビを持っていない」と回答した人がそれぞれ2名ずつみられたが,欠損値として処理した。

11) インターネット利用は,「1時間〜2時間未満」と「2時間〜3時間未満」との間で累積度数が50%を占めていたため,ここを高利用群と低利用群の分岐点とした。

12) 本書における「新しいリスク」の特徴については,第3章4節を参照。

13) Iyengar (1991) が行ったメディア・フレーミング効果を検証するための実験についての詳細は,第5章1節2項を参照。

第10章

実証研究で得られた知見と考察

第1節　実証研究で得られた知見の相関関係

1. 目的と方法

　本書のうち実証研究の目的は，現代社会に潜在している「新しいリスク」が人びとのリスク認識に顕在化する過程をメディア・フレーミング効果研究の視座に立って明らかにすることであった。そのなかでも，「フレーム・セッティング」から「フレームの個人レベルの効果」の過程までを検証し，メディアと受け手の相互作用に着目している(第6章参照)。

　実証研究の方法は，「新しいリスク」の事例の一つである「放射能と食品汚染(放射性セシウム汚染牛)」の問題に対して，内容分析(第7章参照)，グループ・インタビュー(第8章参照)，実験(第9章参照)の3つの異なる研究方法によってアプローチするトライアンギュレーションもしくはマルチメソッドと呼ばれる方法を用いた[1]。

　本章では，これらの3つの独立した方法で得られたフレームの知見を統合し，メディア・フレームとオーディエンス・フレームの関係性について分析する。U. フリックが指摘するように，トライアンギュレーションのような複数の研究方法を用いれば，それぞれの結果は，互いに一致するのか，補完するのか，矛盾するのかといったパターンが検出される。フリックは，トライアンギュレーションを正当化するのは，互いに補完や矛盾するような結果であるとし，こうした相違が何を意味するのかを考察することが重要であると指摘している(フ

リック，2007＝2011：550）。そこで，本章においてもフリックの指摘に従い，内容分析，グループ・インタビュー，実験で得られた結果の異同に着目しながら分析を進めていく。

　統合分析を行う前に，3つの実証的研究で明らかになったメディア・フレームに関する知見を確認しておく。内容分析では，メディアが「放射性セシウム汚染牛問題」の情報を人びとに伝える際に，どのようなメディア・フレームを使用したのかを，新聞記事の計量テキスト分析によって帰納的に抽出を試みた。その結果，「現状フレーム」，「対策フレーム」，「原因フレーム」，「要求フレーム」，「被害フレーム」，「人体への影響フレーム」，「食品フレーム」，「原発事故フレーム」の8つのメディア・フレームが抽出された。グループ・インタビューでは，既婚女性の「放射能と食品汚染」に関する情報行動をKJ法によって全体像を把握した結果，「情報探索の動機となるもの」，「日々の食品購買行動」，「情報源となるもの」，「情報を想起する手がかりとなるもの」，「情報入手の仕方」，「行動面への影響」，「感情の喚起」，「情報伝達を促進する要因となるもの」，「情報伝達を阻害する要因となるもの」といった9つのオーディエンス・フレームの形成の背景となる要因が検出された。実験では，メディア・フレーミング効果が個人の不満度，不安度，責任追及意識に直接的な影響を与え，その前提条件となる情報行動では，情報源，関心度，ふだんのテレビ・新聞接触頻度，社会的属性などに関連がみられた。

　以上の独立した研究方法で得られた知見について，図10.1の相関図に示すとおり，同じ研究方法内，異なる研究方法間での関連の把握を行った。この図では，①研究方法内・間の仮説を支持する結果であったもの及び直接的な相関がみられたもの，②仮説の方向を支持する要因や背景となる関係がみられたもの及び質的に意味内容が同じであると判断されたもの，③仮説が支持されなかったもの，④仮説とは反対の方向を示したもの及び質的に意味内容が異なるものの4つに分類して色分けを行っている。図では，①と関連があったもの同士のマスを黒で塗りつぶし，②は濃い網掛け，③は薄い網掛け，④はバツ印を記入している。この相関図は，マスの色の濃淡によって，メディア・

フレーミング効果の有効性の度合の可視化を図るものであり，マスの色が濃ければフレーミング効果の有効性が確認されたことを意味しており，バツ印が記入されていると，フレーミング効果とは矛盾することを示している．

2. 研究方法内の相関関係

図10.1をみると，同じ研究方法内で濃淡の網掛けがみてとれる．内容分析では，メディア・フレームの報道パターンの似たもの同士の相関である．「現状フレーム」と「対策フレーム」の組み合わせは，その内容から「Ⅰ.行政の一次情報」による報道パターンと考えられ，「原因フレーム」，「要求フレーム」，「被害フレーム」の組み合わせは「Ⅱ.原因・責任・賠償」の報道パターン，「人体への影響」と「食品フレーム」の組み合わせは「Ⅲ.健康被害」の報道パターンであると考えられる．他のフレームと関連がないのが「Ⅳ.原発事故」の報道パターンである．これらのフレームの結びつきは，実験刺激を作成するときに使用している[2]．それぞれの報道パターンは，「Ⅰ.行政の一次情報」が国や行政の一次情報をそのまま流す報道であり，「Ⅱ.原因・責任・賠償」が事故の被害状況や原因を明確化し，その責任の所在を明らかにした報道，「Ⅲ.健康被害」が放射性物質の食品汚染の危険性と健康被害を扱った報道，「Ⅳ.原発事故」が原発事故に関わるさまざまなリスク情報を含んだ報道であった．

グループ・インタビュー内のマスの濃淡は，KJ法での図解化（A型）で関連を示す記号によって結ばれたグループの関係である[3]．「情報探索の動機」と「日々の食品購買行動」との間には強い相関があり，「情報探索の動機」は「情報源」と強い結びつきがある．この「情報源」は，「情報を想起する手がかり」，「情報入手の仕方」，「行動面への影響」，「感情の喚起」のグループとの間にも強い相関がみられることから，グループ・インタビューで得られた知見の中心的なグループであるといえる．「情報伝達の促進要因」と「情報伝達の阻害要因」は，それぞれに「情報入手の仕方」と強い相関がみられるが，互いに反対の関係にある．また，「情報伝達の促進要因」は，「行動面への影響」と「感情の喚起」を人びとに与える強い相関がある．一方で，「情報伝達の阻害要因」は，

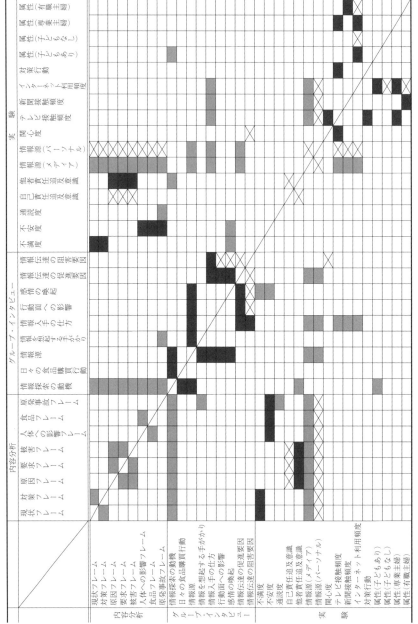

図 10.1 内容分析,グループ・インタビュー,実験で得られた結果の相関図

「行動面への影響」と「感情の喚起」を人びとには与えないことから，互いに反する関係であると相関図を読み解くことができる。

　実験内では，メディア・フレーミング効果が人びとの責任追及意識に与える影響で，自己に関する追及と他者に関する追及とで評価・態度構造に違いがみられたことから[4]，これら2つの責任追及意識を別々に示した。また，ここではフレーミング効果を媒介すると考えられる要因間の相関もみられる[5]。「放射能と食品汚染」の情報源では，「情報源（メディア）」と「情報源（パーソナル）」の相違からこれらの関係を負の相関で示している。情報源の「情報源（メディア）」は，「テレビ接触頻度」,「新聞接触頻度」,「インターネット利用頻度」と関係しているが，「情報源（パーソナル）」では，それらメディアとは関係性がみられないことが相関図からもみてとれる。「テレビ接触頻度」では，「関心度」と強い相関がみられ，「対策行動」をとるといった行動レベルにも影響を与えていた。さらに，「テレビ接触頻度」は，専業主婦に多く利用されていたことから，これらの要因間の関係を強い相関で示している。「新聞接触頻度」は，仕事をしている主婦（有職主婦）の利用が多く強い相関を示している。「インターネット利用頻度」は，子どものいない主婦より子どものいる主婦，有職主婦より専業主婦の方に多く利用されていたので，利用頻度が多い方を正の相関，少ない方を負の相関で示した。

3. 研究方法間の相関関係

　次に，研究方法間の相関関係を確認する（図10.1参照）。内容分析とグループ・インタビュー，内容分析と実験，グループ・インタビューと実験の組み合わせの順で分析し，最後に3つの研究方法に共通して検出された相関関係から考察を行った。

(1) 内容分析とグループ・インタビュー

　内容分析の「現状フレーム」,「対策フレーム」,「原因フレーム」,「要求フレーム」,「被害フレーム」,「人体への影響フレーム」,「食品フレーム」は，グル

ープ・インタビューの「情報探索の動機」との間にやや正の方向で関係がみられた。先述したように,「現状フレーム」と「対策フレーム」は「Ⅰ.行政の一次情報」の報道と強くかかわる。この報道パターンは,「情報探索の動機」のグループ内にある健康被害に値する放射線量の具体的な数値情報などの「科学的根拠を知りたい」のラベル[6]と合致している。同様に,「原因フレーム」,「要求フレーム」,「被害フレーム」の組み合わせの「Ⅱ.原因・責任・賠償」の報道パターンは,「情報探索の動機」のグループ内の「責任の所在をはっきりしたい」のラベル[7]と合致し,「人体への影響フレーム」と「食品フレーム」の組み合わせの「Ⅲ.健康被害」は,「情報探索の動機」のグループ内の「安全の確認をしたい」のラベル[8]と合致するものである。こうしたメディア・フレームと人びとの情報要求との間の関連は,メディアがオーディエンス・フレームを形成する一因となることがうかがえる。

また,内容分析の「原発事故フレーム」とグループ・インタビューの「情報を想起する手がかり」に相関関係がみられた。「原発事故フレーム」は関連する多様な情報が含まれる「Ⅳ.原発事故」の報道パターンであり,人びとにとって「放射能と食品汚染」問題の記憶を掘り起こす手がかりとなるものである。この関係は,第8章で明らかになったように,過去に見聞きしたさまざまな情報によって個人のスキーマが活性化し,形成されたオーディエンス・フレームと捉えることも可能であろう[9]。

(2) 内容分析と実験

内容分析と実験間では,「現状フレーム」,「対策フレーム」と「不満度」との間に強い相関がみてとれる。これは,「Ⅰ.行政の一次情報」の報道が人びとの情報に対する「不満度」に影響を与えたフレーミング効果を示している[10]。同様のフレーミング効果による相関関係は,「原因フレーム」,「要求フレーム」,「被害フレーム」の「Ⅱ.原因・責任・賠償」と「他者責任追及意識」,「人体への影響フレーム」と「食品フレーム」の「Ⅲ.健康被害」と「不安度」,「原発事故フレーム」の「Ⅳ.原発事故」と「不安度」の関係にもみてとれる[11]。

一方で，仮説が支持されず，薄い網掛けのマスになっているのは，「原発事故」と「通読度」との関係であり，フレーミング効果が検出されなかったことを意味している[12]。

また，「原因フレーム」，「要求フレーム」，「被害フレーム」の「Ⅱ.原因・責任・賠償」は，「自己責任追及意識」を低下させるといった負の効果が見出されたことで[13]，バツ印が記入されている。

以上の関係以外では，全部のメディア・フレームは「情報源（メディア）」との間に正の相関関係がみられ，「情報源（パーソナル）」との間には負の関係がみられた。人びとの「放射能と食品汚染」情報はメディアを情報源とするものが多く[14]，このことは，メディア・フレーミング効果が検出される要因の一つと考えられる。他方，パーソナルな情報源は利用されることが少なかったものの，「水道水汚染」の事例では他の事例に比べて情報源となることが多かった[15]。このことからは，ある種の領域ではメディア・フレーミング効果とは異なるパーソナル・コミュニケーションの影響を受けることが予測される。

(3) グループ・インタビューと実験

グループ・インタビューと実験間の関係は，内容分析から実験で使用するフレームを抽出したような直接的な関係性ではなく，全てがフレーミング効果の背景や要因を示すものと位置づけられる。

まず，グループ・インタビューの「情報探索の動機」は，実験の「他者責任追及意識」と「属性（子どもあり）」に相関がみられた。グループ・インタビューの結果で「情報探索の動機」のグループ内のラベルを確認すると，「責任の所在をはっきりさせたい」と「親としての対応を知りたい」といった人びとの情報要求がみられ[16]，こうした要求は，子どもがいる主婦で特定の他者の責任を追及するといった傾向があり，そのことがフレーミング効果の背景にあると解釈される。

また，グループ・インタビューと実験に共通してみられるのが，フレーミング効果と「情報源」の相関関係であった。情報源は，メディアとパーソナルな

情報源に区別され，パーソナルな情報源よりメディアからの情報受容が多いとメディア・フレーミング効果がより検出されやすいと考えられる。メディアとパーソナルともに実験の「情報源」は，グループ・インタビューの「情報源」，「情報入手の仕方」，「情報伝達の促進要因」と相関がみられた。グループ・インタビューの結果を確認すると，「情報入手の仕方」では，メディアの情報源は「メディアからネガティブな情報を得る」，パーソナルな情報源は「会話をする」といったラベルがみられ，「情報伝達の促進要因」では，メディアの情報源は「信用できる情報源がある」，パーソナルな情報源は「入手した情報を他者に伝える」といったラベルがみられた。さらに，グループ・インタビューの「情報入手の仕方」は，実験の「テレビ接触頻度」，「新聞接触頻度」，「インターネット利用頻度」と相関がみられた。グループ・インタビューの結果を確認すると，「メディア特性を活用する」，「日常生活を送りながら情報に接触する」といったラベルがみられた[17]。人びとの情報源からの情報入手方法，他者への伝達方法やふだんのメディア接触といった情報行動は，メディア・フレーミング効果に大きく影響する要因であると考えられる。

また，グループ・インタビューの「情報伝達の阻害要因」と実験の「関心度」には相反する関連がみられた。グループ・インタビューの結果では，「放射能と食品汚染」について，具体的な対策をとらず，会話をすることなく，知識がないといった「無関心である」という態度のラベルも検出されている[18]。もともと人びとに備わっていると考えられるこのような態度は，メディア・フレーミング効果を抑制する一因になり得ることも考えられる。

(4) 内容分析，グループ・インタビュー，実験

内容分析，グループ・インタビュー，実験の全ての研究方法間において相関関係がみられたのは，以下の4つの組み合わせであった。

一つ目は，内容分析の「現状フレーム」，「対策フレーム」とグループ・インタビューの「情報探索の動機」，実験の「不満度」らの相関関係である。これらの相関関係から，「現状フレーム」と「対策フレーム」の「I.行政の一次情

報」による報道パターンには，人びとの情報要求があるものの，それを満たすに至らず，かえって情報源に対する不満へとつながり，結果としてフレーミング効果が検証されたと解釈できる。グループ・インタビュー結果の「情報探索の動機」グループ内のラベルをみると，人びとは，「安全の確認をしたい」，「科学的根拠を知りたい」といったようにリスク情報の根拠を求めていた[19]。こうした人びとの情報要求は，政府や自治体が公表し事実の情報をありのまま流す「行政の一次情報」のみの情報提供では充足感を得られず，実験結果で明らかになった「情報が不確かである」，「情報が足りない」といった不満へと態度変化した結果であるといえる[20]。

　2つ目は，内容分析の「原因フレーム」，「要求フレーム」，「被害フレーム」とグループ・インタビューの「情報探索の動機」，実験の「他者責任追及意識」との間の相関関係に加え，実験の「自己責任追及意識」との負の相関関係である。グループ・インタビューの結果で「情報探索の動機」のグループ内のラベルを確認すると，「責任の所在をはっきりさせたい」という人びとの情報要求がみられた[21]。この情報要求は，内容から「Ⅱ．原因・責任・賠償」のフレームの報道パターンと合致したものと捉えることができる。このように，人びとが情報に対して充足感を得た場合，メディアが取り上げた特定の対象（国，行政，マスコミ，東京電力，専門家・知識人）に人びとの責任追及意識も唱導され，結果としてフレーミング効果が検証されることになったと解釈できる[22]。一方で，メディアが言及していない原因（運命，国民・市民）についての人びとの責任追及意識は低下し，フレーミング効果が検出されないことも実験結果で明らかになっている[23]。

　3つ目は，内容分析の「人体への影響フレーム」，「食品フレーム」とグループ・インタビューの「情報探索の動機」，実験の「不安度」との間の相関関係である。グループ・インタビューの結果で「情報探索の動機」を確認すると，グループ内のラベルに「食材へのこだわりがある」，「健康面・衛生面に配慮している」，「将来の影響を知りたい」などがみられる[24]。こうした人びとの情報要求は，「Ⅲ．健康被害」の報道パターンと合致しており，それが「国が示す

基準値未満の食品でも健康被害がでるのではないか」という不安を喚起する実験結果に現れ[25]、フレーミング効果が検証されたと解釈できる。前掲2つ目の相関関係では、情報要求がメディア・フレームと合致すると、その充足感からメディア・フレームの唱導する方向への影響がみられたが、人びとにとって健康被害に対する情報要求は非常に強く、この情報要求と合致するメディア・フレームの情報では充足感を得られず、不安の感情喚起につながったと推察される。

4つ目は、内容分析の「原発事故フレーム」とグループ・インタビューの「情報探索の動機」と「情報を想起する手がかり」、実験の「不安度」との間の相関関係である。グループ・インタビューの結果の「情報探索の動機」のグループ内のラベルには「問題化する以前の情報が知りたい」といった「放射能と食品汚染」が発覚する以前の状況についての情報要求がみられた[26]。また、「情報を想起する手がかり」のグループ内のラベルには「放射能と食品汚染以外の問題」がみられ[27]、原発事故に関連する他の情報は、個人の記憶の「放射能と食品汚染」情報へのアクセスを促し、スキーマが活性化されることが推察される[28]。こうした、人びとの情報要求と個人の記憶の想起のしくみには「原発事故」のフレーミング効果を助長させる働きがあり、実験で明らかになった将来への不安を喚起させるに至ったと考えられる[29]。

なお、研究方法の組み合わせの4つの関係では、全ての組み合わせに実験の「情報源（メディア）」と相関関係が、他方「情報源（パーソナル）」とは相反する関係がみられた。これは、メディア・フレーミング効果の検出には人びとが情報源としてメディアを利用することが前提条件であることを意味していると考えられる。

第2節　まとめ

本章では、メディア・フレーミング効果に関する内容分析、グループ・インタビュー、実験の3つの独立した実証研究で得られた知見について、それらの異同に着目して、相関を分析することによって研究方法の統合を試みた。統合

の結果，メディア・フレーミング効果を媒介する2つの要因が明らかになった。

一つ目は個人の情報要求である。フレーミング効果は，人びとの情報要求と報道のフレームが一致しその要求が充足されると，フレームと同じ方向へのフレーミング効果がみられるが，情報要求の水準がフレームの情報内容を上回ったり，フレームの情報では要求が充足されないときには，不満や不安といったように反対の方向へのフレーミング効果が生じることが明らかになった。

2つ目は情報源の存在である。フレーミング効果では，正負の方向を問わず，人びとのメディア接触が前提条件であり，メディア接触が多いとフレーミング効果が検出されやすいと考えられる。一般的に，多くの人間はメディアと接触しており，メディアを情報源としているため，フレーミング効果は大きいといえるであろう。一方，少数ではあるが，パーソナルな情報源からの情報入手が大きくメディア接触が少ない場合，フレーミング効果は抑制され，無効果になることが示唆される。情報源の影響の背景には，人びとが日常生活でどのメディアを利用しているのか，どのような情報入手の仕方を行い，入手した情報をどのように他者に伝達しているのかといったふだんの情報行動が大きく関係しているといえる。

注）
1）トライアンギュレーション，マルチメソッドについては，第6章2節を参照。
2）実験刺激の作成については，第9章2節2項を参照。
3）KJ法による図解化は，第8章3節7項の図8.10「放射能と食品汚染」情報の全体像の図解化（A型）を参照。
4）責任追及意識を従属変数として測定した結果の詳細は，第9章3節1項(5)を参照。
5）メディア・フレーミング効果を規定する要因については，第9章3節2項を参照。
6）第8章3節7項の図8.10を参照。
7）第8章3節7項の図8.10を参照。
8）第8章3節7項の図8.10を参照。
9）スキーマの活性化がオーディエンス・フレームの形成に与える影響についての説明は，第8章4節を参照。
10）実験によるメディア・フレームの不満度の測定は，第9章3節1項(2)を参照。
11）実験によるメディア・フレームの不安度の測定は，第9章3節1項(3)を参照。

12) 実験によるメディア・フレームの通読度の測定は，第9章3節1項(4)を参照。
13) 実験によるメディア・フレームの責任追及意識の測定は，第9章3節1項(5)を参照。
14) 調査対象者が「放射能と食品汚染」の情報源として最も多く利用したのはテレビであった。詳しくは第9章3節2項(1)を参照。
15) 調査対象者が「水道水汚染」について利用したパーソナルな情報源では，「家族や親族」が最も多くみられた。詳しくは第9章3節2項(1)を参照。
16) 第8章3節7項の図8.10を参照。
17) 第8章3節7項の図8.10を参照。
18) 第8章3節7項の図8.10を参照。
19) 第8章3節7項の図8.10を参照。
20) 実験によるメディア・フレームの不満度の測定は，第9章3節1項(2)を参照。
21) 第8章3節7項の図8.10を参照。
22) 実験によるメディア・フレームの責任追及意識の測定は，第9章3節1項(5)を参照。
23) 実験によるメディア・フレームの責任追及意識の測定は，第9章3節1項(5)を参照。
24) 第8章3節7項の図8.10を参照。
25) 実験によるメディア・フレームの不安度の測定は，第9章3節1項(3)を参照。
26) 第8章3節7項の図8.10を参照。
27) 第8章3節7項の図8.10を参照。
28) 個人の記憶のアクセス可能性とフレーミングの関係については，第5章1節2項を参照。
29) 実験によるメディア・フレームの不安度の測定は，第9章3節1項(3)を参照。

第11章

結　論

　本書の目的は，メディアが現代社会に潜在している「新しいリスク」を顕在化する過程において，受け手である人びとのリスク認識にどのような影響を与えるのかを明らかにすることであった。実証研究を行うにあたっては，メディア・フレームの分析手法として内容分析，グループ・インタビュー，実験を組み合わせたマルチメソッドを採用し，それぞれの研究方法で得られた知見を統合した。

　実証研究の結果，「新しいリスク」報道のフレーミング効果は，人びとの情報内容に対する不満や不安を喚起させ，事故の責任を追及するための態度形成の手がかりとなることが明らかになった。また，こうしたフレーミング効果が検出されるためには，情報源の種類，個人の情報要求といったフレーミング効果の媒介要因となるものが深く関わっていた。

　以上の研究結果を踏まえ，本章では，「新しいリスク」の特徴や問題点を総括し，メディア・フレーミング効果研究の視座から導かれる「新しいリスク」報道におけるメディアの社会的機能を考察する。

第1節　「新しいリスク」報道におけるメディア・フレーミング効果と社会的機能

1. 「新しいリスク」の問題点

　「新しいリスク」は，U. ベックや A. ギデンズが指摘するように，近代化による社会構造の変容とともに出現したリスクであった。ベックらが指摘する近

代化とは，近代化による高度な科学技術や文明の発達がかえって「副作用」を生み，「副作用」の帰結によってもたらされる再帰的近代のことであり（ベック，1986＝1998，1994＝1997；ギデンズ，1990＝1993，1991＝2005）[1]，本書の現代社会を捉える視点もこれを採用した。また，この「副作用」が「新しいリスク」であり，現代社会は「新しいリスク」が潜在しているリスク社会でもあった。

ベックは，「新しいリスク」の具体的な特徴を「環境リスク」と「個人の人生に関わるリスク」とに大別しており，「環境リスク」とは原子力発電所事故や地球温暖化，ダイオキシン，オゾン層破壊，残留農薬，薬害などのリスク事象のことを指し，「個人の人生に関わるリスク」とは，ベックが指摘する個人化論に伴うリスクであり，職業選択や配偶者選択の自由となった個人がこれまで所属していた準拠集団に依拠することなく，個々人の判断でリスクに対応しなければならないことであった[2]。

ここで重要なのは，リスク社会に生きる人びとにとって，「新しいリスク」に対する判断が個人単位で要求されることであった。Ch. Lau（1989）が指摘するように，リスク社会以前の産業社会では，背景に福祉国家があり，そこでは社会保障システム（失業・雇用保険，年金など）が整備されており，このような保険制度が個人の負うリスクの受け皿となっていた[3]。

しかし，小松丈晃が指摘しているように，「新しいリスク」は，突如として人びとに降りかかり，回避したり予測することが不可能であるという理由から，「決定」を下す者とその「決定」によって損害を被る者とを分離させることとなった（小松，2003：53-56）[4]。したがって，人びと個々人が下した「決定」に対して，これまで社会が個人の損害を補ってきた社会保障システムでは保障できなくなるというのも，「新しいリスク」の「新しさ」が意味する問題点であった。

本書においても，ベックやギデンズらの再帰的近代化論を背景に，「新しいリスク」を「近代化による社会構造の変容とともに出現した現代社会の条件下で扱われるリスク」と定義した[5]。「新しいリスク」の特徴は，ベックが指摘する「環境リスク」と「個人の人生に関わるリスク」を踏まえて，Lauや小松

が指摘する「新しさ」に注目し，以下の5つの特徴を設定し，「新しいリスク」の事例として放射性物質による食品汚染問題（「放射性セシウム汚染牛問題」）を取り上げて分析を行った[6]。

1) 不可視であること
2) 因果関係を突き止めることが困難であること
3) グローバルなリスクの影響が人びとに等しく与えられること
4) 個人の日常生活に密接に関係していること
5) 個人単位で責任を負わなければならないこと

　問題点のもう一つは，本書で取り上げた「新しいリスク」の事例である「放射性セシウム汚染牛問題」が東日本大震災に伴う福島第一原発事故を契機として発生したため，事故原因の判断が「自然災害」と区別され難かったという点で，これまでの「新しいリスク」と異なる特徴もみられる点であった。たとえば，福島第一原発事故以前に日本で起こったJCO臨界事故では，谷口武俊が指摘しているように，ずさんな管理体制という組織事故の面が大きく（谷口，2006：151-153）[7]，それゆえに，「人的災害」であるという世間の認識があったと考えられる。下村英雄と堀洋元によるJCO臨界事故の新聞報道の内容分析では，「原因の究明⇒責任の追及⇒健康に対する恐怖⇒調査による安心⇒風評被害に対する賠償」といった一連の報道のプロセスが検証されている[8]。下村と堀によると，新聞紙上で原因究明と責任追及が行われることで，ひととおりの「事件の解説機能」[9]が果たされた後，恐怖や安心を中心とした記事が「不安低減機能」[10]を果たしていったと指摘している（下村・堀，2004：57）。
　JCO臨界事故のように，「人的災害」であると「自然災害」と明確に区別される場合は，メディア報道が，「原因は何なのか」，「誰（どこ）に責任はあるのか」といった人びとの情報要求を満たし，不安や恐怖を取り除く機能を果たしていたといえる。第3章2節で取り上げたN. ルーマンが指摘する「非知」の概念は，リスクに関するコミュニケーションが行われてはじめて人びとに理解

され，リスクのリアリティが社会のなかで問題化されることであった（ルーマン，1992＝2003）[11]。これによると，JCO臨界事故は，メディアと人びととのコミュニケーションにおいて，「人的災害」であるという共通認識があり，情報の送り手と受け手で「新しいリスク」を共有することができているものと考えられる。

一方，東日本大震災は，地震，津波，原発事故の巨大複合災害であったため，事故原因が地震や津波といった「自然災害」にあるのか，東京電力の組織事故や建設に至る国と行政の政治的判断といった「人的災害」なのかで見解は分かれていた[12]。このことは，遠藤薫が指摘しているように，「自然災害」と「人的災害」の境界線が無効化された災害であると捉えることができる（遠藤，2011：77）。こうした背景から，本書で取り上げた福島第一原発事故後に顕在化した「放射性セシウム汚染牛問題」は，東日本大震災以前のJCO臨界事故と比べて，メディア報道と人びとの認識のコミュニケーションが合致するに至らなかったと推察される。

2. メディア・フレーミング効果研究から社会的機能へのアプローチ

「新しいリスク」の問題点として，個々人で対応を余儀なくされること，「自然災害」と「人的災害」の境界が無効化し，事故原因が特定され難いことが挙げられたが，こうした問題点に対して，メディアには，日常生活を送る人びとにリスク情報を伝達し，解決策の手がかりを与える重要な役割がある。そこで，メディア・フレーミング効果研究で明らかになった，「新しいリスク」報道と人びとのリスク意識との関係の実証的な根拠を基にメディアの社会的機能について考察する。

本書で設定した「新しいリスク」報道におけるメディアの社会的機能は，「ニーズ充足機能」，「不安低減機能」，「原因究明・責任追及機能」の3つの社会的機能であった[13]。「ニーズ充足機能」と「不安低減機能」は，宮田（1986）が指摘する災害報道のマス・メディアの社会的機能であるが，そのなかでもメディア報道と人びとの認識との相互作用に関連し，受け手個人レベルのフレーミン

グ効果によって解明可能な単位であると判断した。「原因究明・責任追及機能」は，人びとの認識では区別し難いと考えられる「新しいリスク」の「自然災害」と「人的災害」の境界線の判断にメディアが重要な手がかりを提示し，社会的影響を与えるものとして設定した。

(1) メディアの「ニーズ充足機能」と人びとの情報充足感

「ニーズ充足機能」は，災害時に被災者が求める情報要求を充足するマス・メディアの機能である（宮田，1986：211-216）。本実証研究のうち，実験を行う際の刺激は，内容分析で得られた8つのメディア・フレームから仮説に従い，新聞記事を人為的に作成したものであった。そのなかで，「現状フレーム」と「対策フレーム」を組み合わせた「Ⅰ.行政の一次情報」の報道パターンは，政府や自治体が公表した事実の情報をありのまま流す傾向があり，人びとも科学的根拠などのリスク情報を求めていた。しかし，人びとは情報内容の不確かさや情報量の少なさに不満をもち，「Ⅰ.行政の一次情報」では，充足感を得られなかったといえる[14]。

また，第7章の内容分析において，抽出されたメディア・フレームの量的把握を行った結果，「放射性セシウム汚染牛問題」の新聞報道では，他のメディア・フレームに比べても「現状フレーム」と「対策フレーム」の「Ⅰ.行政の一次情報」による報道量は非常に多く[15]，量的傾向からみると人びとの情報要求を満たしていると推測される。しかし，宮田が指摘しているように，人びとの情報要求を満たすには，報道量ではなく報道内容が問題である（宮田，1986：215）。このように，メディアの報道量と人びとの認知の相関関係をみる議題設定効果（M. E. McCombs & D. L. Shaw, 1972）[16]では検証されるに至らなかったメディアの報道内容と人びとの情報要求の充足感の関係の内実を明らかにしたのが，メディア・フレーミング効果であったといえる。本書のメディア・フレーミング効果測定でも，人びとの報道内容に対する不満が検出され，メディアが「ニーズ充足機能」を果たさなかったことが検証された。

(2) メディアの「不安低減機能」と人びとの不安喚起

「不安低減機能」は，災害時に不安喚起した人びとに対して，十分な情報をもって状況を認識させ，今後の見通しを明確にするなどして不安を取り除き，混乱を防ぐための機能である（宮田，1986：210-221）。実験刺激の「人体への影響フレーム」と「食品フレーム」を組み合わせた「Ⅲ.健康被害」の報道パターンは，放射性物質の食品汚染と健康被害を扱った報道であり，人びとの情報要求と合致するフレームであった。しかしながら，フレーミング効果は負の方向を示し，人びとの不安を喚起する結果となり，フレームによって喚起された人びとの不安内容は，「国が示す基準値未満の食品であっても健康被害があるのではないか」という国の情報に対する信憑性の疑念であった[17]。この結果は，健康被害に関連する新聞記事が人びとにとって不安を強める記事内容であったことを意味しているといえる。

説得的コミュニケーションの領域の研究によると，送り手が受け手にある種の恐怖感や不安を喚起するようなメッセージを用いて態度変化を促すことを恐怖喚起コミュニケーションと呼んでいる。I. L. Janis と S. Feshbach の研究によれば，喚起される恐怖の度合いがあまりに強すぎると，受け手に拒絶反応が生じ，メッセージ内容の方向への態度変化はみられず，中程度の恐怖のときが最も有効であるという（Janis & Feshbach, 1953）。「新しいリスク」の健康被害に関する情報は，人びとにとって重要な情報であるといえるが，メディアが過度に内部被ばくの危険性を煽るような報道では，かえって人びとの不安を助長するばかりで，対策行動に結びつけることは期待できないといえる。

「不安低減機能」がみられなかったもう一つのフレームは，「原発事故フレーム」であった。「原発事故フレーム」は，実験刺激の作成の際に，他のフレームとは独立しており，原発事故のさまざまな情報を含んだ「Ⅳ.原発事故」の報道パターンであった。この報道パターンによって喚起された人びとの不安は「将来への不安」であった。「Ⅳ.原発事故」の報道パターンは，「Ⅲ.健康被害」の報道パターンと同様に人びとの情報要求と合致するフレームであったが，原発事故に関する多様な情報が関連づけられることによって，個人が「放射能と

食品汚染」の情報を想起する手がかりとなるフレームでもあった[18]。

　人びとのリスク認識は，被害の程度ばかりでなく，情緒的な大きさで決まる部分もあるという。P. Slovic は，人びとのリスク認識を「恐ろしさ」と「未知性」の2因子で説明している。「恐ろしさ」因子とは，事態を制御することが不可能であったり，致命的であるなどの認識であり，「未知性」因子とは，事態を観察することができなかったり，科学的に不明であるとの認識である（Slovic, 1987）。人びとにとって，原子力発電所の事故はこれら2因子によるリスク認識がもともと高かったと推測される。したがって，「Ⅳ. 原発事故」に接触した人びとは，もともと強く認識していた原発事故のスキーマがフレーミングによって活性化され[19]，情緒的な記憶を想起し，「今後も収束しないのではないか」という将来に対する不安喚起につながったのではないかと考えられる。

(3)　メディアの「原因究明・責任追及機能」と人びとの責任追及意識

　「原因究明・責任追及機能」は，先述した下村と堀（2004）による JCO 臨界事故の新聞報道の内容分析で明らかになった，メディアの報道プロセスのなかで契機となる部分であり，事故の原因と責任の所在を明確にする機能である。

　「放射性セシウム汚染牛問題」の報道では，「原因フレーム」，「要求フレーム」，「被害フレーム」によって実験刺激作成時に組み合わせた「Ⅱ. 原因・責任・賠償」の報道パターンが「原因究明・責任追及機能」に該当し，「責任の所在をはっきりさせたい」という人びとの情報要求とも合致していることから，この機能を果たすものと予測した。その結果，メディアが取り上げた他者（国，行政，東京電力，マスコミ，専門家・知識人）に対する責任追及意識がみられたが，一方で，原発を容認し，利用してきた市民の自己の責任に対する追及意識を低減させるといった効果も検証された[20]。

　S. Iyengar は，テレビのニュースの社会問題の報道の枠組みをエピソード型フレームとテーマ型フレームに大別し，これらのフレームを操作することで，エピソード型フレームでは，受け手の「個人」への責任帰属が起こりやすく，テーマ型フレームでは，「社会」への責任帰属が起こりやすい傾向がみられる

ことを実験で明らかにしている(Iyengar, 1991)[21]。本書で設定した「Ⅱ.原因・責任・賠償」の報道パターンは，Iyengar が指摘したエピソード型フレームと同様に，特定の他者への責任追及意識が検出され，ある程度の「原因究明・責任追及機能」を果たしていたと考えられる。

今後，「新しいリスク」のメディア報道において，「原因究明・責任追及機能」によってある他者に原因や責任の焦点がさらに絞られると，メディアが取り上げた特定の他者への人びとの責任追及意識が大きくなり，自分自身への責任追及意識はより低減されていくことが予測される。

第 2 節　本書の結論

本書は，現代社会を捉えるために，そこで発生するリスクの「新しさ」の観点から分析を行うものであった。それは同時に近代化の議論でもあり，ベック(1986＝1998；1994＝1997)やギデンズ(1990＝1993；1991＝2005)らが指摘する再帰的近代化を背景とするものであった。その中心的な議論であるベック(1986＝1998)の指摘する個人化は，近代化に伴い集団形成が弱体化することによって，人びとが個人単位で社会制度に組み込まれ，その結果として，人びとが個人の判断で「新しいリスク」への対応を余儀なくされるものであった。

本書において，「新しいリスク」の事例として取り上げた福島第一原発事故後の「放射性セシウム汚染牛問題」は，リスクの個人化の問題を目の当たりにするものであるといえよう。それは，近代化によって原子力発電所が安定したエネルギーの供給や経済的効果，雇用などを人びとに供給した一方で，ふだんの生活で牛肉やその他の乳製品を選択し購入する際の判断は個々人に任せられ，それらの食品中に含まれる放射性物質のリスクにも向き合うことになったということである。

第 3 章 1 節 1 項で述べたルーマン(1992＝2003)が指摘する社会学的なリスク概念からみると，個人の食品購入という現時点における「決定」は，内部被ばくや風評被害といった「未来」のあらゆる損害可能性を予測しなければならない。このようにして個人の判断で下した「決定」で損害が発生したとき，その

場合の「リスク」に対する責任は，社会システムなどの他者に帰属することはできず，自己で責任を負うはめになるといえよう。さらに，第3章1節2項の小松 (2003) の指摘のように，「新しいリスク」になると「決定」を下す者と損害を被る者とを分離させ，予測したり回避したりすることが困難であり，突如として個人に降りかかることが責任の所在を社会システムに特定化できない理由でもあった。

そうしたなか，福田充が指摘しているように，社会に潜在している「新しいリスク」を顕在化する上で重要な機能を果たすのがメディアである (福田, 2010：38-39)[22]。したがって，個々人にとって，メディアを情報源として正確な情報を受容することが重要であるといえるだろう。

しかしながら，本書のフレーミング効果の検証結果にみるように，メディアは，人びとの「新しいリスク」情報に対する情報要求に即した社会的機能をあまり果たしておらず，かえって，個人の不満や不安といった感情を喚起させるという結果であった。今後，メディアによる「新しいリスク」報道は，人びとの事故の原因への責任追及意識や，具体的な対策をとる手がかりを与えるといった態度・行動レベルの影響面からも，その存在が大きく問われてくるであろう。

また，実証研究では，メディア・フレーミング効果の規定要因となるものとして，情報源の存在が明らかになった。情報源は，本書の第4章1節3項で取り上げた，R. E. Kasperson らが提唱した「リスクの社会的増幅フレームワーク」においても重要な要因となるものであった[23]。「リスクの社会的増幅フレームワーク」とは，リスクが社会的に増幅したり，減衰したりする波及過程を包括的に説明したものである (Kasperson, et al., 1988)。情報源は，この波及過程の発端となる要因であり，人びとがリスクを直接的に経験するのか，あるいは間接的に経験するのかでリスクの社会的増幅が決定づけられる。「新しいリスク」の特徴の一つは不可視との理由から，メディアによる情報入手の方が多いと考えられる。その場合，メディア・フレーミング効果研究を「リスクの社会的増幅フレームワーク」の部分的プロセス研究のなかに位置づけ，その有効性を検討することも可能であろう。

竹内郁郎の指摘では，マス・コミュニケーションの全体社会にとっての機能それ自体を，実験や調査という実証的な観察の道具によって分析することはほとんど不可能であり，このような，マス・コミュニケーションの社会的機能の実証性の問題を解明する一つのアプローチが効果論であるとしている（竹内, 2005：176）[24]。本書は，効果論のアプローチに立つフレーム分析を通じて，メディアの「新しいリスク」報道の枠組みと，人びとが抱いている「新しいリスク」のイメージや情報要求といった個人の認識枠の関係性を明らかにした研究であったといえる。さらに，メディア・フレーミング効果研究で得られた実証的な知見を，メディアの社会的な役割に還元するといった意味で，「新しいリスク」報道おけるメディアの社会的機能の解明に一翼を担った研究であったと考えている。

　東日本大震災は，その被害の大きさから「未曾有」，「想定外」という人びとの共通認識があった。その後の福島第一原発事故は，その原因が地震や津波といった「自然災害」にあるのか，それとも人間が判断を下した結果の「人的災害」であるのかで見解が分かれるところもみられた。

　しかし，「新しいリスク」がリスクの範疇にあるのは，人間が自己決定や判断を下す以前に予測可能なものであるというギデンズ（1990＝1993）やルーマン（1992＝2003）が指摘するリスク概念[25]に則して「新しいリスク」を捉えた。C. Perrow（1999）が主張する，起こりべくして起きた事故という「ノーマル・アクシデント」の考え方である[26]。このことは，福島第一原発事故も例外ではなく，事前に耐久性の問題や全電源が喪失する危険性を認識することが可能であった「想定内」の「新しいリスク」であると結論づけた。

　これまで述べてきたように，原発事故に伴う放射性物質の食品汚染のリスクは，高度な科学技術の発展といった近代化の代償であり，国家や社会レベルで対処する問題だけではなく，リスク回避の判断は個人に委ねられるものでもある。これは，現代社会をベック（1986＝1998；1994＝1997）やギデンズ（1990＝1993；1991＝2005）らが指摘する再帰的近代化やリスクの視点で捉えることではじめて浮き彫りになってくるものであったといえよう。つまり，「新しいリスク」

や「環境リスク」と呼ばれるものは，社会問題であると同時に個人の問題でもあると認識することが重要であるといえる。

　以上の視点から，本書はメディアのフレーム，フレーミングといった概念を用いて，社会と個人の広範な関係性に迫ったものであった。しかしながら，メディアの社会的機能（ニーズ充足機能，不安低減機能，原因究明・責任追及機能）と個人のリスク意識（情報要求，不安，責任追及意識）にはギャップがあることが実証的に明らかになった。このような知見は，一面的な研究のみで検証することは困難であり，トライアンギュレーションあるいはマルチメソッドと呼ばれる複数の研究方法を統合させ，多面的に捉えることで得られる知見であったといえる。

　メディアが「新しいリスク」報道における社会的機能を果たすには，リスク社会に生きる人びととの個人単位での情報要求を集約する必要があるだろう。そうした活動によって，メディアと人びととの間に共通した「新しいリスク」が定義され，望ましい個人レベルの対応や対策が社会全体にも波及していくものと考えられる。吉川肇子によれば，リスク・コミュニケーション研究領域では，人びとがリスクを回避するためにリスクについての情報を伝えることが重視されているのと同時に，個人では回避できないリスク問題についての社会的合意を得る過程も重視されるようになってきたという（吉川，1999：14）。メディアの「新しいリスク」報道の社会的機能のなかには，「新しいリスク」の原因となる科学技術や原子力発電所が社会的に容認される前段階の報道の仕方も求められることになろう。

第3節　残された研究課題

　メディア・フレーミングについての本実証研究では，内的妥当性と外的妥当性を考慮したマルチメソッドを採用した研究デザインを用いた[27]。内的妥当性は変数間の因果関係の程度，外的妥当性は得られた知見の一般化の可能性を示している。

　内的妥当性については，インターネット調査実験を行い，調査対象者の職業

（主婦），年齢（20歳代／30歳代），属性（子どもの有無），居住地（東京都内）の条件を統制した上で，メディア・フレーミング効果を測定し，フレームの差異によって不安と不満の内容，責任追及意識が異なることが確認された[28]。したがって，メディア・フレーミング効果の因果関係は検証され，ある程度の内的妥当性は保証されたといえる。

しかし，外的妥当性については，新聞記事の内容分析の結果で得られた「現状フレーム」，「対策フレーム」，「原因フレーム」，「要求フレーム」，「被害フレーム」，「人体への影響フレーム」，「食品フレーム」，「原発事故フレーム」の8つのメディア・フレーム[29]が妥当なものかいくつかの疑問が残るところもある。これらは R. M. Entman (1993) の定義に依拠し，「選択性」と「顕出性」の意味を含み，新聞記事中の出現数頻度の高い語同士の分類や結びつきによって抽出を試みたフレームであった[30]。Entman の先行研究では，「問題の定義」，「原因の解釈」，「道徳的評価」，「対策」の4つのフレームによる報道パターンが人びとの認識や解釈に影響を及ぼし得る一連の作用として設定されていた[31]。上記8つのフレームは，リスク報道の新聞記事から帰納法によって抽出したため，Entman の一般的な社会問題（政治，外交など）に適用したものと一概に比較することはできないが，「原因」や「対策」といったフレームは共通して検出されたといえる。しかし，それ以外のフレームは Entman の提示したものと合致しない。なかでも，「人体への影響」や「食品」，「原発事故」のフレームはリスク報道に限定されたものであったと考えられる。

また，内容分析では，『朝日新聞』が対外的に日本を代表する新聞と評価されていることや，原発事故に対して積極的に取材をしているなどの理由から同紙を分析対象紙としてメディア・フレーム抽出を行ったが[32]，他の新聞との比較も必要となってくるであろう。第二次世界大戦後，原子力発電所の日本導入の歴史には，原子力の父と呼ばれる正力松太郎（読売新聞社社主）が科学技術庁（現文部科学省）の初代長官に就任し，当時改進党に所属していた中曽根康弘とともに原子力事業を推進してきた経緯がある。吉野嘉高は「脱原発」派の『朝日新聞』と「原発容認」派の『読売新聞』の2紙の関西電力大飯原発再

稼働に関する記事を量的・質的に比較分析している。吉野によれば、『朝日新聞』と『読売新聞』ともに原発をめぐる集会参加者の脱原発、再稼働反対の声を拾っているが、その記事数、つまり報道量は圧倒的に『朝日新聞』の方が多かったという（吉野，2013）。このような、原発の今後についての立場が異なる報道機関の間では、リスク報道においてもフレームの種類や量に差異が検出される可能性が十分にあるといえよう。

さらに、今回、「新しいリスク」の事例として取り上げた「放射性セシウム汚染牛問題」は原発事故の直後であったために、報道が短期集中的に行われ[33]、人びとの注目度や関心度も高かったといえる。社会に潜在しているリスクを顕在化するメディア報道をより詳細に検証するには、現時点において人びとにリスクの損害可能性が重大なものとして認知されるに至っていない事例を吟味し、選定することも必要であると考えられる。

以上の疑問点を踏まえ、本書で明らかになった8つのメディア・フレームがリスク報道において、立場が異なる報道機関や別の「新しいリスク」にも適用可能かどうかのアプローチによる実証研究の積み重ねによって外的妥当性を高め、フレームを一般化することが今後の課題である。

また、本メディア・フレーミング効果研究では、D. A. Scheufele（1999：114-118）が提唱したメディア・フレーミング効果研究の過程モデルの4類型のうち[34]、「フレーム・セッティング」と「フレームの個人レベルの効果」が検証されたに過ぎない。残りの一つ目は「フレーム・ビルディング」であり、組織の圧力やジャーナリスト、エリート層がいかにメディア・フレームを生成するかの過程を検証するためのものである。もう一つが、「オーディエンスとしてのジャーナリスト」であり、ジャーナリスト個人がメディア・フレームを用いるのに影響を受ける過程を検証するものである。これらのメディア・フレーミング研究を行うにあたって、福島第一原発事故後の「新しいリスク」報道を検証する場合には、原子力政策に関わる国や地方自治体、周辺企業、地域住民の意見などの報道を左右する要因となるものが多数存在するので、メディアやジャーナリストを取り巻く背景を考慮しなければならない。さらに、環境問題の

みならず，代替エネルギー，雇用，経済，財政問題などの社会問題が複雑に入り組んでいるため，メディア効果論的なアプローチのみで行うのではなく，異なった研究視座からのアプローチも必要となってくるであろう。

注）
1）ベックとギデンズでは，現代社会を再帰的近代と捉える点では一致しているが，2者間で「再帰性」の捉え方には異なる点もみられた。詳しい説明は，第2章2節を参照。
2）「環境リスク」と「個人の人生に関わるリスク」についての詳しい説明は，第3章3節の1項と2項を参照。
3）Lauによると，社会構造の変容とともにリスクは，「伝統的リスク」，「産業─福祉国家的リスク」，「新しいリスク」の段階で変化していくという。詳しい説明は，第3章1節2項を参照。
4）小松は，ルーマン（1992＝2003）に依拠し，「リスク」と「決定」との関係性をLauのリスクの3分類に適用することで，「新しいリスク」の「新しさ」を見出している。小松によると，「新しいリスク」の「新しさ」とは，リスクの損害の大きさやその影響を被る領域の広さではなく，決定とその決定による影響領域との間の関係に「新しさ」があるという。詳しい説明は，第3章1節2項を参照。
5）本書の「新しいリスク」の定義の詳細は，第3章4節を参照。
6）「放射性セシウム汚染牛問題」の概要については，第7章2節1項を参照。
7）JCO臨界事故の概要については，第1章の注7）を参照。
8）下村と堀が行ったJCO臨界事故の新聞報道の内容分析は，第1章の注8）を参照。
9）下村と堀は，小城英子（1999）が設定した少年事件における識者コメントの機能の分析枠組みである「事件の解説機能」，「不安低減機能」，「自衛促進機能」のうち「事件の解説機能」を参照としている。
10）下村と堀は，小城英子（1999）が設定した少年事件における識者コメントの機能の分析枠組みである「事件の解説機能」，「不安低減機能」，「自衛促進機能」のうち「不安低減機能」を参照としている。
11）ルーマンが指摘するリスクの「非知」の特徴については，第3章2節を参照。
12）事故調査委員会の見解は，第1章の注3）を参照。ベック（2011）は福島第一原発事故に言及し，原因は自然災害によるものではなく，政治的決断であり，人間の決断であるとしている（第3章4節参照）。本書の「新しいリスク」もベックの指摘に則して定義している。
13）宮田は，災害報道に求められるマス・メディアの機能として，「環境監視機能」，「ニーズ充足機能」，「不安低減機能」，「説得機能」の4つの機能を挙げているが（宮

田，1986：210-221），本書では，それらのうち「ニーズ充足機能」と「不安低減機能」を採用している．詳しくは，第1章1節2項を参照．
14) 第10章1節3項の(4)の内容分析，グループ・インタビュー，実験の研究方法の組み合わせの結果で得られた知見を参照．
15) メディア・フレームの量的把握は，第7章3節「内容分析の結果」の3項「メディア・フレームの抽出」を参照．
16) メディアの議題設定機能についての詳しい説明は，第4章1節2項を参照．
17) 第10章1節3項の(4)の内容分析，グループ・インタビュー，実験の研究方法の組み合わせの結果で得られた知見を参照．
18) 第10章1節3項の(4)の内容分析，グループ・インタビュー，実験の研究方法の組み合わせの結果で得られた知見を参照．
19) 第5章1節2項の「心理学からのフレーム概念」を参照．
20) 第10章1節3項の(4)の内容分析，グループ・インタビュー，実験の研究方法の組み合わせの結果で得られた知見を参照．
21) Iyengarのフレーミング効果の実験は，第5章1節2項の「心理学からのフレーム概念」を参照．
22) 福田充の「潜在的なリスクを顕在化させるメディア報道モデル」は，第4章3節の図4.3を参照．
23) Kaspersonらが提唱した「リスクの社会的増幅フレームワーク」の詳しい説明は，第4章1節3項を参照．
24) 竹内郁郎のマス・コミュニケーションの社会的機能と効果論の関係性についての指摘は，第4章3節を参照．
25) ギデンズやルーマンが指摘するリスク概念は，第3章1節1項を参照．
26) Perrowが指摘する「ノーマル・アクシデント」は，第3章3節3項を参照．
27) メディア・フレーミング効果の研究デザインは，第6章2節を参照．
28) 実証研究のうち実験については，第9章を参照．
29) 実証研究のうち内容分析については，第7章を参照．
30) メディア・フレームの操作的定義は，第7章1節2項を参照．
31) Entmanのフレーミングの定義は，第5章1節3項を参照．
32) 内容分析の分析対象については，第7章2節2項を参照．
33) 第7章3節4項のメディア・フレームの時系列変化を参照．
34) Scheufeleが提唱したメディア・フレーミング効果研究の過程モデルの4類型についての詳しい説明は，第6章1節1項を参照．

あとがき

　2011年3月11日に東日本大震災が発生してから丸4年が経ったが，未だ復旧・復興には至っていない。なかでも，福島第一原発事故の収束のためには，国家レベルでの長期的な計画・対策，多額の費用などを要するであろう。現在では，原子力政策をめぐって，「脱原発」派と「原発容認」派といったように政治的争点の一つにもなっている。

　本書は，再帰的近代化論の立場であったが，この視座に立つことによって，「新しいリスク」への対応は，個人に委ねられるというのが明らかになった。「新しいリスク」は，第3章4節において指摘したように，不可視であったり，因果関係を突き止めることが困難であるなどの特徴をもち，個人の日常生活と密接に関係しているものであった。そこで，人びとが個人単位で「新しいリスク」の手がかりを得る手段として，メディアの報道枠組み（メディア・フレーム）と人びとの認識枠組み（オーディエンス・フレーム）に注目してその関係性を検証し，得られた実証的根拠を踏まえて，社会的機能を果たしているのかを考察した。しかしながら，結論ではメディアの報道内容は個人の情報充足感を満たすに至らず，かえって不満や不安が募り，メディアが社会的機能を十分に果たしていないということを導出した。

　本書で設定した社会的機能のなかでも，事故の原因や責任を追及する機能は，冒頭で述べた原子力政策の賛否を判断する材料になり，ともすればイデオロギー対立の様相を呈している要因となっていることも考えられる。これは，第4章1節3項で取り上げたリスクの社会的増幅フレームワークの観点からみると，「新しいリスク」が増幅・減衰を繰り返しながら，このようなフレームで社会に波及し，インパクトを与えている段階であると捉えることもできよう。

　「新しいリスク」報道において，望ましい社会的機能を実現するには，国家や社会問題として捉えるのではなく，まずは人びと個人の情報要求を汲み取り，それらをいかに集約して伝達することが重要であるといえる。こうした情報提

供を行うことで，メディアは，人びとが個人で負う被害や損害を最小限に抑えることを可能にし，社会的にも意義のある存在となることであろう。

本書のタイトル中にある「リスク社会」は，2015年1月1日に逝去した社会学者 U. ベック (1986=1998) によって指摘された概念である。筆者がこのテーマの研究に取り組んだのは博士課程に進学してからであった。それ以前は社会人で広告代理店を経験していたこともあって，メディア効果論に関心をもち研究していた。そうしたなか，東日本大震災が発生し，福島第一原発事故が起こったのが契機となり，「リスク社会」とメディアを結びつけて実証的に解明したいと思い，メディア・フレームを分析の軸としたことが研究のテーマとなった。とりわけ，在籍した東洋大学大学院社会学研究科では，社会心理学やメディア研究，災害情報を専門とする先生方から実験や調査といった実証的研究法を学ぶ機会に恵まれたことが幸いであった。

本書は，2014年3月に東洋大学大学院社会学研究科に提出した博士学位論文「リスク社会におけるメディア・フレームと受け手に関する研究—福島第一原発事故後の環境リスクを事例とした実証的研究—」に加筆・修正したものである。

博士論文の完成には多くの先生方の恩恵にあずかっている。ここで，感謝の気持ちを表したい。大学院の指導教官である島崎哲彦先生には，厳しくも熱心なご指導をいただいた。先生に忍耐強く見守っていただけなければ，本書の刊行まで至らなかったであろう。心から感謝申し上げる。三上俊治先生には，専門分野に関する最近の研究や文献を多数紹介していただいた。水野剛也先生には，研究に対する取り組み方や論文投稿のマナーをご指導いただいた。同大学院社会学研究科・社会学専攻長の植野弘子先生には，社会学の広い視点から貴重なご指摘をいただいた。中村功先生は，研究のテーマ設定について有益なご助言をくださった。東京大学大学院情報学環総合防災情報研究センター・センター長の田中淳先生は，貴重な時間を割いて外部副査を引き受けてくださった。ここに深く感謝申し上げる。

本書の基になった博士論文は，一般社団法人社会情報学会より2013年度論

文奨励賞（本書第7章に該当）と2014年度大学院学位論文奨励賞（博士）に選出していただいた。研究者としてまだまだ未熟である私がこのような素晴らしい賞を受賞できたことは，身に余る光栄であり，今後の研究活動の励みとなるものである。学会会長の伊藤守先生をはじめ，学会誌編集委員会，表彰委員会の先生方にはこの場をお借りして厚くお礼申し上げたい。

　なお本書は，平成27年度東洋大学井上円了記念研究助成を受けて刊行されたものである。最後に，出版事業が厳しい昨今，本書のような研究論文の出版を引き受けてくださった学文社の田中千津子社長に深くお礼申し上げる。

2015年3月

柳瀬　公

引用文献

安藤清志（1987）「測定の基礎」，末永俊郎編『社会心理学研究入門』東京大学出版会.
安藤清志（1995）「社会的認知」，安藤清志・大坊郁夫・池田謙一著『現代心理学入門4　社会心理学』岩波書店.
安梅勅江（2001）『ヒューマン・サービスにおけるグループインタビュー法―科学的根拠に基づく質的研究法の展開』医歯薬出版.
東　廉（1998）「訳者あとがき」，ベック, U., 東　廉・伊藤美登里訳（1998）『危険社会』法政大学出版局 = Beck, U.（1986）*Risiko Gesellschaft*, Suhrkamp Verlag.
Barton, A. H. & Lazarsfeld, P. F.（1955）"Some Function of Qualitative Analysis in Social Research," *Sociological*, pp.321-361.
ベイトソン, G., 佐藤良明訳（2000）『精神の生態学　改訂第2版』新思索社 = Bateson, G.（1972）*Steps to an Ecology of Mind*, Brockman.
ボードリヤール, J., 今村仁司・塚原　史訳（1995）『消費社会の神話と構造』紀伊國屋書店 = Baudrilard, J.（1970）*La Société de Consommation ; Ses Mythes, Ses Structures*, Denoël.
バウマン, Z., 森田典正訳（2001）『リキッド・モダニティ』大月書店 = Bauman, Z.（2000）*Liquid Modernity*, Polity Press.
バウマン, Z., 長谷川啓介訳（2008）『リキッド・ライフ―現代における生の諸相』大月書店 = Bauman, Z.（2005）*Liquid Life*, Polity Press.
Beck, L. C., Trombetta, W. L. & Share, S.（1986）"Using focus group sessions before decisions are made," *North Carolina Medical Journal* 47（2）, pp.73-74.
ベック, U., 松尾精文・小幡正敏・叶堂隆三訳（1997）『再帰的近代化―近現代における政治，伝統，美的原理』而立書房, pp.10-103 = Beck, U., Giddens, A. & Lash, S.（1994）*Reflexive Modernization : Politics, Tradition and Aesthetics in the Modern Social Order*, Polity Press.
ベック, U., 東　廉・伊藤美登里訳（1998）『危険社会』法政大学出版局 = Beck, U.（1986）*Risiko Gesellschaft*, Suhrkamp Verlag.
ベック, U., 島村賢一訳（2003）『世界リスク社会論』平凡社 = Beck, U.（2002）*Das Schweigen der Wörter*, Suhrkamp Verlag.
ベック, U.（2011）「この機会に―福島，あるいは世界リスク社会における日本の未来」，ウルリッヒ・ベック・鈴木宗徳・伊藤美登里編『リスク化する日本社会』岩波書店.
Bennett, W. L., Lawrence, R. G. & Livingston, S.（2006）"None dare call it torture : Indexing and the limits of press independence in the Abu Ghraib scandal," *Journal of Communication* 56（3）, pp.467-485.
Bennett, W. L., Lawrence, R. G. & Livingston, S.（2007）*When the press fails : Political power and the news media from Iraq to Katrina*, University of Chicago press.

Ben-Porath, E. N. & Shaker, L. K. (2010) "News Image, Race, and Attribution in the Wake of Hurricane Katrina," *Journal of Communication60* (3), pp.466-490.

ベレルソン, B., 稲葉三千男・金　圭煥訳（1957）「内容分析」,『社会心理学講座』みすず書房 = Berelson, B. (1952) *Content Analysis in Communication Research*, Free Press.

ブーアスティン, D. J., 星野郁美・後藤和彦訳（1964）『幻影（イメジ）の時代――マスコミが製造する事実』東京創元社 = Boorstin, D. J. (1962) *The Image : or, What Happened to the American Dream*, Atheneum.

Bryant, J., Thompson, S. & Finklea, B. W. (2013) "Framing," *Fundamentals Media Effect* (second ed.), Waveland Press, pp.100-107.

Campbell, D. T. & Stanley, J. C. (1966) *Experimental and quasi-experimental designs for research*, Chicago Rand McNally.

カペラ, J. N. & ジェイミソン, K. H., 平林紀子・山田一成監訳（2005）『政治報道とシニシズム』ミネルヴァ書房 = Cappella, J. N. & Jamieson, K. H. (1997) *Spiral of Cynicism : The Press and the Public Good*, Oxford University Press.

Carragge, K. M. & W, Roefts. (2004) The Neglect of Power in Recent Framing Research, *Journal of Communication52* (2), pp.214-233.

デフレー, M. & ボール＝ロキーチ, S., 柳井道夫・谷藤悦史訳（1994）『マス・コミュニケーションの理論』敬文堂 = DeFleur, M. & Ball-Rokeach, S. (1989) *Theories of mass communication* (5th ed.), New York : Longman.

Edelstein, A. S., Ito, Y. & Kepplinger, H. M. (1989) *Communication and culture*, New York : Longman.

遠藤　薫（2011）「大震災と社会変動のメカニズム」, 遠藤　薫編『大震災後の社会学』講談社.

遠藤　薫（2012）『メディアは大震災・原発事故をどう語ったか――報道・ネット・ドキュメンタリーを検証する』東京電機大学出版局.

Entman, R. M. (1993) "Framing : Toward Clarification of a Fractured Paradigm," *Journal of Communication43* (4), pp.51-58.

エヴェリット, B. S., 清水良一訳（2010）『統計科学辞典　普及版』朝倉書店 = Everitt, B. S. (1998) *The Cambridge Dictionary of Statistics*, Cambridge University Press.

フェスティンガー, L., 末永俊郎監訳（1965）『認知的不協和の理論』誠信書房 = Festinger, L. (1957) *A theory of cognitive dissonance*, Row Peterson.

フィッシャー, R. A., 遠藤健児・鍋谷清治訳（1971）『実験計画法』森北出版 = Fisher, R. A. (1935) *The design of experiments*, New York : Hafner Press.

フリック, U., 小田博志監訳, 小田博志・山本則子・春日　常・宮地尚子訳（2011）『新版　質的研究入門――〈人間の科学〉のための方法論』春秋社 = Flick, U. (2007) *Qualitative Sozialforschung*, Rowohlt Verlag GmbH, Reinbek bei Hamburg.

福田　充（2010）『リスク・コミュニケーションとメディア』北樹出版.
福島原発事故独立検証委員会（2012）『福島原発事故独立検証委員会　調査・検証報告書』ディスカヴァー・トゥエンティワン.
福島　治（2007）「実験研究のデザイン」, 村田光二・山田一成・佐久間勲編『社会心理学研究法』福村出版, pp.94-111.
ファーロング, A. & カートメル, F., 乾　彰夫・西村貴之・平塚眞樹・丸井妙子訳（2009）『若者と社会変容―リスク社会を生きる』大月書店 = Furlong, A. & Cartmel, F.（1997）*Young People and Social Change*, Open University Press.
Gamson, W. A. & Modigliani, A.（1989）"Media Discourse and Public Opinion on Nuclear : A Constructionist Approach," *American Journal of Sociology95*, pp.1-37.
原子力規制委員会ホームページ（2012）「原子力規制委員会パンフレット」〈http://www.nsr.go.jp/nra/panflet/nsr_panf.pdf〉Accessed 2013, January 5.
ギデンズ, A., 松尾精文・小幡正敏訳（1993）『近代とはいかなる時代か？モダニティの帰結』而立書房 = Giddens, A.（1990）*The Consequences of Modernity*, Polity Press.
ギデンズ, A., 秋吉美都・安藤太郎・筒井淳也訳（2005）『モダニティと自己アイデンティティ―後期近代における自己と社会』ハーベスト社 = Giddens, A.（1991）*Modernity and Self-Identity: Self and Society in the Late Modern Age*, Blackwell Publishing.
ギデンズ, A., 松尾精文・西岡八郎・藤井達也・小幡正敏・立松隆介・内田　健訳（2009）『社会学　第5版』而立書房 = Giddens, A.（2006）*Sociology 5th edition*, Polity Press.
Gitlin, T.（1980）*The whole world is watching : Mass media in the making & unmaking of the new left*, Berkeley : University of California Press.
Goffman, E.（1974）*Frame Analysis : An Essay on the Organization of Experience*, Northeastern University Press.
ゴフマン, E., 石黒　毅訳（2009）『スティグマの社会学―烙印を押されたアイデンティティ』せりか書房 = Goffman, E.（1963）*Stigma : Notes on the management of Spoiled Identity*, Prentice-Hall.
萩原　滋（2007）「フレーム概念の再検討―実証的研究の立場から」,『三田社会学』12, pp.43-59.
橋元良明・北村　智・辻　大介・金　相美（2011）「情報行動の全般的傾向」, 橋元良明編『日本人の情報行動2010』東京大学出版会.
Hetrong, J. M. & McLeod, D. M.（2001）"A Multiperspectival Approach to Framing Analysis : A Field Guide," S. D. Reese, O. H. Gandy, Jr. & A. E. Grant（eds.）*Framing Public Life : Perspective on Media and Our Understanding of the Social World*, Lawrence Erlbaum Associates Publishers.

樋口耕一（2004）「計量テキスト分析の方法と実践」（大阪大学大学院人間学研究科平成16年度博士論文）.

樋口耕一（2011a）『KH Coder 2.x チュートリアル』,〈http://jaist.dl.sourceforge.net/project/khc/Tutoral/for%20KH%20Coder%202.x/khcoder_tutorial.pdf〉Accessed 2012, January 20.

樋口耕一（2011b）『KH Coder 2.x リファレンス・マニュアル』,〈http://jaist.dl.sourceforge.net/project/khc/Manual/khcoder_manual.pdf〉Accessed 2012, January 20.

放射線医学総合研究所監訳（2002）『放射線の線源と影響—原子放射線の影響に関する国連科学委員会の，総会に対する2000年報告書下巻：影響』実業公報社＝UNSCEAR（2000）*Sources and effects of ionizing radiation : UNSCEAR 2000 report to the General Assembly, vol.II : effects*.

ホヴランド, C. I., ジャニス, I. L. & ケリー, H. H., 辻正三・今井章吾訳（1960）『コミュニケーションと説得』誠信書房 = Hovland, C. I., Janis, I. L. & Kelly, H. H. (1953) *Communication and persuasion*, New Haven, CT : Yale University Press.

今井芳昭（2007）「実験研究の考え方」, 村田光二・山田一成・佐久間勲編『社会心理学研究法』福村出版, pp.78-93.

伊藤　守（2012）『テレビは原発事故をどう伝えたのか』平凡社.

伊藤美登里（2008）「U. ベックの個人化論—再帰的近代における個人と社会—」,『社会学評論』59（2）, pp.316-330.

伊藤陽一（2000）「ニュース報道の国際流通に関する理論と実証」,『メディア・コミュニケーション』50, pp.45-63.

IT用語辞典BINARYホームページ（2013a）「mixi」〈http://www.sophia-it.com/content/mixi〉Accessed 2013, June 8.

IT用語辞典BINARYホームページ（2013b）「2ちゃんねる」〈http://www.sophia-it.com/content/2%E3%81%A1%E3%82%83%E3%82%93%E3%81%AD%E3%82%8B〉Accessed 2013, June 8.

Iyengar, S. (1991) *Is anyone responsible? : How television frames political issues*, The University of Chicago Press.

Iyengar, S. & Kinder, D. R. (1987) *New that matters : Television and American opinion*, The University of Chicago Press.

Janis, I. L. & Feshbach, S. (1953) "Effects of fear-arousing communication," *Journal of Abnormal and Social Psychology 48*, pp.78-92.

兜　真徳（2006）「環境リスクの概念の変化と次世代・グローバルリスクの登場」, 日本リスク学研究会編『増補改訂版　リスク学事典』阪急コミュニケーションズ.

Kahneman, D. & Tversky, A. (1984) "Choices, values, and frames," *American Psychologist 39*（4）, pp.341-350.

海後宗男（1999）『テレビ報道の機能分析』風間書房.
環境省ホームページ（1994）「『環境基本計画』（平成6年12月16日閣議決定）について」〈http://www.env.go.jp/policy/kihon_keikaku/plan/kakugi061206.html〉Accessed 2012, Novemder 20.
烏谷昌之（2001）「フレーム形成過程に関する理論的一考察―ニュース論の統合化に向けて」,『マス・コミュニケーション研究』58, pp.78-93.
Kasperson, J. X., Kasperson, R. E., Pidgeon, N. & Slovic, P. (2003) "The social amplification of risk : assessing fifteen years of reserch and theory," Pidgeon, N., Kasperson, R. E. & Slovic, P. (eds.) *The social amplification of risk*, Cambridge University Press.
Kasperson, R. E., Renn, O., Slovic, P., Brown, H. S., Emel, J., Goble, R., Kasperson, J. X. & Rtick, S. (1988) "The social amplification of risk : A conceptual framework," *Risk Analysis* 8, pp.177-187.
鹿取廣人・杉本俊夫編（2004）『心理学　第2版』東京大学出版会.
加藤晴明（2009）「擬似イベント　D. J. ブーアスティン『イメジの時代』」, 井上　俊・伊藤公雄編『メディア・情報・消費社会』世界思想社, pp.179-188.
カッツ, E. & ラザースフェルド, P. F., 竹内郁郎訳（1965）『パーソナル・インフルエンス』培風館 = Katz, E. & Lazarsfeld, P. F. (1955) *Personal Influence : The Part Played by People in the Flow of Mass Communication*, The Free Press.
川喜田二郎（1967）『発想法―創造性開発のために』中央公論社.
川喜田二郎（1970）『続・発想法―KJ法の展開と応用』中央公論社.
川喜田二郎（1986）『KJ法―混沌をして語らしめる』中央公論社.
経済産業省ホームページ（2011）「ニュースリリース　東北地方太平洋沖地震による福島第一原子力発電所の事故・トラブルに対するINES（国際原子力・放射線事象評価尺度）の適用について（平成23年4月12日）」〈http://www.meti.go.jp/press/2011/04/20110412001/20110412001-1.pdf〉Accessed 2012, Novemder 20.
吉川肇子（1999）『リスク・コミュニケーション―相互理解とよりよい意思決定をめざして』福村出版.
小松丈晃（2003）『リスク論のルーマン』勁草書房.
小城英子（1999）「神戸小学生殺害事件報道における識者コメントの内容分析：量的分析による識者の役割の検討」,『社会心理学研究』15 (1), pp.22-33.
クラッパー, J. T., NHK放送学研究室訳（1966）『マス・コミュニケーションの効果』日本放送出版協会 = Klapper, J. T. (1960) *The Effects of Mass Communication*, Free Press.
Kosicki, G. M. (1993) "Problems and Opportunities in Agenda-Setting Research," *Journal of Communication* 43 (2), pp.100-127.
高度情報科学技術研究機構ホームページ（1997）「『原子力百科事典ATOMICA』米

国スリー・マイル・アイランド原子力発電所事故の概要（02-07-04-01）」〈http://www.rist.or.jp/〉Accessed 2012, Novemder 20.

高度情報科学技術研究機構ホームページ（2003）「『原子力百科事典 ATOMICA』国際放射線防護委員会」〈http://www.rist.or.jp/atomica/dic/dic_detail.php?Dic_Key=1785〉Accessed 2013, June 8.

高度情報科学技術研究機構ホームページ（2007）「『原子力百科事典 ATOMICA』チェルノブイリ原子力発電所事故の概要（02-07-04-11）」〈http://www.rist.or.jp/〉Accessed 2012, Novemder 20.

厚生労働省ホームページ（2011a）「放射能汚染された食品の取り扱いについて（平成23年3月17日）」〈http://www.mhlw.go.jp/stf/houdou/2r98520000015lgh-img/2r98520000016mf2.pdf〉Accessed 2012, Novemder 20.

厚生労働省ホームページ（2011b）「福島県産及び茨城県産食品から食品衛生法上の暫定規制値を超過した放射性物質が検出された件について（平成23年3月19日）」〈http://www.mhlw.go.jp/stf/houdou/2r98520000015iif.html〉Accessed 2012, Novemder 20.

厚生労働省ホームページ（2011c）原子力災害対策本部長「食品の出荷制限について（平成23年3月21日）」〈http://www.mhlw.go.jp/stf/houdou/2r98520000015ox9-img/2r98520000016ma3.pdf〉Accessed 2012, Novemder 20.

クリッペンドルフ, K., 三上俊治・椎野信雄・橋元良明訳（1989）『メッセージ分析の技法―内容分析への招待』勁草書房 = Krippendorff, K.（1980）*Content Analysis : An Introduction to Its Methodology*, Sage Publications.

ラング, K. & ラング, G. E., 佐竹　暁訳（1968）「テレビ独自の現実再現とその効果・予備的研究」, 学習院大学社会学研究室訳『マス・コミュニケーション［新版］マス・メディアの総合的研究』東京創元社, pp.318-338 = Lang, K. & Lang, G. E.（1953）"The unique perspective of television and its effect," *American Sociological Review*（18）, pp.3-12, W. Schramm（ed.）*Mass Communications*（2nd ed.）, New York : Institute for Religious and Social Studies.

ラスウェル, H. D., 本間康平訳（1968）「社会におけるコミュニケーションの構造と機能」, 学習院大学社会学研究室訳『マス・コミュニケーション［新版］マス・メディアの総合的研究』東京創元社, pp.66-81 = Lasswell, H. D.（1948）"The structure and function of communication in society," L. Bryson（ed.）*The communication of ideas*, pp.32-51, W. Schramm（ed.）*Mass Communications*（2nd ed.）, New York : Institute for Religious and Social Studies.

Lau, Ch.（1989）"Risikodiskurse : Gesellschaftliche Auseinandersetzungen um die Definition von Risiken," *Soziale Welt 40*, pp.418-436.

レヴィン, K., 猪股佐登留訳（1990）『社会科学における場の理論』誠信書房 = Lewin, K.（1951）*Field Theory in Social Science*, Harper & Brothers.

リップマン, W., 掛川トミ子訳 (1987)『世論 (上)(下)』岩波書店 = Lippmann, W. (1922) *Public opinion*, NewYork Macmillan.

ルーマン, N., 馬場靖雄訳 (2003)『近代の観察』法政大学出版局 = Luhmann, N. (1992) *Beobachtungen der Moderne*, Westdeutcher Verlag.

リオタール, J-F., 小林康夫訳 (1986)『ポスト・モダンの条件―知・社会・言語ゲーム』水声社 = Lyotard, J-F., (1979) *La condition postmoderne*, Minuit.

McCombs, M. E. & Shaw, D. L. (1972) "The agenda-setting function of mass media," *Public Opinion Quarterly36*, pp.176-187.

McCombs, M. E. & Shaw, D. L. (1993) "The Evolution of Agenda-setting Research : Twenty-Five Years in the Marketplace of Ideas," *Journal of Communication43* (2), pp.58-67.

マートン, R. K., 森 東吾・森 好夫・金沢 実・中島竜太郎訳 (1961)『社会理論と社会構造』みすず書房 = Merton, R. K. (1957) *Social Theory and Social Structure* (rev.ed.), The Free Press.

メイヨー, G. E., 村本栄一訳 (1967)『新訳産業文明における人間問題―ホーソン実験とその展開』日本能率協会 = Meyo, G. E. (1933) *The human problems of an industrial civilization*, The Macmillan Company.

三上俊治 (2005)「メディアの今日的生成と諸問題」, 竹内郁郎・児島和人・橋元良明編『新版 メディア・コミュニケーション論Ⅰ』北樹出版, pp.84-105.

三上剛史 (2010)『社会の思考―リスクと監視と個人化』学文社.

宮田加久子 (1986)「災害情報の内容特性」, 東京大学新聞研究所編『災害と情報』東京大学出版会.

森 康俊 (2010)「メディア別にみた情報行動 質問紙調査からみた携帯インターネットの利用内容」, 橋元良明編『日本人の情報行動2010』東京大学出版会.

文部科学省ホームページ (2011a) 原子力災害対策支援本部「環境モニタリング強化計画について (平成23年4月22日)」〈http://radioactivity.mext.go.jp/old/ja/monitoring_plan/8608/0002〉 Accessed 2012, Novemder 20.

文部科学省ホームページ (2011b)「文部科学省及び米国エネルギー省による第2次航空機モニタリングについて (平成23年5月17日)」〈http://radioactivity.mext.go.jp/old/ja/5000/2011/05/1304320_0517.pdf〉 Accessed 2012, Novemder 20.

文部科学省ホームページ (2011c)「福島第一原子力発電所周辺の海域モニタリング結果 (平成23年4月24日)」〈http://radioactivity.mext.go.jp/old/ja/1340/2011/03/1304149_0324.pdf〉 Accessed 2012, Novemder 20.

莫 广莹 (2007)「日本語記事のフレーム・マッピング法」,『マス・コミュニケーション研究』70, pp.117-137.

武藤真介 (1973)「実験計画法の必要性」, 東 洋・大山 正・詫摩武俊・藤永 保編『心理用語の基礎知識』有斐閣.

内閣府ホームページ（2013）経済社会総合研究所景気統計部「消費動向調査」〈http://www.esri.cao.go.jp/jp/stat/shouhi/menu_shouhi.html〉Accessed 2013 October 20.

中村雅美（2006）「ジャーナリズムとリスクコミュニケーション」，日本リスク学研究会編『増補改訂版　リスク学事典』阪急コミュニケーションズ．

National Research Council（1983）*Risk assessment in the federal government*, Washington DC : National Academy Press.

National Research Council（1989）*Improving Risk Communication*, Washington DC : National Academy Press.

ニューマン, W. R., ジャスト, M. R. & クリグラー, A. N., 川端美樹・山田一成監訳（2008）『ニュースはどのように理解されるか──メディアフレームと政治的意味の構築』慶應義塾大学出版会 = Neuman, W. R., Just, M. R. & Crigler, A. N.（1992）*Common Knowledge : News and the construction of political meaning*, The University of Chicago Press.

日本民間放送連盟編（1997）『新版　放送ハンドブック』東洋経済新報社．

日本新聞協会ホームページ（2013）「新聞の発行部数と世帯数の推移」〈http://www.pressnet.or.jp/data/circulation/circulation01.php〉Accessed 2013 October 20.

西田亮介（2011）「震災とメディア」，遠藤薫編『大震災後の社会学』講談社．

岡田直之（1981）「事件とニュースのあいだ」，中野収・早川善治郎編『マスコミが事件をつくる』有斐閣．

岡田太志（2008）「阪神・淡路大震災」，日本リスク研究学会編『リスク学用語小辞典』丸善．

岡本浩一（2006）「過大視されやすいリスク」，日本リスク学研究会編『増補改訂版　リスク学事典』阪急コミュニケーションズ．

大坪寛子（2006）「鳥インフルエンザ報道に見るアジア──2004年発生時におけるテレビニュースの内容分析」，『メディア・コミュニケーション』56, pp.89-100.

大山七穂（1999）「原子力報道にみるメディア・フレームの変遷」，『東海大学紀要文学部』72, pp.81-100.

小塩真司（2004）『SPSSとAmosによる心理・調査データ解析』東京図書．

Perrow, C.（1999）*Normal Accidents : Living with High-Risk Technologies*, Princeton University Press.

ペロー, C., 望月浩二訳（2012）「福島と事故の不可避性」，『世界』No. 830, pp.246-255 = Perrow, C.（2011）"Fukushima and the inevitability of accidents," *Bulletin of the Atomic Scientists* 67（6），pp.44-52.

Porpora, D. V., Nikolaev, A. & Hagemann, J.（2010）"Abuse, Torture, Frames, and the Washington Post," *Journal of Communication* 60, pp.254-270.

リースマン, D., 加藤秀俊訳（1964）『孤独な群衆』みすず書房 = Riesman, D.（1960）*The Lonely Crowd : A study of the changing American character*, Yale University

Press.
小田貞夫（2004）「災害とマス・メディア」，廣井 脩編著『災害情報と社会心理』北樹出版, pp.102-122.
小笠原盛浩（2010）「メディア別にみた情報行動 活字メディアとラジオ」，橋元良明編『日本人の情報行動2010』東京大学出版会.
斉藤慎一（2001）「マスメディアによる社会的現実の構成」，川上善郎編『情報行動の社会心理学』北大路書房, pp.40-53.
Schank, R. C. & Abelson, R. P. (1977) *Scripts, plans, goals, and understanding : An inquiry into human knowledge structures*, NJ : Lawrence Erlbaum.
Scheufele, D. A. (1999) "Framing as Theory of Media Effect," *Journal of Communication49* (1), pp.103-122.
関谷直也（2011）『風評被害―そのメカニズムを考える』光文社.
Semetko, H. A. & Valkenburg, P. M. (2000) "Framing European Politics : A Content Analysis of Press and Television News," *Journal of Communication50* (2), pp.93-109.
執行文子（2011）「東日本大震災・ネットユーザーはソーシャルメディアをどのように利用したのか」，『放送研究と調査』61 (8), NHK放送文化研究所, pp.2-13.
島崎哲彦（2007）「マス・コミュニケーション研究と調査の諸相」，島崎哲彦・坂巻善生編『マス・コミュニケーション調査の手法と実際』学文社.
島崎哲彦・池田正之・米倉律編（2009）『放送論』学文社.
島崎哲彦・山下 信（2012）「災害情報とラジオの機能」，『東洋大学大学院紀要』48, pp.19-36.
下村英雄・堀 洋元（2004）「新聞報道に見るJCO事故」，岡本浩一・宮本聡介編『JCO事故後の原子力世論』ナカニシヤ出版.
消費者庁ホームページ（2012）「食品と放射能Q&A」〈http://www.caa.go.jp/jisin/pdf/120427-1_food_qa.pdf〉Accessed 2012, August 1.
Slovic, P. (1987) "Perception of Risk," *Science236*, pp.280-285.
総務省ホームページ（2011）「放送法等の一部を改正する法律の一部施行に伴う放送法施行規則の一部を改正する省令案に係る意見募集（平成23年2月15日）」〈http://www.soumu.go.jp/menu_news/s-news/01ryutsu07_01000013.html〉Accessed 2013, July 11.
総務省ホームページ（2012）「通信利用動向調査」〈http://www.soumu.go.jp/johotsusintokei/statistics/statistics05.html〉Accessed 2013 October 20.
鈴木裕久（2006）『臨床心理研究のための質的方法概説』創風社.
鈴木裕久・島崎哲彦（2006）『新版・マス・コミュニケーションの調査研究法』創風社.
高木仁三郎（1989）『巨大事故の時代』弘文堂.
竹村和久・吉川肇子・藤井 聡（2004）「不確実性の分類とリスク評価」，『社会技術

研究論文集』2, pp.12-20.

竹下俊郎（2003）「メディア・フレーミング効果に関する実証的研究」, 平成12・13年度科学研究費補助金（基盤研究（C）（2））研究成果報告書.

竹下俊郎（2008）『増補版　メディアの議題設定機能―マスコミ効果研究における理論と実証』学文社.

竹内郁郎（1977）「社会的コミュニケーションとはなにか」, 山根常男・森岡清美・本間康平・竹内郁郎・高橋勇悦・天野郁夫編『テキストブック社会学（6）マス・コミュニケーション』有斐閣, pp.1-14.

竹内郁郎（2005）「マス・コミュニケーションと社会をめぐる理論の成果と展開」, 竹内郁郎・児島和人・橋元良明編『新版　メディア・コミュニケーション論Ⅰ』北樹出版, pp.162-180.

田村祐一郎（2008）「経済学におけるリスク関連用語」, 日本リスク研究学会編『リスク学用語小辞典』丸善.

谷口武俊（2006）「組織事故」, 日本リスク学研究会編『増補改訂版　リスク学事典』阪急コミュニケーションズ.

Taylor, S. E. & Crocker, J. (1981) "Schematic bases of social information processing," E. T. Higgiins, C. P. Herman & M. P. Zanna (eds.) *Social cognition : The Ontario Symposium*, Erlbaum, pp.89-134.

Tewksbury. D. & Scheufele, D. A. (2009) "News Framing Theory and Research," Bryant, J. & Oliver, M. B. (eds.) *Media Effects Advances in Theory and Research* (third ed.), Routledge, pp.17-33.

東京大学大学院情報学環・東洋大学・関西大学・NTTセキュアプラットフォーム研究所（2012）『東日本大震災における首都圏住民の情報行動と通信不安』.

東京電力福島原子力発電所事故調査委員会（2012）『国会事故調報告書』徳間書店.

東京電力福島原子力発電所における事故調査・検証委員会（2012）「最終報告（平成24年7月23日）」〈http://www.kantei.go.jp/jp/topics/2012/pdf/jikocho/honbun.pdf〉Accessed 2012, Novemder 20.

東京電力ホームページ（2012）「福島原子力事故調査報告書（平成24年6月20日）」〈http://www.tepco.co.jp/cc/press/betu12_j/images/120620j0303.pdf〉Accessed 2012, Novemder 20.

タックマン, G., 鶴木　眞・櫻内篤子訳（1991）『ニュース社会学』三嶺書房 = Tuchman, G. (1978) *Making news*, The Free Press.

Tversky, A. & Kahneman, D. (1973) "Availability : A heuristic for judging frequency and probability," *Cognitive Psychology* (4), pp.207-232.

Tversky, A. & Kahneman, D. (1974) "Judgment under uncertainry : Heuristics and biases," *Science* (185), pp.1124-1131.

Tversky, A. & Kahneman, D. (1981) "The framing of decisions and the psychology of choice," *Science*211, pp.453-458.

Tversky, A. & Kahneman, D. (1982) "Judgments of and by representativeness,"D. Kahneman, P. Slovic & A. Tversky (eds.) *Judgment under uncertainry : Heuristics and biases*, Cambridge Univercity Press, pp.84-98.

梅澤伸嘉（2005）『グループダイナミックインタビュー──消費者の心を知りマーケティングを成功させる秘訣』同文館出版．

ヴォーン，S.，シューム，J. S. & シナグブ，J.，井下理・田部井潤・柴原宜幸訳（1999）『グループ・インタビューの技法』慶應義塾大学出版会 = Vaughn, S., Schumm, J. S. & Sinagub, J. M. (1996) *Focus Group Interviews in Education and Psychology*, Sage Publications.

Veltfort, H. R. & Lee, G. E. (1943) "The cocoanut grove fire," *The Journal of Abnormal and Social Psychology 38*, pp.138-154.

渡辺浪二（1987）「実験法の実際」，末永俊郎編『社会心理学研究入門』東京大学出版会．

White, D. M. (1950) "The Gatekeeper : A Case study in the selection of news," *Journalism Quarterly27*, pp.383-390.

ウィトゲンシュタイン，L.，藤本隆志訳（1976）『ウィトゲンシュタイン全集8　哲学探究』，大修館書店 = Wittgenstein, L. (1953) *Philosophical Investigations*, Oxford Blackwell.

山田一成（2007）「質問紙調査に何ができるか」，村田光二・山田一成・佐久間勲編『社会心理学研究法』福村出版, pp.26-43.

山口節郎（2002）『現代社会のゆらぎとリスク』新曜社.

柳瀬　公（2012）「計量テキスト分析によるメディア・フレームの探索的検討─『放射性セシウム汚染牛問題』の新聞記事を通して」，『社会情報学』1（2）, pp.61-76.

吉野嘉高（2013）「脱原発行動に関する新聞記事の相違─朝日新聞と読売新聞─」，『筑紫女学園大学・筑紫女学園大学短期大学部紀要』8, pp.89-100.

巻末資料

巻末資料 i ［インタビュー・フローとその事項に割く時間割］

食品の情報についてのグループインタビュー調査　インタビューフロー	確認ポイント
0　導入　・自己紹介	**5/5**
・挨拶・調査目的(20代，30代の主婦に集まっていただき食品の情報のお話を伺いたい) ・録音の許諾 ・居住地，家族構成，お子様のいらっしゃる方は学齢，仕事有無	※ライフスタイルはそれぞれである。正解や不正解があるわけではないので，ご自身の意見・感想を忌憚なくお話いただきたい旨を伝える。
1　ふだんの食品購入状況(購入時間帯，購入場所など)	**15/20**
●食品の購入について 　・家族の食品は自分で選んで購入しているか 　・週に何回くらい買いものにいくのか 　・良く利用するお店はあるのか 　・特売や安売りなどの情報はどこから得ているのか 　・食品の購入の際，どのような点に気を使っているのか 　　価格の安さ，食品の新鮮さ，家族の安全面，健康面 etc	※購入する食品について気を使っているポイントを把握 ⇒「放射能と食品汚染」に関する話は自発的にでるのか ⇒どの程度気にしているのか
2　「放射能と食品汚染」の認知度・不安度	**15/35**
●放射性物質による食品や飲料水影響の実例の認知内容 　・ヨウ素，セシウム等など放射性物質による食品や水への影響の話を見聞きしたことはありますか 　　・〔知っている方に〕それはどのような内容だったか ●その内容の不安度 　・その内容は気になったのか 　・その内容に不安を感じたか 　　・〔不安を感じた方に〕それはどのような不安だったのか	※予備調査票より前に知っている内容を聴取 ※自然発話を促す。事実を確認，深掘りはしない。 ※目に見えないリスクをどのように捉えたのか ⇒何(人体や食品など)に対するリスクだったのか
3　「放射能と食品汚染」に対する具体的な対策(産地表示の確認など)	**15/50**
〔気になったり，不安を感じた方に〕 ●放射性物質による食品や飲料水汚染に対する具体的な対策の有無 　・食品や飲料水の問題に対して具体的な対策をとりましたか 　　福島・茨城産の葉物野菜は買わない，飲料水はペットボトルを買う，家庭用の浄水器をつける etc 　・〔対策をとった方に〕それはどのような対策だったのか 　・現在もその対策を続けているか 　・いつまで続けるのか／なぜ続けているのか	※リスクに対してどのような対策とったのか
4　「放射能と食品汚染」の議論(家族，友人，近隣の人などとの会話)	**25/75**
〔全員に〕 ●「放射能と食品汚染」の議論の程度 【参加者に放射性物質の食品や飲料水汚染の実例を伝える：パネル提示】 　①東京都の水道水　／②福島・茨城産の農作物　／③茨城沖の魚介類　／④南相馬産の牛肉 　・「放射能と食品汚染」について誰かと話し合ったり話題にした事があるか 　　・〔話し合った方に〕それは，誰と・どこで話し合ったのか 　　・〔話し合った方に〕それは，どのような内容だったのか 　　　ママ友・近所の方と，学校で・立ち話で，給食の汚染，食品の産地について etc	※見聞きした事実の思い起こし ※話し合った事があるのかないのか ⇒具体的にどのような内容であったのか ⇒何(人体や食品など)への影響の話題だったのか ⇒誰とどこで話をしたのか(主に情報取得について)

	●「放射能と食品汚染」の（食品中の放射性物質の暫定基準値など）知識の有無 ・ちなみに，放射能，放射線，放射性物質について何かご存知のことはありますか 　・放射能，放射線，放射性物質の違いを知っているか 　・放射能，放射線，放射性物質に対してイメージの違いはあるのか 　・食品中の放射性物質の基準値を知っているのか 　・〔知っている方に〕それはどこで（誰から）知ったのか	※暫定基準値，影響，具体的知識の内容を把握 ※知識を得た情報源はなにか
5 「放射能と食品汚染」の情報源とその信用度・満足度		25/100
	●「放射能と食品汚染」についての情報源と伝わり方について ・「放射能と食品汚染」の情報を見たり聞いたりしたことはあるのか 　・〔見聞きした方に〕それは，どのような内容なのか 　・〔見聞きした方に〕それは，何で（どこから）見聞きしたのか 　　テレビ，新聞，インターネット，雑誌，書籍，日ごろの家族・友人との会話 etc ・知った内容をご自身がだれかに話をしたこと（伝えた事）はあるのか 　・〔伝えた方に〕それは，どのような内容なのか 　・〔伝えた方に〕それは，何で（どこ）で見聞きしたのか ●その信用度 　・その情報源は確かだと思うのか 　・〔信用している方に〕どのような面で信用しているのか／なぜ信用しているのか ●その満足度，不満度 　・その情報源について満足に思う点，不満に思う点 　・どのような面で満足や不満を感じるのか／なぜ満足や不満を感じるのか	 ※情報源は何で（どこで）あったかを確認 ⇒メディア（TV・新聞・ネットなど）or 人（口コミ） ※誰にどのような内容を伝えたのかを確認 ※オピニオンリーダーは存在するのか ※情報源の違いで確からしさのイメージは変わるか ※情報源の違いで不足や不満に感じた事はあったのか
6 「放射能と食品汚染」の情報提供への要望		15/115
	●「放射能と食品汚染」の情報について ・「放射能と食品汚染」の情報に要望があるのか ・〔要望のある方に〕それは具体的にどのような要望か	※「放射能と食品汚染」について ⇒本当に知りたい情報がある（った）のか，ないのか ⇒どのような情報があれば安心・満足できるのか
7 補足		5/120
	●追加質問	

巻末資料 ii ［実験刺激］

【Ⅰ．行政の一次情報】

以下の新聞記事（2011 年 7 月頃）をお読みになってお答えください。

「南相馬産の牛肉から基準 4.6 倍セシウム　初検出」（朝刊・社会面）

　東京都は 8 日，福島県南相馬市内の畜産農家が出荷した牛 1 頭の首部の肉から，国の基準（1 キログラムあたり 500 ベクレル）の 4.6 倍にあたる 2300 ベクレルの放射性セシウムを検出したと発表した。都によると，牛肉から基準を超える放射性物質が検出されたのは初めて。

　福島県南相馬市から高濃度の放射性セシウムに汚染された肉牛が出荷されたことをめぐり，枝野幸男官房長官が 11 日の会見で「全頭検査については関係省庁でできることを検討いただいている」と述べていた。農林水産省と厚生労働省は今後，検査機器が不足する場合の調達などに協力する考えという。国側の当初の方針は「全農家」を対象としたサンプル調査だったが，鹿野道彦農林水産相は 12 日午前の閣議後の記者会見で，今後の肉牛の検査について「福島県は全頭検査したいと聞いているので，農水省としてできることは協力していく」との考えを明らかにした。農水相の発言は県の対応に歩調を合わせた形だ。細川律夫厚生労働相も 12 日の記者会見で「地域を区切った全頭検査を関係省庁や福島県と相談して早急に検討したい」と前向きな姿勢を示した。

　福島県南相馬市の畜産農家が出荷した牛 11 頭から国の基準を超える放射性セシウムが検出された問題で，出荷前に県が行った体表の放射線量検査（スクリーニング）を全頭がクリアしていたことが分かった。農林水産省と県は，えさや水に含まれていた放射性物質による内部被曝（ひばく）の可能性が高いとみて，飼育状況の調査を始めた。11 頭を出荷した農場は，福島第一原発の事故に伴う緊急時避難準備区域にある。同区域からの肉牛出荷の際には，全頭スクリーニングが義務づけられている。県によると，この 11 頭も 6 月 26 日に検査を受けたが，いずれも数値はゼロだった。一方，内部被曝の可能性については，県職員による飼育状況の聞き取り調査で判断している。この農場は畜舎で牛を飼育しており，えさは屋内管理，井戸水を使っていたとの記録が残っていたという。農水相はこの農場に職員を派遣し，県とともに畜舎の状況やえさ，飲み水などを詳細に調べる方針だ。

【Ⅱ．原因・責任・賠償】

以下の新聞記事（2011年7月頃）をお読みになってお答えください。

「牛42頭，23都府県に流通 山形でも基準超す肉 エサわら汚染問題」

（朝刊・社会面）

　福島県浅川町の畜産農家が出荷した牛の肉から国の基準値を超える放射性セシウムが検出された問題で，出荷された42頭の流通先が23都府県に広がることが，朝日新聞が各自治体に取材した16日午前1時現在のまとめでわかった。基準値を超えるセシウムも，東京都に続いて山形県で検出された。同県によると，この農家が仙台市に出荷した10頭のうちの1頭の肉から，基準値（1キロあたり500ベクレル）を上回る694ベクレルを検出。この肉は同県酒田市の卸業者が購入し，保管しているという。42頭はまず，4県の食肉処理場に出荷。東京都に13頭，千葉県に5頭，仙台市に10頭，横浜市に14頭。処理された肉は東京都，仙台市，横浜市の3カ所の中央卸売市場食肉市場に運ばれ，全国のスーパーや精肉店などに販売された。42頭のうち7頭は汚染された稲わらをえさに使っていないと浅川町の農家は説明しているが，この7頭がどの食肉処理場に運ばれたかはわかっていない。これまでに判明した流通先は4都県のほか岩手，秋田，山形，福島，茨城，栃木，群馬，埼玉，石川，山梨，岐阜，静岡，愛知，大阪，兵庫，広島，香川，愛媛，福岡の19府県。うち秋田，茨城，群馬，石川，岐阜，静岡，愛知，香川，愛媛各県では，スーパーなどで消費者に販売されていたことが確認された。

　放射性セシウムで汚染された牛肉の流通が次々と広がっていく事態を受け，国は汚染牛を買い上げる方針を打ち出した。ただ，検査は抽出で，買い上げの対象も「クロ」となった肉に限定。深刻な販売不振と価格暴落に直面している畜産関係者からは，それ以上の対策を求める声が高まっている。「全頭検査をしない限り，消費者は買わない」。21日の宮城県議会で，議員たちは次々と声を張り上げた。市場での価格の暴落や卸業者への返品など，「仙台牛」ブランドがゆらぐ。村井嘉浩知事は「全頭検査をやりたい」と応じた。出荷するすべての枝肉を対象に汚染していないかどうかをチェックする「全頭検査」。実施を求める動きは次々と広がる。汚染わらを食べた牛が流通していることがわかった山形県。JA山形中央会と県農協農政対策本部が同日，県産牛全頭について独自に放射性物質の検査を決めた。ブランド牛の「米沢牛」を始め，全頭検査の態勢が整うまで出荷を自粛する。

【Ⅲ．健康被害】

以下の新聞記事（2011年7月頃）をお読みになってお答えください。

> **「給食に汚染わら牛 仙台・若林の幼稚園」**（朝刊・社会面）
>
> 　宮城県教育委員会は5日，仙台市若林区の私立幼稚園の給食で，放射性セシウムに汚染された稲わらを食べた牛の肉約5キロが使われ，園児ら168人が食べていたと発表した。肉は7月8日に幼稚園で調理されたハヤシライスに使われていた。1人あたり約30グラムで，県教委は「健康に問題はない」としている。
>
> 　私には小学校に通う長男と保育園に通う長女，次男がいます。3人とも給食を食べていますが，このごろの食に関する不安からお弁当持参にするつもりです。今回の牛肉から基準超えの放射性セシウムが検出されたというニュースで，改めて，今流通している食材は安全とは限らないと痛感しました。少しでも子どもたちの内部被曝（ひばく）を減らしたいのに，行政は「今の食材は安全だ」と言います。もしも今後放射能に汚染された魚や野菜などが給食に入っていたとしても，やはり「ただちに影響はない程度」と言うのでしょうか。
> 　　　　　　　　　　　　　　　　　　　（フリーライター女性 31歳 東京都）
>
> 　「実りの秋へ，危険の予知を」水道水や野菜，牛肉，そして米にも放射能汚染の不安が広がる。認識の甘かった行政に反省を求めたい。今後は生態系への影響を推理して，速やかな対応をとるよう促してほしい。「食の安心・安全」をうたう生産団体や食肉流通業界は一面で被害者だが，汚染を予見できず結果的に消費者を裏切った点で加害者でもある。実りの秋を前に，行政や生産者，流通業界，メディアに的確な危険予知を望む。　　　　　　　　　　　　（男性 61歳 島根県）
>
> 　東京都内の食肉処理場で，福島県南相馬市の畜産農家が出荷した牛の肉から国の基準値を超える放射性セシウムが検出された。そんなニュースが飛び込んできたのは7月8日のことでした。健康被害は本当に生じないのか。そんな読者の疑問に答えるべく紙面作りをしてきました。ただ，放射能汚染は目に見えないだけに，難しさを感じることも少なくありません。なかでも悩ましいのは「結局，安全なのか，それとも危険なのか」という問いかけです。食品の放射能検査の結果が発表されるたびに，私たちは，国が安全の目安にしている基準値と並べて記事にしています。これから秋にかけて，主食であるコメの検査が本格化します。データは過不足なく丁寧に，専門家の見方も交えながら読者に判断材料を示す報道に努めてまいります。　　　　　　　　　　　　　　　　　　（社会エディターから）

【Ⅳ．原発事故】

以下の新聞記事(2011年7月頃)をお読みになってお答えください。

「セシウム汚染牛，あえぐ福島 BSEどころではない事態」(朝刊・社会面)

　福島県の南相馬市と浅川町から出荷された肉用牛から基準を超える放射性セシウムが検出された問題で，同県の畜産業が苦境にあえいでいる。牛の価格が急落し，信用はがた落ち。県全域で出荷が停止される見通しで，状況は厳しい。原発事故後も，福島県から肉牛の出荷は続いた。原発から半径20キロ圏内の警戒区域は牛の域外移動が禁じられたが，20〜30キロ圏の「計画的避難区域」と「緊急時避難準備区域」は体表検査(スクリーニング)と飼育状況を県職員が聞き取ったうえで移動・出荷が認められた。だが，福島県産牛に向けられる目は厳しい。流通団体の福島県食肉生活衛生同業組合の理事長(63)は「牛海綿状脳症(BSE)問題のころどころではない事態だ」と早期の検査態勢整備を求める。

　東京電力福島第一原発の事故対応に追われる福島県内に入り，今月上旬まで2週間，取材した。東日本大震災から4カ月。人手不足からほぼ手つかずの沿岸部の実態をじかに見て，放射線に脅かされ続けている住民のやり場のない怒りや悲しみを知った。第一原発から20キロ圏内は「警戒区域」に指定され，立ち入りは禁止。30キロ圏内は「緊急時避難準備区域」で，基本的に出入りできるが，避難者の流出が止まらない。約7万人だった南相馬市の人口は，ほぼ半減。JR常磐線の市内区間は不通のまま。住宅街や商店街はくしの歯が欠けるようだ。相馬ガス社長(52)は「原発事故が収束に向かわないと，住民も企業も前に進もうという気になれない」と話す。

　福島第一原発から北西に約40キロ離れた福島県飯舘村では20日，土壌1キログラムあたり16万3千ベクレルのセシウム137が出た。県内で最も高いレベルだ。京都大原子炉実験所の今中哲二助教(原子力工学)によると，1平方メートルあたりに換算して326万ベクレルになるという。チェルノブイリでは1平方メートルあたり55万ベクレル以上のセシウムが検出された地域は強制移住の対象となった。今中さんは「飯舘村は避難が必要な汚染レベル。福島第一原発では放射能が出続けており，汚染度の高い地域はチェルノブイリ級と言っていいだろう」。

巻末資料ⅲ ［放射能と食品汚染調査　単純集計］　　　数字は％（N＝220）

〈事前データ〉

あなたの年齢を教えてください。（省略）

（　　　　　）歳　→20歳～39歳

〈スクリーニング調査〉　5問

SC1　あなたは，ご結婚はされていますか。（○はひとつ）（省略）

1. 未婚　　　　　　　　　　　2. 既婚（配偶者あり）→対象者条件
3. 既婚（離・死別により配偶者なし）

SC2　現在一緒にお住まいのご家族についてお答えください。（○はいくつでも）（省略）

1. 配偶者（夫）　　　3. 夫の親（義母・義父）　　5. 親族
2. お子様　→有無で割付　4. 自分の親（母・父）　　6. その他（　　　　　）

（SC2で「2.」と答えた方に）
SC3　あなたのお子さまの中で，末子（末のお子様）の方の年齢をお答えください。（省略）

（　　　　　）歳　→子あり層の場合は15歳以下

SC4　あなた，またはご家族のお勤め先としてあてはまるものを全てお選びください。
　　（○はいくつでも）

1. 農林・水産　　　　　　　　　　　　　　　　　　　　　（0.0）
2. 出版・印刷　　　　　　　　　　　　　　　　　　　　　（1.4）
3. 建築・土木　　　　　　　　　　　　　　　　　　　　　（5.9）
4. 電気・ガス・熱供給・水道業　→調査終了　　　　　　　（0.0）
5. 医薬・化粧品　　　　　　　　　　　　　　　　　　　　（2.3）
6. 自動車・輸送用機器　　　　　　　　　　　　　　　　　（1.8）

7. コンピュータ・ハード/ソフトウエア		(10.0)
8. 交通・運輸		(5.5)
9. マスコミ	→調査終了	(0.0)
10. 不動産		(3.2)
11. 商社		(2.7)
12. 食品製造・卸・販売	→調査終了	(0.0)
13. 飲食店		(5.0)
14. 教育		(3.6)
15. 広告	→調査終了	(0.0)
16. インターネットサービス		(4.1)
17. 調査会社	→調査終了	(0.0)
18. シンクタンク・コンサルタント	→調査終了	(0.0)
19. 官公庁(国や地方自治体の役所)	→調査終了	(0.0)
20. あてはまる職業の人はいない		(56.4)

SC5 以下の各項目について,あなたのお気持ちに近いものをお選びください。(○はそれぞれひとつ)

	あてはまらない	あまりあてはまらない	どちらともいえない	ややあてはまる	あてはまる
(1) 環境問題に対して関心がある	5.5	17.3	25.5	39.1	12.7
(2) エネルギー問題に対して関心がある	5.0	20.5	27.3	35.0	12.3
(3) 原子力発電については詳しい方だと思う	21.8	40.0	24.5	10.5	12.3
(4) 原子力発電所の稼働状況について気になる	10.5	20.5	26.8	31.4	10.9
(5) 原子力発電の是非について,自分の意見を持っている(原発推進,原発容認,原発廃止など)	11.4	18.2	35.9	24.5	10.0
(6) 放射性物質に関する情報は気になる	5.5	11.8	20.0	40.9	21.8
(7) 放射能と放射線の違いについて知っている	13.6	27.7	32.7	17.7	8.2
(8) 公表されている放射線の数値データをチェックすることがある	20.0	27.7	24.1	20.5	7.7

266

〈本調査〉

以下の新聞記事をお読みになってお答えください。

【刺激呈示】←画面上は非表示

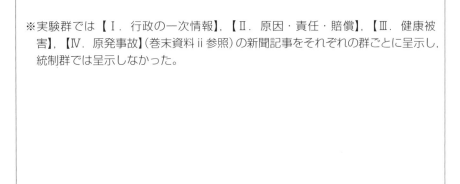
※実験群では【Ⅰ.行政の一次情報】,【Ⅱ.原因・責任・賠償】,【Ⅲ.健康被害】,【Ⅳ.原発事故】(巻末資料ⅱ参照)の新聞記事をそれぞれの群ごとに呈示し,統制群では呈示しなかった。

巻末資料　267

「放射性セシウム汚染牛問題」の新聞記事をお読みになった感想についてお伺いします。

Q1　あなたは新聞記事をどのように読みましたか。以下の各項目について，あなたの読み方に近いと思われるものをお選びください。（○はそれぞれひとつずつ）

実験群のみ回答（n＝176）

	あてはまらない	あまりあてはまらない	どちらともいえない	ややあてはまる	あてはまる
(1) 新聞記事に書いてある内容の1つ1つを理解しながら読んだ	7.4	21.6	26.1	30.1	14.8
(2) 新聞記事に書いてある内容を流し読みした	9.7	21.0	17.6	40.9	10.8
(3) 新聞記事に書いてある内容をじっくり読んだ	9.1	31.8	25.6	22.2	11.4
(4) 新聞記事に書いてある内容をさらっと読んだ	9.7	17.6	16.5	43.8	12.5
(5) 新聞記事に書いてある内容を熟読した	14.2	31.8	31.3	14.2	8.5
(6) 新聞記事に書いてある内容に目を通した	3.4	13.1	11.9	50.6	21.0

Q2　あなたは新聞記事を読んで，どのように感じましたか。以下の各項目について，あなたのお気持ちに近いものをお選びください。（○はそれぞれひとつずつ）

実験群のみ回答（n＝176）

	そう感じなかった	あまりそう感じなかった	どちらともいえない	まあそう感じた	そう感じた
(1) 新聞記事の内容は信用できない	13.1	35.8	43.2	7.4	0.6
(2) 新聞記事の内容では，食品安全性を理解する手助けにならない	6.3	21.6	39.8	22.7	9.7
(3) 新聞記事の内容は「放射性セシウム汚染牛問題」の情報を正確に伝えていない	4.0	22.2	44.9	22.2	6.8
(4) 食品中から放射性物質が検出されてしまった後の報道では情報提供が遅い	4.0	11.4	28.4	36.4	19.9
(5) 新聞記事の内容では，「放射性セシウム汚染牛問題」の詳しい情報が足りない	1.7	2.3	31.8	44.3	19.9
(6) 新聞記事に書いてある内容に目を通した	3.4	13.1	11.9	50.6	21.0

Q3 あなたは新聞記事を読んで,どの程度不安を感じましたか。以下の各項目について,あなたのお気持ちに近いものをお選びください。(○はそれぞれひとつずつ)

	そう感じなかった	あまりそう感じなかった	どちらともいえない	まあそう感じた	そう感じた
(1) <u>自分自身</u>が放射能に汚染された食品を知らずに食べているのではないかと不安だ	8.2	14.5	20.5	34.5	22.3
(2) <u>自分の家族</u>が放射能に汚染された食品を知らずに食べているのではないかと不安だ	8.6	9.5	19.1	33.6	29.1
(3) 自分の住んでいる地域に放射能で汚染されている食品が出回っているのではないかと不安だ	7.3	10.0	20.9	36.4	25.5
(4) 国が示した放射性物質の基準値未満の食品でも健康被害がでるのではないかと不安だ	6.4	15.9	21.8	32.7	23.2
(5) 放射能に汚染された食品の問題は今後も収束しないのではないかと不安だ	5.5	9.1	18.6	35.5	31.4

Q4 あなたは新聞記事を読んで,以下の各項目が,「放射性セシウム汚染牛問題」にどの程度責任があると思いましたか。あなたのお気持ちに近いものをお選びください。(○はそれぞれひとつずつ)

	責任はない			どちらともいえない			責任がある
(1) 国の原子力政策	0.9	1.4	3.2	14.1	14.1	22.7	43.6
(2) 都や県などの行政の対策方法	1.8	1.4	3.6	20.0	22.7	25.5	25.0
(3) 東京電力の組織体制の怠慢さ	1.4	0.5	3.2	12.3	9.1	15.5	58.2
(4) マスコミの情報提供の遅れ	2.3	3.2	6.4	28.6	17.3	19.5	22.7
(5) 専門家・知識人のあいまいな解説	2.3	1.4	6.8	25.9	20.0	15.9	27.7
(6) 原子力政策を容認した国民や市民	3.6	4.1	8.6	33.2	18.6	13.2	18.6
(7) 人類にかせられた運命	11.4	5.0	8.2	45.5	10.0	8.2	11.8

放射性物質による食品汚染の各事例をお読みになって，以降の質問にお答えください。

(事例1)

> 2011年3月22日に，金町浄水場(東京都葛飾区)から乳児の飲用に関する暫定基準値を上回る放射性ヨウ素が検出されたことを受けて，東京都水道局は，東京都23区および一部の多摩地域に対して，乳児による水道水摂取を控えるよう通達した。その後，東京都は通達があった地域(特に乳児のいる家庭)に対して，ペットボトルの水24万本を配布した。

Q5 当時，あなたは(事例1)を知っていましたか。(○はひとつ)

1. よく知っていた→(SQ5-1へ)	(40.5)
2. ある程度知っていた→(SQ5-1へ)	(44.1)
3. あまり知らなかった→(事例2へ)	(10.5)
4. 全く知らなかった→(事例2へ)	(5.0)

(Q5で「1.」「2.」と答えた方に)
SQ5-1 あなたは「飲料水の安全性」に関する情報を見たり聞いたりしましたか。

(n = 186)

1. 頻繁に見たり聞いたりした	(24.2)
3. あまり見たり聞いたりしなかった	(12.9)
2. ときどき見たり聞いたりした	(61.8)
4. 全く見たり聞いたりしなかった	(1.1)

(SQ5-1で「1.」「2.」と答えた方に)
SQ5-2 「飲料水の安全性」に関する情報のなかで，あなたはどの情報源から情報を得ましたか。(○はいくつでも)

(n = 160)

1. テレビ	(81.9)	6. インターネット	(65.0)
2. 新聞	(26.3)	7. 家族や親族	(32.5)
3. 雑誌	(6.3)	8. 友人(ママ友や近所の人など)	(23.1)
4. 書籍	(6.9)	9. その他	(0.6)
5. ラジオ	(8.1)	(具体的に　　　　　　　)	

SQ5-3　飲料水から暫定基準値を上回る放射性物質が検出されたことを受けて，あなたは何か具体的な対策をしましたか。（○はいくつでも）　　　　　　（n＝186）

1.　水道水は飲用に使用しなかった	(46.2)
2.　水道水は子どもの飲用に使用しなかった	(31.2)
3.　水道水は調理に使用しなかった	(23.1)
4.　水道水は子どもの料理に使用しなかった	(17.7)
5.　水道水はお風呂に使用しなかった	(0.0)
6.　水道水は子どものお風呂に使用しなかった	(1.1)
7.　水道水はうがい・手洗いに使用しなかった	(2.7)
8.　水道水は子どものうがい・手洗いに使用しなかった	(7.5)
9.　ペットボトルのミネラルウォーターやウォーターサーバーを購入した	(40.9)
10.　家庭用の水道蛇口に浄水器を取りつけた	(8.1)
11.　その他（具体的に　　　　　　　　　　）	(3.2)
12.　特に何もしなかった	(31.2)

SQ5-4　現在，あなたは前問で回答した対策を1つでも続けていますか。（○はひとつ）
　　　　　　　　　　　　　　　　　　　　　　　　　　　　　　　　　　　（n＝186）

1.　現在も続けている	(56.3)	2.　現在は続けていない	(43.8)

（事例2）

2011年3月19日に，福島県産の原乳と茨城県産のホウレンソウなどの農作物から，いずれも食品衛生法上の暫定基準値を上回る放射性ヨウ素が検出された。これに対して，原子力災害対策本部長である内閣総理大臣（当時　菅直人）は3月21日，福島・茨城・栃木・群馬の各県産の農作物の出荷停止を指示した。

Q6　当時，あなたは（事例2）を知っていましたか。（○はひとつ）

1.　よく知っていた→（SQ6-1へ）	(31.4)
2.　ある程度知っていた→（SQ6-1へ）	(49.5)
3.　あまり知らなかった→（事例3へ）	(15.5)
4.　全く知らなかった→（事例3へ）	(3.6)

(Q6で「1.」「2.」と答えた方に)
SQ6-1 あなたは「農作物の安全性」に関する情報を見たり聞いたりしましたか。
(n=178)

1. 頻繁に見たり聞いたりした	(31.4)
2. ときどき見たり聞いたりした	(61.8)
3. あまり見たり聞いたりしなかった	(5.6)
4. 全く見たり聞いたりしなかった	(0.6)

(SQ6-1で「1.」「2.」と答えた方に)
SQ6-2 「農作物の安全性」に関する情報のなかで,あなたはどの情報源から情報を得ましたか。(○はいくつでも)
(n=167)

1. テレビ	(88.0)	6. インターネット		(61.1)
2. 新聞	(27.5)	7. 家族や親族		(31.7)
3. 雑誌	(5.4)	8. 友人(ママ友や近所の人など)		(19.8)
4. 書籍	(6.6)	9. その他		(1.2)
5. ラジオ	(8.4)	(具体的に	)	

SQ6-3 農作物から暫定基準値を上回る放射性物質が検出されたことを受けて,あなたは何か具体的な対策をしましたか。(○はいくつでも)
(n=178)

1. 農作物を購入するときに産地表示を確認した	(70.2)
2. 福島・茨城・栃木・群馬県産いずれかの農作物の購入を控えた	(52.2)
3. 福島・茨城・栃木・群馬県産いずれかの農作物は,自分の子どもに与えなかった	(21.9)
4. 原産地にかかわらず,農作物の購入を控えた	(1.7)
5. 原産地にかかわらず,農作物を子どもに与えなかった	(0.6)
6. その他(具体的に)	(2.8)
7. 特に何もしなかった	(23.0)

SQ6-4 現在,あなたは前問で回答した対策を1つでも続けていますか。(○はひとつ)
(n=137)

1. 現在も続けている	(72.3)	2. 現在は続けていない	(27.7)

(事例3)

> 2011年4月4日，福島県境の北茨城市沖で水揚げされたコウナゴ（イカナゴの稚魚）などの魚介類から，食品衛生法上の暫定基準値を上回る放射性ヨウ素が検出された。これに対して，原子力災害対策本部長である内閣総理大臣（当時 菅直人）は4月20日，魚介類の出荷制限と摂取制限を福島県に指示した。

Q7 当時，あなたは（事例3）を知っていましたか。（○はひとつ）

1. よく知っていた→（SQ7-1へ）	(21.4)
2. ある程度知っていた→（SQ7-1へ）	(41.8)
3. あまり知らなかった→（事例4へ）	(28.2)
4. 全く知らなかった→（事例4へ）	(8.6)

（Q7で「1.」「2.」と答えた方に）
SQ7-1 あなたは「魚介類の安全性」に関する情報を見たり聞いたりしましたか。

(n = 139)

1. 頻繁に見たり聞いたりした	(30.2)
2. ときどき見たり聞いたりした	(61.2)
3. あまり見たり聞いたりしなかった	(7.9)
4. 全く見たり聞いたりしなかった	(0.7)

（SQ7-1で「1.」「2.」と答えた方に）
SQ7-2 「魚介類の安全性」に関する情報のなかで，あなたはどの情報源から情報を得ましたか。（○はいくつでも） (n = 127)

1. テレビ	(84.3)	6. インターネット	(64.6)
2. 新聞	(26.8)	7. 家族や親族	(27.6)
3. 雑誌	(4.7)	8. 友人（ママ友や近所の人など）	(18.1)
4. 書籍	(7.1)	9. その他	(0.8)
5. ラジオ	(9.4)	（具体的に　　　　　　　　）	

SQ7-3　魚介類から暫定基準値を上回る放射性物質が検出されたことを受けて，あなたは何か具体的な対策をしましたか。（○はいくつでも）　　　　（n = 139）

1. 魚介類を購入するときに水域表示を確認した	(56.1)
2. 茨城県沖で水揚げされた魚介類の購入を控えた	(41.7)
3. 茨城県沖で水揚げされた魚介類を自分の子どもに与えなかった	(22.3)
4. 原産地にかかわらず，魚介類の購入を控えた	(12.2)
5. 原産地にかかわらず，魚介類を子どもに与えなかった	(4.3)
6. その他（具体的に　　　　　　　　　　　　　　）	(1.4)
7. 特に何もしなかった	(33.1)

SQ7-4　現在，あなたは前問で回答した対策を1つでも続けていますか。（○はひとつ）　　　　（n = 93）

1. 現在も続けている	(68.8)	2. 現在は続けていない	(31.2)

（事例4）

　2011年7月8日，福島県南相馬市内の酪農家が出荷した牛から，食品衛生法上の暫定基準値を上回る放射性セシウムが検出された。これに対して，原子力災害対策本部長である内閣総理大臣（菅直人）は2011年7月19日，福島全域で飼養されている牛について，福島県知事に出荷制限を指示した。

Q8　当時，あなたは（事例4）を知っていましたか。（○はひとつ）

1. よく知っていた→（SQ8-1へ）	(23.2)
2. ある程度知っていた→（SQ8-1へ）	(46.4)
3. あまり知らなかった→（Q9へ）	(23.2)
4. 全く知らなかった→（Q9へ）	(7.3)

(Q8で「1.」「2.」と答えた方に)
SQ8-1 あなたは「牛肉の安全性」に関する情報を見たり聞いたりしましたか。(○はひとつ)　　　(n = 153)

1. 頻繁に見たり聞いたりした	(28.8)
2. ときどき見たり聞いたりした	(60.1)
3. あまり見たり聞いたりしなかった	(10.5)
4. 全く見たり聞いたりしなかった	(0.7)

(SQ8-1で「1.」「2.」と答えた方に)
SQ8-2 「牛肉の安全性」に関する情報のなかで,あなたはどの情報源から情報を得ましたか。(○はいくつでも)　　　(n = 136)

1. テレビ	(86.0)	6. インターネット	(61.8)
2. 新聞	(25.7)	7. 家族や親族	(27.2)
3. 雑誌	(3.7)	8. 友人(ママ友や近所の人など)	(15.4)
4. 書籍	(5.1)	9. その他	(0.7)
5. ラジオ	(7.4)	(具体的に　　　)	

SQ8-3 牛から暫定基準値を上回る放射性物質が検出されたことを受けて,あなたは何か具体的な対策をしましたか。(○はいくつでも)　　　(n = 153)

1. 牛肉を購入するときに産地表示を確認した	(55.6)
2. 福島県産の牛肉の購入を控えた	(42.5)
3. 福島県産の牛肉を自分の子どもに与えなかった	(22.9)
4. 原産地にかかわらず,牛肉の購入を控えた	(9.2)
5. 原産地にかかわらず,牛肉を子どもに与えなかった	(2.0)
6. その他(具体的に　　　　　　　　)	(3.9)
7. 特に何もしなかった	(30.1)

SQ8-4 現在,あなたは前問で回答した対策を1つでも続けていますか。(○はひとつ)　　　(n = 107)

1. 現在も続けている	(75.7)	2. 現在は続けていない	(24.3)

福島第一原発事故後の「一時避難」についてお伺いします。

Q9 あなたは福島第一原発の事故後，一時避難をしましたか。どのような一時避難をしたかを含めて，以下の中からあてはまるものをお選びください。（○はひとつ）

1. 家族全員で一時避難した	(2.3)
2. 自分と子どもで一時避難した（子どもがいる方のみ）	(2.7)
3. 子どもだけを一時避難させた（子どもがいる方のみ）	(0.0)
4. その他の形で一時避難をした（具体的に　　　　　）	(0.9)
5. 一時避難はしていない→（Q10へ）	(94.1)

（Q9で「1～4．一時避難をした」と答えた方に）
SQ9-1　現在，あなたは前問でお答えになった一時避難を続けていますか。（○はひとつ）　　　　　　　　　　　　　　　　　　　　　　　　　　　　　　（n＝13）

1. 現在も続けている	(0.0)	2. 現在は続けていない	(100.0)

次に，あなたのふだんのテレビ視聴状況についてお伺いします。

Q10 あなたはふだんテレビを1日にどれくらいの時間見ますか。その中で，テレビのニュース・報道番組を1日にどれくらいの時間見ますか。それぞれについてあてはまるものをお選びください。（○はそれぞれひとつずつ）

	1日にテレビを見る時間	1日にテレビのニュース・報道番組を見る時間（n=216）
(1) 15分未満	4.5	10.2
(2) 15分～30分未満	2.7	8.8
(3) 30分～45分未満	4.1	25.0
(4) 45分～1時間未満	2.3	17.6
(5) 1時間～1時間30分未満	11.8	21.3
(6) 1時間30分～2時間未満	14.1	7.9
(7) 2時間～3時間未満	23.6	5.1
(8) 3時間～4時間未満	11.4	0.9
(9) 4時間以上	23.6	0.9
(10) 全く見ない	0.9	2.3
(11) テレビは持っていない	0.9	—

次に，あなたのふだんの新聞利用状況についてお伺いします。

Q11　あなたはふだん新聞をどれくらい読みますか。（○はひとつ）

1. 毎日読む	(12.7)	2. ときどき読む	(14.1)
3. あまり読まない	(16.4)	4. 読まない	(56.8)

Q12　あなたは新聞をどれくらいの時間をかけて読みますか。平日の朝刊，平日の夕刊，休日の朝刊それぞれについてあてはまるものをお選びください。複数紙をお読みの場合は合計した時間でお答えください。（○はそれぞれひとつずつ）

(n＝95)

	〈平日の朝刊〉	〈平日の夕刊〉	〈休日の朝刊〉
(1) 15分未満	34.7	21.1	28.4
(2) 15分～30分未満	24.2	4.2	21.1
(3) 30分～45分未満	11.6	8.4	10.5
(4) 45分～1時間未満	2.1	0.0	6.3
(5) 1時間～1時間30分未満	0.0	0.0	1.1
(6) 1時間30分以上	0.0	0.0	0.0
(7) 読まない	27.4	66.3	32.6

Q13　あなたがふだん読んでいる新聞について，以下の中からあてはまるものを全てお選びください。（○はいくつでも）

(n＝95)

1. 朝日新聞	(34.7)	6. 東京新聞	(3.2)
2. 読売新聞	(29.5)	7. スポーツ新聞	(5.3)
3. 毎日新聞	(3.2)	8. 夕刊新聞(夕刊フジ，日刊ゲンダイなど)	(0.0)
4. 産経新聞	(5.3)	9. その他	(9.5)
5. 日本経済新聞	(26.3)	（具体的に　　　　　　　　　　）	

Q14 あなたがふだん興味をもって読む新聞記事はどのようなものですか。以下の中からあてはまるものを全てお選びください。（○はいくつでも） (n=95)

1. 政治	(54.7)	8. 地域版	(35.8)
2. 経済	(58.9)	9. 科学	(12.6)
3. 国際	(35.8)	10. 家庭・生活	(57.9)
4. 社会・事件	(35.8)	11. 株式市況	(9.5)
5. スポーツ	(28.4)	12. ラジオ・テレビ欄	(32.6)
6. 論説	(14.7)	13. その他	(5.3)
7. 投書・相談	(23.2)	（具体的に　　　　　　　　）	

次に，あなたのふだんのインターネット利用状況についてお伺いします。

Q15 あなたはふだんインターネットをどれくらい利用していますか。（○はひとつ）

1. 1時間未満	(15.9)	4. 3時間〜4時間未満	(10.9)
2. 1時間〜2時間未満	(33.6)	5. 4時間以上	(15.0)
3. 2時間〜3時間未満	(24.5)	6. インターネットは利用していない	(0.0)

Q16 あなたはインターネットにどの機器を使っていますか。（○はいくつでも）

1. パソコン　(86.8)	3. 携帯電話（スマートフォン・PHSを含む） (19.1)
2. モバイル機（公衆回線やPHSなどにつなげればどこでもインターネットができる専用機）	(70.0)

Q17 あなたはふだんインターネットをどのような用途で利用していますか。以下の中からあてはまるものを全てお選びください。(○はいくつでも)

1. 電子メールの送信や受信	(90.5)
2. 検索(サーチエンジン)を利用する	(84.1)
3. ネットショッピングで商品を購入する	(78.2)
4. ネットニュースを読む	(81.8)
5. ネットニュースに投稿する	(3.2)
6. 電子掲示板を読む/書き込む	(19.5)
7. メーリングリストに参加する	(3.2)
8. チャットをする	(7.7)
9. 音楽を聴く(ダウンロードを含む)	(30.9)
10. SNS(Facebook, mixi, GREEなど)を見る	(54.5)
11. SNS(Facebook, mixi, GREEなど)に書き込む	(36.4)
12. ツイッター, アメーバなう などを読む	(30.5)
13. ツイッター, アメーバなう などに書き込む	(15.5)
14. 自分のブログ, ホームページを作ったり更新したりする	(15.9)
15. 他の人(個人)のブログ, ホームページを見る	(30.0)
16. その他(具体的に)	(2.7)

最後にあなたご自身についてお伺いします。

Q18 現在一緒にお住まいのご家族についてお答えください。(○はいくつでも)(省略)

1. 配偶者(夫)	3. 夫の親(義母・義父)	5. 親族
2. お子さま	4. 自分の親(母・父)	6. その他( )

※1がオフであれば対象外, 子あり層で2がオフであれば対象外

(Q18で「2.」と答えた方に)
SQ18-1 あなたのお子さまは何人いらっしゃいますか。(○はひとつ)   (n=110)

1. 1人(61.8)	2. 2人(30.9)	3. 3人(3.6)	4. 4人(3.6)	5. 5人以上(0.0)

Q19　あなたのご職業をお答えください。（○はひとつ）

1. 勤めている（常勤）	(22.3)	5. 学生	(0.0)
2. 勤めている（パート・アルバイト）	(14.5)	6. 無職	(0.5)
3. 自分で経営している（家族従業員も含む）	(0.9)	7. その他	(1.4)
4. 専業主婦	(60.5)	（具体的に　　　　）	

（Q19で1．2．3．と答えた方に）
SQ19-1　あなたのお仕事を以下のように分けると，どれにあたりますか。（○はひとつ）
(n = 83)

1. 専門・技術職（技術者，医師，看護師，裁判官，弁護士，公認会計士，税理士，幼稚園・小学校・中学校・高校・大学などの教員，宗教家，記者，編集者，美術家，芸術家，著述家，俳優，華道・茶道・書道などの先生，デザイナー，カメラマンなど） (21.7)
2. 管理職（会社・団体の役員・課長（相当）以上の従業員，国・地方公共団体の課長（相当）以上の公務員，佐官以上の自衛官，警視以上の警察官，消防司令以上の消防士，船長，機長，国会議員，地方議会議員など） (1.2)
3. 事務職（会社・団体の事務職・営業職など，国・地方公共団体の事務職など） (56.6)
4. 自営商業者（小売店・卸売店主，飲食店主，サービス店主，小規模工場主およびその家族従業員） (2.4)
5. 産業労働者（工員，職員，運転手，改札掛・出札掛などの駅員，電話交換手，郵便の外務員，守衛，警備員，管理職以外の自衛官・警察官・消防士・管理職以外の船員・航空機の乗務員，清掃などの労務的作業従事者など） (1.2)
6. 商業労働者（小売店・卸売店・飲食店・サービス店の店員，理容師，美容師，アパート・マンションの管理人，外交官など） (1.2)
7. 農林漁業（農林漁業従業者および家族従業者） (9.6)
8. その他（具体的に　　　　　　　　） (7.2)

Q20　あなたの最終学歴をお答えください。（○はひとつ）

1. 中学	(1.4)	2. 高校	(17.7)	3. 短大・高等専門学校	(15.9)
4. 専修学校，各種学校	(15.5)	5. 大学・大学院	(49.5)		

Q21 あなたのお住まいをお答えください。(○はひとつ)

1. 千代田区 (1.4)	2. 中央区 (1.4)	3. 港区 (2.3)
4. 新宿区 (1.8)	5. 文京区 (2.3)	6. 台東区 (1.4)
7. 墨田区 (2.7)	8. 江東区 (5.5)	9. 品川区 (1.8)
10. 目黒区 (2.3)	11. 大田区 (5.0)	12. 世田谷区 (6.4)
13. 渋谷区 (1.8)	14. 中野区 (4.1)	15. 杉並区 (2.7)
16. 豊島区 (3.6)	17. 北区 (4.5)	18. 荒川区 (1.4)
19. 板橋区 (4.5)	20. 練馬区 (4.5)	21. 足立区 (5.5)
22. 葛飾区 (2.7)	23. 江戸川区 (4.1)	24. 八王子市 (3.2)
25. 立川市 (1.8)	26. 武蔵野市 (0.5)	27. 三鷹市 (0.9)
28. 青梅市 (0.0)	29. 府中市 (0.9)	30. 昭島市 (0.5)
31. 調布市 (2.7)	32. 町田市 (1.4)	33. 小金井市 (0.9)
34. 小平市 (2.3)	35. 日野市 (3.2)	36. 東村山市 (0.9)
37. 国分寺市 (1.4)	38. 国立市 (0.5)	39. 福生市 (0.5)
40. 狛江市 (0.9)	41. 東大和市 (0.5)	42. 清瀬市 (0.0)
43. 東久留米市 (0.9)	44. 武蔵村山市 (0.0)	45. 多摩市 (0.0)
46. 稲城市 (0.0)	47. 羽村市 (0.5)	48. あきる野市 (0.5)
49. 西東京市 (0.9)	50. その他(具体的に　　　) (0.9)	

人名索引

ア 行
アイエンガー, S.　12, 78, 90, 91, 103
伊藤守　10, 72
伊藤美登里　49
ヴォルケンバーグ, P. M.　112
エーデルステイン, A. S.　104
遠藤薫　7, 10, 72, 75, 81
エントマン, R. M.　12, 93, 94
岡田直之　12, 93
小田貞夫　71, 72, 81

カ 行
海後宗男　12
カスパーソン, R. E.　64, 66, 67
カッツ, E.　83
カートメル, F.　35
カーネマン, D.　87, 89
カペラ, J. N.　12, 88, 90, 92
烏谷昌之　93
川喜田二郎　141
吉川肇子　38, 237
ギデンズ, A.　28, 29, 32, 33, 40, 41, 55, 228
ギトリン, T.　92
ギャムソン, W. A.　113
キャンベル, D. T.　16, 108
キンダー, D. R.　90
クラッパー, J. T.　212
クリッペンドルフ, K.　114
クロッカー, J.　89
コシッキ, G. M.　95
ゴフマン, E.　70, 87
小松丈晃　40, 41, 45, 228

サ 行
ジェイミソン, K. H.　12, 88, 90, 92
島崎哲彦　73, 114, 177

下村英雄　8, 78, 229
ジャニス, I. L　232
ショー, D. L.　11, 13, 62
ショイフェレイ, D. A.　95, 101
正力松太郎　238
鈴木裕久　114, 177
スタンレー, J. C.　16, 108
スロヴィック, P.　70, 233
セメトゥコ, H. A.　112

タ 行
高木仁三郎　15, 39
竹内郁郎　11, 81, 82
竹下俊郎　13, 63, 86, 104
タックマン, G.　12, 93
テイラー, S. E.　89
デフレー, M.　99
トヴェルスキー, A.　87, 89

ナ 行
中曽根康弘　238
中村雅美　6
ニューマン, W. R.　16, 108

ハ 行
バウマン, Z.　29, 33, 34
萩原滋　13, 99, 102, 117
バートン, A. H.　110
樋口耕一　115
ブーアスティン, D. J.　60
ファーロング, A.　35
フェスティンガー, L.　84
フェッシュバック, S.　232
福田充　4, 80, 105
フリック, U.　16, 107
ベイトソン, G.　86
ベック, U.　1, 15, 28, 29, 31, 38, 43, 45, 47, 49, 54, 228

ベレルソン, B.　17, 26, 114
ペロー, C.　7, 50, 56
ホヴランド, C. I.　77
ボードリヤール, J.　61
堀洋元　8, 78, 229
ボール＝ロキーチ, S.　99
ホワイト, D. M.　93

マ　行

マコームズ, M. E.　11, 13, 62
マートン, R. K.　21
三上剛史　2
三上俊治　74
宮田加久子　5, 75
メイヨー, G. E.　83
莫广莹　112, 115

モディリアニ, A.　113

ヤ　行

山口節郎　15, 52

ラ　行

ラウ, Ch.　2, 55, 228
ラザーズフェルド, P. F.　83, 110
ラスウェル, H. D.　84
ラング, G. E.　61
ラング, K.　61
リオタール, J-F.　28-31
リースマン, D.　60
リップマン, W.　22, 60
ルーマン, N.　39, 40, 45, 55, 230
レヴィン, K.　17, 27

事項索引

ア 行
ICRP(国際放射線防護委員会)　157
新しいリスク　2, 4, 11, 14, 42-44, 52, 54, 56, 227-229
α・β線　157
インターネットの機能　74
インターネット調査　177
インフォーマルな集団　67
演繹的アプローチ　112, 113
オピニオン・リーダー　68, 83

カ 行
外的妥当性　16, 17
外部被ばく　3
環境監視機能　5, 71, 75
環境リスク　1, 14, 46, 48, 54, 56, 228
危険　39-41, 54
擬似イベント　60
擬似環境　60
議題設定
　　——機能　62, 63
　　——効果　11, 13
　　属性型——　94
　　第二レベルの——　94
帰納的アプローチ　112, 113
恐怖喚起コミュニケーション　232
グループ・インタビュー　17
KH Coder　115
KJ法　141
計量テキスト分析　115
ゲート・キーパー　93
原因究明・責任追及機能　19, 78
現実構成機能　59
国際原子力事象評価尺度(INES)　9, 24
個人化　3, 49, 56
国会事故調　21, 53

サ 行
コード(記号)　61
コレスポンデンス分析　189

再帰性　31, 32
再帰的近代　29, 228
　　——化　2, 31
　　——論　229
産業—福祉国家的リスク　2, 43, 44
JCO臨界事故　8
自己内省的近代　29
自然災害　7, 53, 56, 229
実験　18
準拠集団　3, 21
人的災害　7, 56, 229
新聞の機能　73
スキーマ　89
スクリプト　89
スケープゴート　78
スティグマ化　70
スリーパー効果　85
スリーマイル島原発事故　8
省察　33
政府事故調　21
説得
　　——機能　6, 76, 77
　　——的コミュニケーション　77
ソーシャル・メディア　75, 158
ソリッド・モダニティ　29, 33

タ 行
チェルノブイリ原発事故　1
テレビの機能　71, 72
伝統的リスク　2, 43, 44
東電事故調　21
トライアンギュレーション(三角測量)　16, 107

ナ 行

内的妥当性　16, 17
内部被ばく　3
内容分析　17
National Research Council（全米研究評議会）　14, 38
ニーズ充足機能　5, 6, 19, 75, 231
ニュースショー　158
認知的不協和の理論　84
ノーマル・アクシデント　7, 50, 51, 53, 56

ハ 行

ハイ・モダニティ　29, 33
ハザード　38
場の理論　27
阪神・淡路大震災　156
東日本大震災　3
非知　44, 55, 229
ヒューリスティックス　68, 89
不安低減機能　5, 6, 19, 75, 77, 232
風評被害　22
福島第一原発事故　3
プライミング効果　90
プルトニウム　157
フレーミング　88, 93
　　——研究の過程モデル　102
　　メディア——（効果）　11, 13, 97
フレーム　86
　　——マッピング法　115
　　エピソード型——　78, 91
　　オーディエンス——　97
　　原因——　125
　　現状——　124
　　原子力報道の——　113
　　原発事故——　127
　　食品——　126
　　人体への影響——　126
　　戦略型——　92
　　争点型——　92
　　対策——　124
　　テーマ型——　78, 91
　　ニュース——　93
　　汎用型——　104
　　被害——　125
　　メディア——　12, 16, 86, 92-94, 97
　　問題状況——　104
　　要求——　125
プロメテウスの罠　117
放射性セシウム　157
　　——汚染牛問題　116
放射性物質　157
放射線　157
放射能　157
補強効果　212
ポスト・モダン　28, 29, 31
ホーソン実験　83

マ 行

マッカーサーパレード　61
マルチメソッド（多元的方法）　16, 107, 108
民間事故調　21
メタ物語　29, 37
メディアの社会的機能　71, 72, 75

ヤ 行

ユビキタス・ネットワーク　74

ラ 行

ラジオの機能　72
リキッド・モダニティ　29, 33, 34
リスク　39-41, 54
リスク・コミュニケーション　14, 237
リスク社会　11
　　——論　2, 45
リスクの社会的増幅フレームワーク　64
リスク分析　15, 51, 57
レイト・モダニティ　33

〈著者略歴〉

柳瀬　公（やなせ　とおる）

1975年　熊本県人吉市に生まれる
2001年　九州産業大学経営学部国際経営学科卒業
2009年　東洋大学大学院社会学研究科社会心理学専攻博士前期
　　　　課程修了　修士（社会心理学）
2014年　東洋大学大学院社会学研究科社会学専攻博士後期課程
　　　　修了　博士（社会学）
現　在　東洋大学現代社会総合研究所奨励研究員

リスク社会のフレーム分析
　──福島第一原発事故後の「新しいリスク」を事例とした実証的研究──

2015年8月10日　第1版第1刷発行

著者　柳瀬　公

発行者　田中千津子
発行所　株式会社　学文社

〒153-0064　東京都目黒区下目黒3-6-1
電話　03(3715)1501(代)
FAX　03(3715)2012
http://www.gakubunsha.com

印刷　新灯印刷

©2015 YANASE Toru Printed in Japan
乱丁・落丁の場合は本社でお取替えします。
定価は売上カード，表紙に表示。

ISBN978-4-7620-2551-8